게임 AI를 위한 탐색 알고리즘 입문

아오키 에이타 지음   서수환 옮김

게임 AI를 위한 탐색 알고리즘 입문

트리 탐색과 메타 휴리스틱으로 완성하는 최적화

초판 1쇄 발행 2024년 3월 8일

지은이 아오키 에이타 / **옮긴이** 서수환 / **펴낸이** 전태호
펴낸곳 한빛미디어(주) / **주소** 서울시 서대문구 연희로2길 62 한빛미디어(주) IT출판2부
전화 02-325-5544 / **팩스** 02-336-7124
등록 1999년 6월 24일 제25100-2017-000058호 / **ISBN** 979-11-6921-203-8 93000

총괄 송경석 / **책임편집** 박민아 / **기획** 김민경 / **편집** 김민경
디자인 표지 · 내지 윤혜원 / **전산편집** 강창효
영업 김형진, 장경환, 조유미 / **마케팅** 박상용, 한종진, 이행은, 김선아, 고광일, 성화정, 김한솔 / **제작** 박성우, 김정우

이 책에 대한 의견이나 오탈자 및 잘못된 내용에 대한 수정 정보는 한빛미디어(주)의 홈페이지나 아래 이메일로
알려주십시오. 잘못된 책은 구입하신 서점에서 교환해드립니다. 책값은 뒤표지에 표시되어 있습니다.

한빛미디어 홈페이지 www.hanbit.co.kr / 이메일 ask@hanbit.co.kr

지금 하지 않으면 할 수 없는 일이 있습니다.
책으로 펴내고 싶은 아이디어나 원고를 메일(writer@hanbit.co.kr)로 보내주세요.
한빛미디어(주)는 여러분의 소중한 경험과 지식을 기다리고 있습니다.

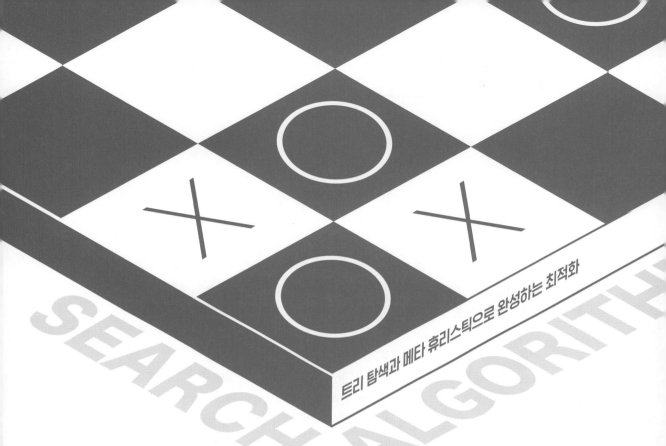

트리 탐색과 메타 휴리스틱으로 완성하는 최적화

게임 AI를 위한 탐색 알고리즘 입문

아오키 에이타 지음   **서수환** 옮김

⒣⒝ 한빛미디어
Hanbit Media, Inc.

이 책은 게임 AI 개발을 위한 책이라고 하지만, 저는 AI를 공부하는 모든 학생과 일반인에게 꼭 필요하다고 생각합니다. 전공자가 배우는 AI 책은 매우 진부해서 흥미가 생기기 어렵지만, 게임이라면 다릅니다.

『게임 AI를 위한 탐색 알고리즘 입문』은 읽기 쉬운 예제 코드와 함께 게임을 활용하여 광범위한 AI 지식을 실전에 적용할 수 있도록 명료하게 설명합니다. 그동안 AI 이론에 대해 복잡하고 난해한 설명을 접했다면, 이 책은 우리의 흥미를 자극할 것이라고 단언합니다.

이강민, 프리랜서 개발자

과거 스타크래프트 전성기였던 초등학생 시절, 다수의 컴퓨터를 상대하여 혼자서 몇 대나 이길 수 있는지를 기준으로 등급을 가렸던 기억이 납니다. 초보 플레이어일 때는 한 대만 상대하기에도 벅찼지만, 경험이 쌓이다 보면 AI의 전략적 취약점을 발견하게 되고 그 부분을 집중 공략하면 3~4대를 상대해도 어느 정도 우위를 점할 수 있었습니다. 지금의 게임 AI는 과거에 비해 수준이 압도적으로 상승했고, 일부 분야는 오히려 사람이 AI로부터 전술을 배워야 하는 단계가 되었습니다.

아무리 컴퓨터의 계산 능력이 좋다고 하더라도, 모든 경우의 수를 전수조사하는 방법은 결코 효과적일 수 없습니다. 결국 비교적 유망한 경로를 조기에 결정하고 나머지 다른 가능성을 포기하며 실수를 감수하는 냉철한 판단이 요구되며, 이를 탐색 알고리즘에 대한 최적화 문제로 접근할 수 있습니다. 이 책은 게임 AI를 위한 탐색 알고리즘의 A to Z를 다루는 유일무이한 책입니다.

박재유, LG전자 선임 연구원

우리는 어린 시절부터 컴퓨터 게임을 즐기며 AI와 함께 성장해 왔습니다. AI는 현대 사회의 일상생활에서 피할 수 없는 존재로 자리 잡았고, 그 기반에는 '탐색 알고리즘'이라는 핵심 요소가 있습니다. 이 책은 게임을 통해 지루했던 AI 학습 과정을 흥미진진하게 만들어 줍니다. 복잡한 AI 이론을 이해하기 쉽게 풀어내는 것이 이 책의 큰 장점 중 하나입니다.

AI의 본질을 이해하는 것은 미래 세상을 선도할 수 있는 능력을 갖추는 데 필요합니다. 이 책을 통해 AI가 어려운 분야가 아니라는 것을 인지하고, AI에 대해 더욱 넓은 호기심을 가질 수 있게 될 것입니다. 스타크래프트 게임에서 컴퓨터 상대를 이기던 어린 시절의 자신을 생각해 보세요. AI는 그때의 수준을 훨씬 뛰어넘어 발전했고, 이제 우리가 AI로부터 배울 차례입니다.

『게임 AI를 위한 탐색 알고리즘 입문』은 AI의 핵심 원리를 깊이 파헤칠 수 있는 유일한 책입니다. 이 책은 AI의 발전을 주도하는 '탐색 알고리즘'에 대해 깊이 있는 이해를 가능하게 하며, AI의 세계로 더욱 깊이 들어가는 기회를 제공합니다. AI와 함께하는 새로운 시대, 그 첫걸음을 이 책과 함께 시작해 보세요.

윤명식, 메가존클라우드 솔루션 아키텍트

이 책은 게임 AI 개발에 있어 매우 유용합니다. 이 책에서 다루는 내용들은 대부분 알고리즘 수업을 들어본 적이 있다면 아주 익숙할 것입니다. 하지만 이러한 알고리즘을 실제 게임에서 응용하는 것은 다른 이야기입니다. 이 책의 저자는 게임 개발 관점에서 AI 즉, 성능과 게임을 구성하는 요소들을 설명하며, C++ 기반의 예제 코드와 함께 실제 게임 개발에 필요한 기술적 아이디어와 노하우를 설명합니다. 이 책을 게임 로직을 개발해야 하는 주니어 또는 시니어 개발자나 게임 공학을 전공하는 학생들에게 추천하고 싶습니다.

한경훈, 프리랜서 개발자

프로그래밍을 공부할 때 결국은 자료구조와 알고리즘을 고려하지 않을 수 없습니다. 기본을 공부한 후 탐색 알고리즘에 깊게 집중하고 싶다면 이 책을 추천합니다. C++ 기반 예제 코드를 함께 제공하며 독자의 이해를 돕고자 하는 저자의 의도가 명확히 드러나는 책입니다. C++ 프로그래밍 알고리즘을 통해 AI 프로그래밍에 입문하고 싶은 학생들에게 강력히 추천합니다.

최고은, 소프트웨어 엔지니어

아오키 에이타

현재 HEROZ 주식회사에서 게임 AI 개발을 전문으로 하고 있습니다. 프로그래밍 대회에서는 'thunder'라는 닉네임으로 활동하며, 매년 열리는 IEEE Conference on Games에서 개최되는 게임 AI 경쟁 대회에서 7회 우승한 경력이 있습니다. 그중에서 특히 Fighting Game AI Competition에서 4연패를 달성했습니다. 또한, Qiita에는 이 책의 기반이 된 '세계 4연패 AI 엔지니어가 제로부터 알려주는 게임 트리 탐색 입문'이라는 글을 기고하는 등 탐색 알고리즘을 널리 알리고자 힘쓰고 있습니다.

서수환

일본에서 IT 시스템을 설계, 개발하는 엔지니어입니다. 귀찮은 일이 생기면 대신해줄 무언가를 찾다가 없으면 만드는 것이 취미입니다. 또 뭐하며 놀까에 대해 늘 고민하고 있습니다.

게임의 즐거움은 어디에서 오는 걸까요?

화려한 그래픽과 웅장한 사운드, 잘 짜인 스토리도 그중 하나이겠지만 플레이할수록 깊이 빠져드는 게임성이 없다면 금방 질려서 흥미를 잃기 마련입니다. 그리고 이런 게임성을 만드는 데 빠질 수 없는 것이 게임 난이도 조절입니다. 너무 어렵지도 너무 쉽지도 않게 팽팽한 긴장감을 유지할 수 있도록 난이도를 유지하는 역할을 게임 AI가 담당하고 그런 게임 AI가 사용하는 방법이 바로 탐색 알고리즘입니다.

어떤 것을 배울 때에도 이 책에서 소개하는 탐색 알고리즘과 비슷한 과정을 겪곤 합니다. 처음에는 관련이 있어 보이는 것을 무작정 찾아보다가 조금 알게 되었다 싶으면 연관성이 높은 것 위주로 찾아보게 됩니다. 누군가가 미리 요약해 둔 내용으로 시간을 절약하기도 하고 찾는 범위를 좁혀서 깊이 파고들기도 합니다. 어쩌면 우리는 인생이라는 여행을 통해 길을 찾는 탐색법을 본능적으로 배우는 것일지도 모르겠습니다.

책을 읽다 보면 바로 이해하기 쉽지 않은 알고리즘도 등장하겠지만 좋은 게임은 하다 보면 점점 더 즐거워지는 것처럼, 이 책에서 소개하는 알고리즘도 계속 반복하면서 실습하고 공부하다 보면 어느 순간 '아하!'라는 깨달음이 찾아올 것입니다. 이런 과정이 바로 배움의 즐거움이 아닐까요?

이 책은 저자가 경진 대회에 관심을 두고 꾸준히 도전하면서 익혀온 알고리즘을 소개합니다. 무작정 대입해 보는 알고리즘부터 알파고 알고리즘에서 힌트를 얻어서 만들어낸 자작 알고리즘까지 저자가 노력해 온 과정이 보여서 더욱 뜻깊고 열정이 전해지는 책입니다. 이런 저자의 열정이 이 책을 보실 독자분에게도 조금 더 잘 전해지는데 제가 한 번역이 도움이 된다면 좋겠습니다.

일상의 즐거움을 함께하는 가족에게 사랑과 감사를 전하며…

2024년 2월
서수환

여러분은 게임 AI라고 하면 어떤 것이 생각나시나요? HEROZ의 포난자[1] 아니면 딥마인드[DeepMind]의 알파고[AlphaGo]인가요? 어느 쪽이든 게임 AI는 장기와 바둑 분야의 당시 최고 실력자를 이기면서 큰 화제를 불러일으켰습니다. 특히 독자적인 심층 강화 학습을 이용한 알파고는 딥마인드 즉, 구글의 AI 기술이 얼마나 수준 높은지 사람들에게 강렬한 인상을 남겼고, 근래의 AI 붐을 일으킨 계기라고 해도 과언이 아닙니다. 그런 의미에서 게임 AI라고 하면 머신러닝을 사용한다고 알고 있는 분도 적지 않을 듯합니다.

실제로는 게임 AI 기술 요소는 크게 나눠서 **규칙, 탐색, 머신러닝** 이렇게 세 종류가 있습니다. 머신러닝만으로는 먼 미래의 상황을 정확하게 읽어 내기 어렵고 특히나 탐색이 없다면 정말로 강한 AI는 태어날 수 없습니다. 이 책은 이런 탐색에 주목해서 그 중요성과 매력을 즐겁게 배울 수 있는 입문서입니다.

이 책은 다음과 같은 분을 대상으로 합니다.

- 알고리즘에 흥미가 있으신 분
- 게임 AI 구조에 흥미가 있으신 분
- AI를 머신러닝 이외의 관점으로 살펴보고 시야를 넓히고 싶으신 분
- 게임 AI 대회나 휴리스틱 대회에서 입상할 만큼의 실력을 키우고 싶으신 분
- 대결 게임을 개발하고 싶지만 CPU(컴퓨터가 조작하는 플레이어)를 만드는 방법을 모르시는 분

탐색은 머신러닝과 다르게 달리 고성능 PC 또는 AWS 같은 클라우드 컴퓨팅 서비스 지식이 없더라도 누구나 손쉽게 간단히 즐길 수 있습니다.

----

1 **역자주_** 일본의 대표적인 장기 AI 소프트웨어입니다.

실제 업무에서 게임 AI를 다룰 때 대규모 모델이 필요한 학습 방법을 사용하려는데 고성능 GPU, 대용량 메모리, 저장 장치를 준비할 수 없어서 이런 문제로 머신러닝을 사용하기 어려운 경우도 있습니다. 또한 게임 AI 기술을 겨루는 대회에서는 사용 가능한 메모리 용량이나 파일 용량 제한 때문에 머신러닝 이용이 현실적으로 불가능할 수도 있습니다.

이렇게 작업에 주어진 요건이나 대회의 제한 조건에 따라서는 여전히 탐색 기술이 중요한 역할을 합니다. 머신러닝이 기세등등한 이런 시대라서 오히려 더 빛나는, 탐색 기술을 배워서 한 걸음 나아간 엔지니어가 되어 보세요.

1장에서는 이 책에서 배울 탐색 기술을 활용할 수 있는 대회를 가볍게 다룹니다. 필자는 현재 다양한 대회에 즐겁게 출전하고 있습니다. 조금이라도 많은 분이 이 책에서 소개한 기술을 익혀서 필자와 AI로 대결하는 라이벌 관계가 되는 날을 기대하고 있겠습니다.

2023년 1월
아오키 에이타

1장. 게임과 탐색의 세계

게임은 다양한 분야에서 AI를 활용합니다. 최근에는 머신러닝과 관련해서 AI를 언급하는 경우도 많지만 게임 AI에서 탐색은 무척 중요한 기술입니다. 1장에서는 게임의 종류와 탐색 알고리즘을 활용할 수 있는 상황을 소개합니다.

2장. 개발 환경 준비

2장에서는 C++ 개발 환경을 구성하고 앞으로 설명할 예제 프로그램의 실행을 준비합니다. 그중에서도 환경 구성 절차가 복잡한 윈도 환경을 대상으로 합니다.

3장. 컨텍스트가 있는 1인 게임에서 사용하고 싶은 탐색 알고리즘

탐색을 할 때 외부 요인이 많을수록 고려해야 할 항목도 늘어나서 적절한 답을 찾기 어려워집니다. 우선 대결 상대가 없는 1인 게임에 유용한 탐색 알고리즘을 소개합니다. 특히 3장에서는 플레이어의 행동에 따라 게임 상황이 변화하는 1인 게임을 다룹니다. 이러한 특성을 '컨텍스트가 있다'라고 말합니다.

4장. 컨텍스트가 없는 1인 게임에서 사용하고 싶은 탐색 알고리즘

4장에서는 3장과 다르게 컨텍스트가 없는 1인 게임에 적용 가능한 탐색 알고리즘을 소개합니다. 이러한 게임은 수학이나 전산학에서는 조합 최적화 문제에 해당합니다. 조합 최적화 문제를 푸는 방법은 다양하지만 이 책에서는 탐색이 주제이므로 메타 휴리스틱 방법을 설명합니다.

5장. 교대로 두는 2인 게임에서 사용하고 싶은 탐색 알고리즘

5장에서는 장기나 바둑처럼 순서가 교대로 돌아오는 게임에 적합한 탐색 알고리즘을 소개합니다. 게임 AI에서 탐색이라고 하면 이런 종류의 게임에서 사용하는 탐색 방법을 뜻하는 경우가 많습니다. 전통적으로 수많은 게임에 적용 가능한 탐색 알고리즘을 배워서 자신이 좋아하는 게임에 적용해 봅시다.

6장. 동시에 두는 2인 게임에서 사용하고 싶은 탐색 알고리즘

6장에서는 플레이어 2명이 동시에 두는 규칙의 게임에 적합한 탐색 알고리즘을 소개합니다. 이런 규칙이라면 상대방의 행동을 보고 나서 행동을 결정할 수 없으므로 상대가 최선의 행동을 취할 것이라고 단순하게 가정하면 안 됩니다. 이런 문제를 해결하는 알고리즘을 소개합니다.

7장. 더 좋은 탐색을 하는 기법

3장에서 6장까지 각 게임 종류와 대응하는 알고리즘을 가능한 간결하게 소개합니다. 탐색 알고리즘은 더욱 다양한 상태를 탐색하면서 정밀도를 높일 수 있으므로 7장에서는 더 좋은 탐색을 하는 데 도움이 되는 범용적인 기법을 소개합니다.

8장. 실제 게임에 응용하기

8장에서는 널리 알려진 전통 게임인 '커넥트 포' 놀이를 하는 AI를 소개합니다. 간단한 방법으로 AI를 구현한 다음, AI를 강화시키는 과정을 설명합니다. 이 책에서 소개하지 않은 게임에도 대응할 수 있는 실전 능력을 키워 봅시다.

예제 코드

이 책은 C++로 작성한 예제 코드를 제공합니다. 다음 홈페이지 사이트에서 다운로드해서 이 책을 이해하는 데 활용하기 바랍니다. 본문에 나오는 코드는 설명을 위해 일부 줄바꿈이나 순서가 바뀌어서 예제 코드와 완전히 동일하지 않으므로 주의하기 바랍니다.

링크: https://www.hanbit.co.kr/src/11203

폴더 구성은 다음과 같습니다.

- 03_OnePlayerGame : 3장에서 사용하는 예제 코드
- 04_HeuristicGame : 4장에서 사용하는 예제 코드
- 05_AlternateGame : 5장에서 사용하는 예제 코드
- 06_SimultaneousGame : 6장에서 사용하는 예제 코드
- 07_Advanced : 7장에서 사용하는 예제 코드
- 08_Actual : 8장에서 사용하는 예제 코드
- Appendix : 3~6장에서 소개한 기본 알고리즘 중에서 고른 예제 코드

Appendix 폴더에 있는 예제 코드는 이 책에서 실제로 사용하지 않습니다.

각 장에서는 구체적인 게임을 사용해서 알고리즘을 설명하지만 Appendix에 있는 예제 코드는 게임이 아니라 여러분이 실제로 알고리즘을 활용할 때 코드를 복사해서 필요한 부분을 수정해서 사용할 수 있는 템플릿 코드로 제공합니다. 이 책을 모두 읽었으면 예제 코드를 활용해서 다양한 게임에 탐색 알고리즘을 적용해 보기 바랍니다.

명령어 실행법

명령어 실행 화면에서 줄 앞에 있는 >는 윈도 명령어 프롬프트, $는 WSL의 리눅스(우분투)를 뜻합니다.

```
> wsl
$ cd sample_code/03_OnePlayerGame/
$ g++ -O3 -std=c++17 -o 05_BeamSearchWithTime 05_BeamSearchWithTime.cpp
$ ./05_BeamSearchWithTime
Score:  679.61
```

이 책에 실린 명령어 실행 화면은 다운로드한 예제 코드를 우분투의 현재 디렉터리 아래에 압축 해제했다는 전제하에 설명합니다. 예제 코드를 다른 디렉터리에 압축 해제했으면 **cd** 명령어로 해당 디렉터리로 이동한 다음 소스 코드를 컴파일 및 실행하기 바랍니다.

목차

1장 | 게임과 탐색의 세계

2장 | 개발 환경 준비

3장 | 컨텍스트가 있는 1인 게임에서 사용하고 싶은 탐색 알고리즘

4장 ┃ 컨텍스트가 없는 1인 게임에서 사용하고 싶은 탐색 알고리즘

5장 │ 교대로 두는 2인 게임에서 사용하고 싶은 탐색 알고리즘

6장 | 동시에 두는 2인 게임에서 사용하고 싶은 탐색 알고리즘

7장 | 더 좋은 탐색을 하는 기법

8장 | 실제 게임에 응용하기

제 **1** 장

게임과 탐색의 세계

게임 AI라고 하면 머신러닝을 떠올리는 분도 많겠지만, 이 책에서는 게임 AI의 또 다른 핵심 요소인 '탐색'을 소개합니다.

1.1

게임 AI와 탐색

1.1.1 게임에서 말하는 AI와 탐색

게임에서의 AI 역할

독자 여러분은 게임을 해보신 적이 있으신가요? PC나 게임기로 즐기는 비디오 게임은 다양한 곳에서 재미를 위해 AI를 활용합니다.

1인용 게임에서 플레이어를 지원하는 AI, 스테이지 전략이나 적의 출현을 조절해서 게임 분위기가 뜨거워지도록 만드는 메타 AI, 대전 격투 게임에서 인간 대신에 대결 상대가 되어주는 대결 AI 등, 게임에 도입된 AI 용도는 상당히 다양합니다.

▼ 게임에서의 AI 역할

대결 상대로서
게임을 플레이하는 AI(COM, CPU)

플레이어를 지원하는 AI

게임 전체를 총괄해서
균형을 조절하는 AI(메타 AI)

이중에서 특히나 대결 AI에서는 **탐색** 기술을 많이 사용합니다.

게임을 플레이하는 AI라고 하면 자주 등장하는 이름이 있습니다. 바로 구글의 딥 마인드 DeepMind가 개발한 알파고AlphaGo입니다. 2015년부터 2017년까지 펼쳐진 당시 최정상 바둑 기사들과 알파고의 대결은 엄청난 충격을 몰고 와서 수많은 미디어와 뉴스에서 다루어졌 습니다. 바둑 AI가 인류를 뛰어넘는 건 아직 먼 훗날이라고 말하던 때였고 그 당시 아직 널리 알려지지 않았던 딥러닝deep learning을 사용했기 때문에, 게임 AI는 딥러닝처럼 뭔가 엄 청난 기술을 사용하는 것이라고 느끼신 분도 많을 것입니다.

딥러닝은 넓게 보면 머신러닝 분야의 기술입니다. 대전 게임 AI는 이런 머신러닝뿐만 아 니라 규칙 기반, 탐색, 이런 세 종류의 기술 요소를 사용합니다. 이중에서 규칙 기반은 사 람이 직접 만든 규칙에 따라 조건 분기하는 것을 뜻합니다. 이 책은 이러한 세 종류 기술 요소 중에서 탐색에 중점을 두고 설명합니다.

▼ 대전 게임 AI를 구성하는 기술

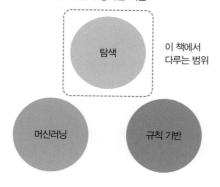

게임 트리와 탐색

이 책은 조합론적 게임 이론의 **게임 트리**game tree 탐색과 조합 최적화를 사용한 **메타 휴리스틱** metaheuristic을 포함해서 탐색이라고 부릅니다. 조합론적 게임 이론에서는 게임의 진행을 유 향 그래프로 표현하고, 게임판을 노드node, 수(선택지)를 엣지edge로 표현한 것을 게임 트 리라고 부릅니다.

갑자기 전문 용어가 잔뜩 등장해서 어려워졌습니다. OX 게임을 예를 들어 설명해 봅시 다. OX 게임은 2명의 플레이어가 교대로 순서가 되면 돌을 두는 게임입니다. 가로, 세로 3칸짜리 판에 O와 X 말을 번갈아 두면서 자신의 말이 가로, 세로, 대각선 어느 방향이든

연달아 3개가 모이면 승리입니다. 다음과 같은 판에서 X쪽 플레이어가 어디에 X를 놓을 지 생각해 봅시다(X가 선공입니다).

▼ OX 게임, 4턴 후 상황

왼쪽 위에 X를 둡시다. 이러면 대각선 방향으로 리치가 됩니다.[1]

▼ OX 게임, 5턴째 예

자신의 차례가 된 O쪽 플레이어는 오른쪽 아래에 O를 둬서 X쪽 플레이어의 공격(리치) 을 방어합니다. X쪽 플레이어 입장에서는 왼쪽 위에 X를 둔 건 실패라고 할 수 있습니다.

▼ OX 게임, 6턴째 예

만약 5턴째 X쪽 플레이어가 다르게 행동한다면 어떻게 할지 생각해 봅시다. 예를 들어 오 른쪽 아래에 X를 둬 봅시다.

---

1 **역자주_** 리치는 일본 마작에서 온 용어로, 우노 카드 게임에서 카드 한 장이 남으면 우노라고 외치는 것처럼 곧 게임 끝난다고 알리는 말 입니다. 즉, 이제 게임 끝날 때까지 하나 남았다는 상황을 뜻합니다.

▼ OX 게임, 5턴째의 다른 예

이러면 O쪽 플레이어가 6턴째에 오른쪽 위에 O를 두더라도 다음 턴에 왼쪽 위에 X를 두면 X쪽 플레이어가 승리합니다.

▼ OX 게임, 6턴째의 다른 예와 그후의 전개

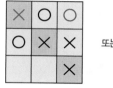 또는

이렇게 앞으로 펼쳐질 플레이어 행동을 몇 가지 패턴으로 미리 예상하면서 각 플레이어는 자신이 유리한 상황으로 게임을 유도할 수 있습니다.

미래의 상황은 플레이어 행동(수)에 따라 다양하게 갈라지는데 그런 국면을 나열해 보겠습니다. 점(노드) 집합을 선(엣지) 집합으로 연결해서 구성한 것을 **그래프**graph라고 하고, 엣지에 방향성이 있으면 **유향 그래프**directed graph라고 부릅니다. 그리고 앞서 설명한 것처럼 게임에서 플레이어가 둔 수를 엣지, 게임판을 노드로 나타낸 유향 그래프를 게임 트리라고 부릅니다.

▼ OX 게임의 게임 트리

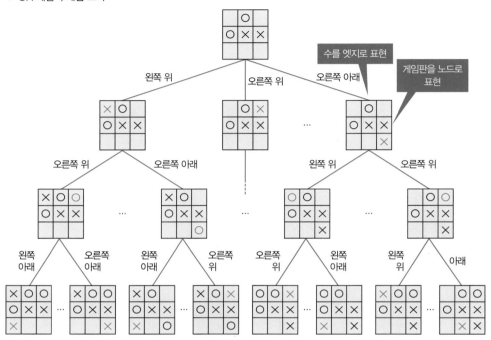

게임의 시작부터 끝까지 모든 수를 포함한 게임 트리를 특별히 **완전 게임 트리**^{complete game} 라는 부분을 작게 표시 tree라고 합니다. 완전 게임 트리를 분석한 플레이어는 언제나 최선의 수를 선택할 수 있습니다. 하지만 게임 트리는 게임 복잡성에 따라 지수 함수적으로 커지고, 한 수를 두는 데 많은 시간을 쓸 수 없기 때문에 대부분의 게임을 완전 게임 트리 분석하는 건 비현실적입니다.

따라서 게임의 일부만 게임 트리로 표현하고, 한정된 자원으로 우선 순위를 정하고 고심해서 좋은 답을 찾습니다. 이런 기법을 통틀어서 **게임 트리 탐색**이라고 부르고 이 책 내용의 대부분은 게임 트리 탐색을 설명합니다. 일부 게임에서는 게임 트리 탐색으로는 탐색할 수 없거나 어려운 경우도 있으므로 그럴 때 유용한 탐색 방법도 소개합니다.

1.1.2 게임 종류와 탐색 알고리즘

2인 제로섬 유한 확정 완전정보 게임이란?

게임과 탐색을 설명하는 글에서 자주 보는 말이 **2인 제로섬 유한 확정 완전정보** 게임입니다. 이건 이름처럼 '2인', '제로섬', '유한', '확정', '완전정보' 이렇게 다섯 가지 특성을 모두 갖춘 게임의 총칭입니다(표 1.1.1).

표 1.1.1 2인 제로섬 유한 확정 완전정보 게임의 특성

특성	설명
2인(two-player)	플레이어가 2명
제로섬(zero-sum)	플레이어가 서로 대립해서 한쪽 플레이어가 이득을 얻으면 다른 쪽 플레이어는 같은 양의 손해를 봅니다.
유한(finite)	게임은 반드시 유한한 횟수에 끝납니다.
확정(deterministic)	무작위 요소가 존재하지 않습니다.
완전정보(complete information)	모든 정보가 양쪽 플레이어에 공개됩니다.

2인 제로섬 유한 확정 완전정보 게임에서 완전 게임 트리를 만들면 나중에 설명하는 미니맥스^{MiniMax} 알고리즘(4장 참고)으로 게임을 완전히 분석할 수 있습니다. 2인 제로섬 유한 확정 완전정보 게임의 예에는 장기, 바둑, 오셀로 같은 전통적인 보드 게임이 있습니다. 앞에서 설명한 OX 게임도 이런 종류의 게임입니다.

그런데 장기에는 천일수[2] 규칙이 있어서 이 규칙에 따라 처음부터 다시 두는 경우도 존재합니다. 따라서 장기는 엄밀하게 따지면 유한하지 않고 제로섬도 아니라는 의견도 존재합니다. 물론 바둑도 서로 합의하지 않으면 영원히 끝나지 않는 상황이 존재하므로 유한하지 않습니다. 또한 비디오 게임 등에서는 초보자도 즐길 수 있도록 무작위성을 추가하거나, 정보를 일부러 숨기는 등 예상하지 못한 즐거움을 더하는 경우도 많습니다.

앞서 나열한 다섯 종류 요소(특성) 중에서 제로섬, 유한, 확정, 완전정보 요소를 만족하면 할수록 탐색이 쉬워지고 성능도 보장됩니다. 하지만 이러한 요소를 모두 갖춘 게임은 그다지 많지 않습니다. 따라서 이 책에서는 실용성을 따져서 게임을 다음과 같은 관점으로 분류합니다.

---

2 **역자주_** 동일 국면이 반복되는 상황에 빠지면 해당 판을 무효로 하고 다시 두는 규칙을 뜻합니다.

이 책에서 사용하는 게임 분류

이 책에서는 컨텍스트가 있는 1인 게임, 컨텍스트가 없는 1인 게임, 교대로 두는 2인 게임, 동시에 두는 2인 게임 이렇게 네 종류의 게임으로 크게 구분합니다.

1인 게임은 **플레이어 행동에 따라 상황이 변화하는 것을 컨텍스트가 있다**라고 말하고 그런 성질 유무에 따라 구별합니다. 2인 게임은 **두 사람이 교대로 두는지, 동시에 두는지에 따라** 구분합니다. 이런 네 종류의 게임을 이 책에서 설명하는 각 장과 사용할 알고리즘은 다음 그림에서 확인하기 바랍니다. 플레이어 수, 컨텍스트, 순서 이외에도 세부적인 조건은 각 장에서 자세히 설명합니다.

▼ 게임 종류와 추천 알고리즘

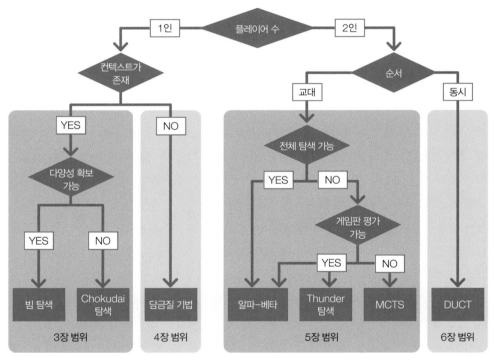

게임에서 탐색의 매력

1.2.1 개인 게임 개발을 한다면 탐색!

게임 AI나 탐색과 같은 생소한 이야기가 어떤 의미가 있는지 모르겠다는 분도 계실 듯합니다. 탐색을 배우는 건 무척이나 매력적인 일이므로 안심하세요. 알기 쉬운 예를 들자면 자작 게임을 개발할 때도 탐색을 활용할 수 있습니다.

스마트폰에서 대전형 게임을 개발하고 싶다고 합시다. 대전형 게임은 플레이어가 혼자라면 성립하지 않으므로 다른 플레이어가 필요합니다. 대다수 스마트폰 게임은 서버를 두고 온라인 대결이 가능한 방식을 도입합니다. 하지만 직접 만든 서버 또는 렌탈 서버 어느 쪽이든 오랫동안 운용하려면 계속해서 비용이 들기 마련입니다. 기술적으로도 서버 구성 방법이나 네트워크, 보안 같은 다양한 기술을 배워야 하므로 개인이 취미로 하기에는 조금 버거울 수 있습니다.

그런데 대결 상대가 AI라면 온라인 서버 없이도 오프라인으로 충분히 서로 대결한다는 즐거움은 그대로 유지한 채 게임을 개발할 수 있습니다. 다음 그림은 필자가 개발한 대전형 퍼즐 게임[3]입니다.

또한, 탐색 기법은 탐색 범위나 탐색 횟수 같은 파라미터에 따라 강약을 조절할 수 있습니다. 이런 조절을 잘하면 점점 상대방이 강해지는 연출이 가능합니다. 모든 플레이어가 게임에 익숙한 것은 아니므로 초보 플레이어라면 평가치를 반대로 해서 일부러 져주는 봐주기 게임을 하고, 능숙한 플레이어를 상대한다면 최강의 패를 선보이는 등 레벨 조절도 자유롭습니다.

---

3 구글 플레이에 공개 중입니다. https://bit.ly/3OGJ8xw

▼ 필자의 자작 게임 화면

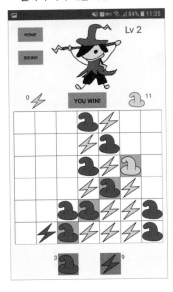

▼ 레벨 조정

1.2.2 대규모 상업 게임 개발에서도 탐색!

취미로 만든 자작 게임에 온라인 대결 기능을 구현하려면 기술적 또는 금전적인 면에서 조금 어렵습니다. 한편, 기업이 개발하는 대규모 게임은 온라인 대결 기능이 충실한 경우가 많고 온라인 대결의 수요도 증가하고 있습니다.

앞에서 오프라인 게임의 탐색 알고리즘이 어떤 매력이 있는지 설명했는데 온라인 대결 게임에서도 탐색 알고리즘이 중요한 역할을 담당합니다. 예를 들어 순위권에 드는 플레이어(사람)에 도전하는 최강 AI를 준비해서 뜨거운 대결을 연출할 수도 있고, 매칭이 잘 안되는 플레이어라면 사람 대신에 참가해서 게임을 진행하기도 합니다. 온라인 게임은 서버에서 필요한 계산을 하는데, 최강 AI를 준비하려면 서버의 가용 가능한 힘을 한계까지 뽑아내기 위해서 탐색 알고리즘이 필요합니다. 꼭 최강은 아니더라도 어느 정도 강한 수준으로 다수의 플레이어를 상대해야 하는 AI라면, 한 사람당 사용할 수 있는 계산 자원이 줄어들기 때문에 역시나 효율적인 탐색이 필요합니다.

그리고 꼭 대결 상대가 아니라도 탐색한 결과를 바탕으로 플레이어에게 조언하는 등 사용하기에 따라 무궁무진한 용도가 있습니다.

1.2.3 다양한 프로그래밍 대회에서 이기기 위한 비장의 무기

최근에 알고리즘을 활용해서 문제를 풀고 그 정확도와 빠르기를 겨루는 경진 대회인 앳코더[AtCoder][4]나, 데이터 분석으로 예측 모델 성능을 겨루는 캐글[Kaggle][5] 같은 대회를 중심으로 프로그래밍 경진 대회가 활발하게 열리고 있습니다.

이러한 경진 대회와 비슷하게 게임 AI를 개발해서 실력을 겨루는 경진 대회 사이트로 코딩게임[CodinGame][6]이 있습니다. CodinGame은 2012년에 설립된 프랑스 기업이 운영하고 약 300만명의 사용자가 등록된 사이트입니다. 영어나 프랑스어만 지원하지만 다른 국가 참가자도 많고 자신이 개발한 AI가 대결을 반복하는 모습을 볼 수 있어서 수많은 사용자가 존재합니다. 이 책에서 다루는 알고리즘은 모두 코딩게임에서도 사용할 수 있으며 곧바로 실전에 투입 가능합니다.

▼ 코딩게임 화면

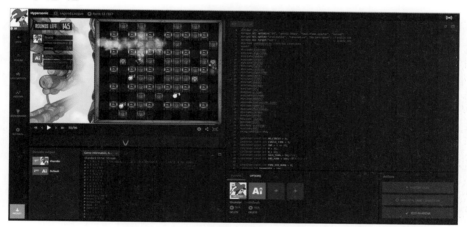

앳코더에서도 휴리스틱 경진 대회가 열립니다. 이 대회는 최적해를 구하기 어려운 문제에 대해 가능한 최상의 해답을 찾을 수 있는지 겨룹니다. 이 책은 게임을 주제로 다루지만, 이런 최적해 찾기는 책에서 설명하는 1인 게임에 해당합니다. 앳코더의 일반적인 경진 대회에 비해서 요구되는 알고리즘 종류가 적어서 경진 대회에 익숙하지 않은 분도 쉽게 즐

---

4 https://atcoder.jp/

5 https://www.kaggle.com/

6 https://www.codingame.com/start/

길 수 있는 점이 특징입니다.

이 책의 3장과 4장에서 다루는 알고리즘을 배우면 휴리스틱 경진 대회에서 겨룰 수 있는 최소한의 무기를 손에 넣은 셈입니다. 특히 3장에서 다루는 Chokudai 탐색은 앳코더의 사장, 타카하시 나오히로 씨가 발명하였습니다.

앳코더 경진 대회에 참가한 적은 있지만 휴리스틱 경진 대회는 아직 도전해 본 적이 없다면 이번 기회에 이 책을 통해 배운 지식으로 휴리스틱 경진 대회에 도전해 보는 것은 어떨까요?

제 **2** 장

개발 환경 준비

이 책에서 사용하는 예제 코드는 C++를 사용합니다. 책에서 소개하는 알고리즘은 다른 언어로도 구현 가능하지만 예제 코드를 실행해 보면서 이해할 수 있도록 C++ 개발 환경을 만드는 절차부터 자세히 설명합니다.

WSL(Windows Subsystem for Linux) 설치 방법

OS는 윈도 11을 사용한다는 전제하에 C++를 컴파일할 수 있는 환경을 구성합니다. 다른 OS 사용자를 위한 설명은 생략하지만 C++를 컴파일할 수 있는 환경이라면 문제 없습니다. 맥 사용자라면 이 책에서 소개하는 GCC판 g++가 아니라 Clang판 g++가 동작한다는 점이 약간 다릅니다.

2.1.1 WSL 동작 확인

윈도 11 또는 윈도 10 버전 2004 이후(빌드번호 19041 이후)라면 **Windows Subsystem for Linux**(이후 WSL)를 사용할 수 있습니다. 프로그래밍 환경은 리눅스를 사용하면 편리합니다. WSL을 이용하면 윈도에서 리눅스 환경을 구성할 수 있습니다.

우선, [시작] 버튼(윈도 로고)를 클릭하거나 키보드의 [⊞] 키를 누릅니다.

▼ 시작 버튼 위치

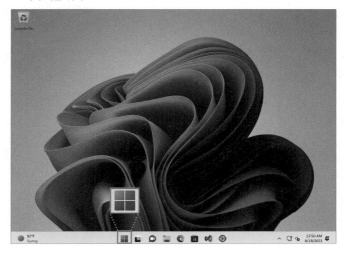

화면에 표시된 검색창에서 "cmd"를 입력하고 [enter] 키를 누릅니다.

▼ 명령 프롬프트 검색

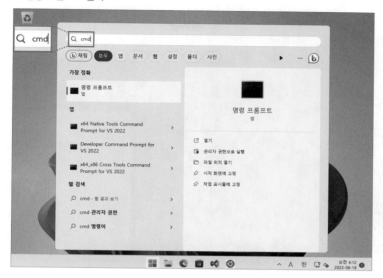

그러면 윈도의 명령 프롬프트 창이 실행됩니다.

▼ 명령 프롬프트 화면

wsl이라고 입력하고 `enter` 키를 누릅니다. 다음과 같이 이용 방법이 표시된다면 WSL이 아직 설정이 끝나지 않은 상태입니다.

▼ WSL 시작 확인

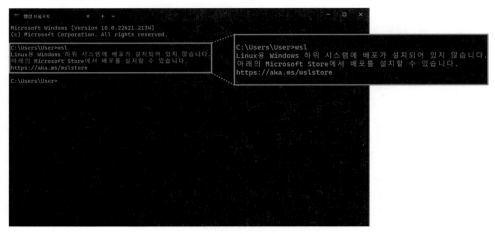

2.1.2 CPU 가상화 기능 확인

최신판 WSL(WSL2)을 사용하려면 CPU 가상화 기능 사용이 필수입니다. CPU 가상화 지원 여부는 작업 관리자에서 확인할 수 있습니다.

명령 프롬프트를 실행할 때 마찬가지로 시작 메뉴의 검색창에서 '작업'을 검색하고 작업 관리자를 클릭해서 실행합니다.

▼ 작업 관리자 실행

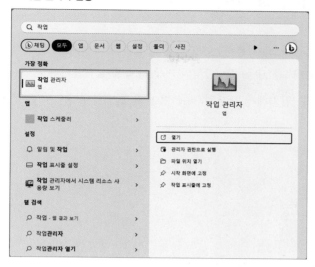

가상화 항목에 CPU 가상화 상태가 '사용' 또는 '사용 안 함' 이렇게 표시됩니다.

▼ 작업 관리자에서 가상화 기능 활성화 상태 확인

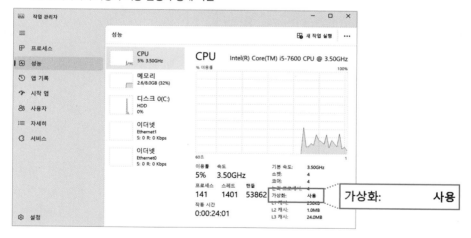

CPU 가상화가 '사용 안 함' 상태라면 바이오스[BIOS] 설정이 필요합니다. CPU 가상화가 '사용' 상태라면 바이오스 설정을 하지 않아도 되므로 다음 설명을 건너뛰고 2.14 '배포판 설정' 설명으로 넘어가기 바랍니다.

2.1.3 바이오스/UEFI에서 가상화 기능 활성화

바이오스는 OS와 별도로 설정해야 하므로 사용하는 PC 매뉴얼 등을 참고해서 설정 방법을 확인하기 바랍니다. 여기서는 UEFI를 사용하는 방식의 기동 방법을 설명합니다.

우선, 시작 메뉴의 검색창에 '복구'를 입력해서 표시된 '복구 옵션'을 클릭합니다.

▼ 복구 옵션 변경

고급 시작 옵션에 있는 '지금 다시 시작'을 클릭합니다.

▼ PC 재시작

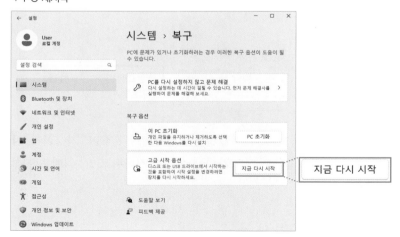

PC가 재시작되면 복구 화면이 표시됩니다. 여기서 트러블슈팅 → UEFI 펌웨어 설정 → 재시작 순서대로 클릭하면 UEFI 펌웨어가 실행됩니다. 이 책에서는 ASUS의 UEFI 화면을 사용하는데 이런 화면은 제조사에 따라 달라집니다.

'Advanced(상세 설정)' 항목을 선택합니다(제조사에 따라 이름은 다릅니다).

▼ UEFI 초기 화면

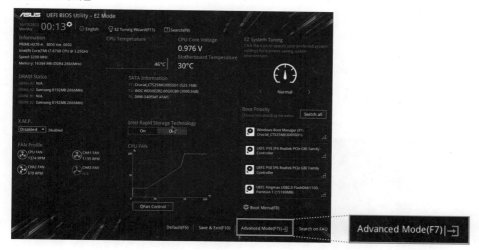

다시 한 번 Advanced를 선택해서 CPU 가상화 관련 항목을 'Enabled' 또는 '사용'으로 변경합니다. 인텔의 CPU를 탑재한 경우라면 Intel(VMX) Virtualization Technology에 해당하는 항목입니다.

이로써 CPU 가상화 기능을 사용할 준비가 끝냈습니다.

▼ CPU 가상화 설정

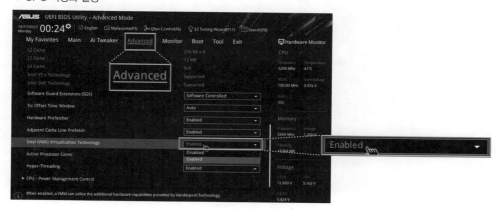

2.1.4 배포판 설정

이제 WSL을 설치할 준비가 끝났습니다. CPU 가상화 기능이 사용 가능했다면 여기서부터 읽으면 됩니다.

명령 프롬프트를 실행해서 `wsl --install`을 입력하고 [enter] 키를 누릅니다. 윈도 버전이나 이용 환경에 따라서 설치가 필요 없거나, 설치가 정상적으로 끝나면 윈도 재시작이 필요한 경우도 있습니다.

명령 프롬프트를 실행해서 `wsl`을 입력하고 [enter] 키를 누릅니다. 다음처럼 리눅스 배포판을 찾을 수 없다는 문구가 표시되면 배포판을 다운로드해야 합니다.

▼ WSL 배포판이 존재하지 않을 때 메시지

```
명령 프롬프트                          ×   +   ∨                                    —    □    ×

Microsoft Windows [Version 10.0.22621.2134]
(c) Microsoft Corporation. All rights reserved.

C:\Users\User>wsl
Linux용 Windows 하위 시스템에 배포가 설치되어 있지 않습니다.
아래의 Microsoft Store에서 배포를 설치할 수 있습니다.
https://aka.ms/wslstore

C:\Users\User>
```

`wsl --list --online`을 입력하고 [enter] 키를 누르면 설치 가능한 배포판 목록이 표시됩니다. 여기서 우분투 20.04를 선택합니다.

▼ WSL 배포판 목록

```
명령 프롬프트                          ×   +   ∨                                    —    □    ×

C:\Users\User>wsl --list --online
다음은 설치할 수 있는 유효한 배포 목록입니다.
'wsl --install -d <배포>'를 사용하여 설치하세요.

NAME                                 FRIENDLY NAME
Ubuntu                               Ubuntu
Debian                               Debian GNU/Linux
kali-linux                           Kali Linux Rolling
Ubuntu-18.04                         Ubuntu 18.04 LTS
Ubuntu-20.04                         Ubuntu 20.04 LTS
Ubuntu-22.04                         Ubuntu 22.04 LTS
OracleLinux_7_9                      Oracle Linux 7.9
OracleLinux_8_7                      Oracle Linux 8.7
OracleLinux_9_1                      Oracle Linux 9.1
openSUSE-Leap-15.5                   openSUSE Leap 15.5
SUSE-Linux-Enterprise-Server-15-SP4  SUSE Linux Enterprise Server 15 SP4
SUSE-Linux-Enterprise-15-SP5         SUSE Linux Enterprise 15 SP5
openSUSE-Tumbleweed                  openSUSE Tumbleweed

C:\Users\User>
```

wsl --install -d Ubuntu-20.04를 입력하고 enter 키를 누릅니다. 이 책에서는 우분
투 20.04를 사용하지만 목록에 표시된 어떤 것도 선택 가능합니다.

▼ 우분투 20.04 설치

```
C:\Users\User>wsl --list --online
다음은 설치할 수 있는 유효한 배포 목록입니다.
'wsl --install -d <배포>'를 사용하여 설치하세요.

NAME                                    FRIENDLY NAME
Ubuntu                                  Ubuntu
Debian                                  Debian GNU/Linux
kali-linux                              Kali Linux Rolling
Ubuntu-18.04                            Ubuntu 18.04 LTS
Ubuntu-20.04                            Ubuntu 20.04 LTS
Ubuntu-22.04                            Ubuntu 22.04 LTS
OracleLinux_7_9                         Oracle Linux 7.9
OracleLinux_8_7                         Oracle Linux 8.7
OracleLinux_9_1                         Oracle Linux 9.1
openSUSE-Leap-15.5                      openSUSE Leap 15.5
SUSE-Linux-Enterprise-Server-15-SP4     SUSE Linux Enterprise Server 15 SP4
SUSE-Linux-Enterprise-15-SP5            SUSE Linux Enterprise 15 SP5
openSUSE-Tumbleweed                     openSUSE Tumbleweed

C:\Users\User>wsl --install -d Ubuntu-20.04
설치 중: Ubuntu 20.04 LTS
[==================                32.0%                        ]
```

설치하는 도중에 사용자명과 암호를 입력하라고 표시되면 원하는 정보를 입력합니다. 이
때 사용자명은 윈도의 사용자명과 별개이므로 똑같은 이름을 써도 되고 다른 이름을 써도
문제없습니다.

▼ 사용자명과 암호 입력

```
Installing, this may take a few minutes...
Please create a default UNIX user account. The username does not need to match your Windows username.
For more information visit: https://aka.ms/wslusers
Enter new UNIX username: |
```

설치가 정상적으로 끝났으면 명령 프롬프트에서 wsl을 입력하고 enter 키를 누릅니다.
이제 WSL이 실행됩니다.

▼ WSL로 우분투를 실행한 모습

```
C:\Users\User>wsl
To run a command as administrator (user "root"), use "sudo <command>".
See "man sudo_root" for details.

user@WinDev2308Eval:/mnt/c/Users/User$ |
```

2.1.5 패키지 업데이트

WSL을 실행한 상태로 sudo apt update를 입력하고 [enter] 키를 누릅니다. 이러면 **패키지**package 목록을 업데이트합니다.

패키지는 리눅스의 애플리케이션 배포 단위입니다. 이 명령어는 설치 가능한 패키지를 확인하는 절차로 실제 패키지를 업데이트하는 것은 아닙니다.

▼ 설치 가능한 패키지 확인

```
user@WinDev2308Eval: /mnt/      ×     +  ∨                                    –   □   ×

C:\Users\User>wsl
To run a command as administrator (user "root"), use "sudo <command>".
See "man sudo_root" for details.

user@WinDev2308Eval:/mnt/c/Users/User$ sudo apt update
[sudo] password for user:
Hit:1 http://archive.ubuntu.com/ubuntu focal InRelease
Get:2 http://archive.ubuntu.com/ubuntu focal-updates InRelease [114 kB]
Get:3 http://archive.ubuntu.com/ubuntu focal-backports InRelease [108 kB]
Get:4 http://archive.ubuntu.com/ubuntu focal/universe amd64 Packages [8628 kB]
Get:5 http://archive.ubuntu.com/ubuntu focal/universe Translation-en [5124 kB]
Get:6 http://archive.ubuntu.com/ubuntu focal/universe amd64 c-n-f Metadata [265 kB]
Get:7 http://archive.ubuntu.com/ubuntu focal/multiverse amd64 Packages [144 kB]
Get:8 http://archive.ubuntu.com/ubuntu focal/multiverse Translation-en [104 kB]
Get:9 http://archive.ubuntu.com/ubuntu focal/multiverse amd64 c-n-f Metadata [9136 B]
Get:10 http://archive.ubuntu.com/ubuntu focal-updates/main amd64 Packages [2753 kB]
Get:11 http://archive.ubuntu.com/ubuntu focal-updates/main Translation-en [456 kB]
Get:12 http://archive.ubuntu.com/ubuntu focal-updates/main amd64 c-n-f Metadata [17.0 kB]
Get:13 http://archive.ubuntu.com/ubuntu focal-updates/restricted amd64 Packages [2185 kB]
0% [5 Translation-en store 0 B] [13 Packages 64.0 kB/2185 kB 3%]            2385 kB/s 1s
```

패키지를 업데이트하려면 sudo apt upgrade -y를 실행합니다. 이 명령어를 실행하면 설치된 패키지를 최신 버전으로 업데이트합니다. -y는 업데이트 설치 도중에 확인을 요구하는 화면을 건너뛰는 옵션입니다. 혹시라도 불안하다면 해당 옵션 없이 실행해서 수동으로 확인하면서 패키지를 설치할 수 있습니다.

우분투 초기 설정에는 apt update를 한 후에 apt upgrade를 사용한다고 기억하세요.

▼ 패키지 업데이트

```
user@WinDev2308Eval: /mnt/     ×     +   ∨                              —    □    ×
user@WinDev2308Eval:/mnt/c/Users/User$ sudo apt upgrade -y
Reading package lists... Done
Building dependency tree
Reading state information... Done
Calculating upgrade... Done
The following packages will be upgraded:
  accountsservice apport bind9-dnsutils bind9-host bind9-libs bsdutils cloud-init curl distro-info
  fdisk fwupd fwupd-signed gcc-10-base libaccountsservice0 libblkid1 libcap2 libcap2-bin
  libcurl3-gnutls libcurl4 libfdisk1 libfwupd2 libfwupdplugin5 libgcc-s1 libglib2.0-0 libglib2.0-bin
  libglib2.0-data libgpgme11 libmount1 libnghttp2-14 libnss-systemd libpam-cap libpam-systemd
  libperl5.30 libpython3.8 libpython3.8-minimal libpython3.8-stdlib libsmartcols1 libssh-4 libstdc++6
  libsystemd0 libudev1 libuuid1 libx11-6 libx11-data libx11-xcb1 mount open-iscsi open-vm-tools
  openssh-client openssh-server openssh-sftp-server perl perl-base perl-modules-5.30 python3-apport
  python3-debian python3-distro-info python3-problem-report python3-requests python3.8
  python3.8-minimal snapd sosreport systemd systemd-sysv systemd-timesyncd tzdata
  ubuntu-advantage-tools udev ufw util-linux uuid-runtime vim vim-common vim-runtime vim-tiny xxd
77 upgraded, 0 newly installed, 0 to remove and 0 not upgraded.
43 standard LTS security updates
Need to get 80.0 MB of archives.
After this operation, 827 kB disk space will be freed.
Get:1 http://archive.ubuntu.com/ubuntu focal-updates/main amd64 bsdutils amd64 1:2.34-0.1ubuntu9.4 [63.0
kB]
0% [1 bsdutils 12.9 kB/63.0 kB 20%]
```

2.1.6 C++ 개발 환경 설치하기

이제 C++ 개발 환경을 설치해 봅시다. `sudo apt install build-essential -y`를 입력
하고 [enter] 키를 누르면 C++ 개발 환경에 필요한 패키지가 설치됩니다.

▼ C++ 개발 환경 설치

```
user@WinDev2308Eval: /mnt/     ×     +   ∨                              —    □    ×
user@WinDev2308Eval:/mnt/c/Users/User$ sudo apt install build-essential -y
Reading package lists... Done
Building dependency tree
Reading state information... Done
The following additional packages will be installed:
  binutils binutils-common binutils-x86-64-linux-gnu cpp cpp-9 dpkg-dev fakeroot g++ g++-9 gcc gcc-9
  gcc-9-base libalgorithm-diff-perl libalgorithm-diff-xs-perl libalgorithm-merge-perl libasan5
  libatomic1 libbinutils libc-dev-bin libc6-dev libcc1-0 libcrypt-dev libctf-nobfd0 libctf0
  libdpkg-perl libfakeroot libfile-fcntllock-perl libgcc-9-dev libgomp1 libisl22 libitm1 liblsan0
  libmpc3 libquadmath0 libstdc++-9-dev libtsan0 libubsan1 linux-libc-dev make manpages-dev
Suggested packages:
  binutils-doc cpp-doc gcc-9-locales debian-keyring g++-multilib g++-9-multilib gcc-9-doc gcc-multilib
  autoconf automake libtool flex bison gdb gcc-doc gcc-9-multilib glibc-doc bzr libstdc++-9-doc
  make-doc
The following NEW packages will be installed:
  binutils binutils-common binutils-x86-64-linux-gnu build-essential cpp cpp-9 dpkg-dev fakeroot g++
  g++-9 gcc gcc-9 gcc-9-base libalgorithm-diff-perl libalgorithm-diff-xs-perl libalgorithm-merge-perl
  libasan5 libatomic1 libbinutils libc-dev-bin libc6-dev libcc1-0 libcrypt-dev libctf-nobfd0 libctf0
  libdpkg-perl libfakeroot libfile-fcntllock-perl libgcc-9-dev libgomp1 libisl22 libitm1 liblsan0
  libmpc3 libquadmath0 libstdc++-9-dev libtsan0 libubsan1 linux-libc-dev make manpages-dev
0 upgraded, 41 newly installed, 0 to remove and 0 not upgraded.
Need to get 45.4 MB of archives.
After this operation, 203 MB of additional disk space will be used.
Get:1 http://archive.ubuntu.com/ubuntu focal-updates/main amd64 binutils-common amd64 2.34-6ubuntu1.6 [2
07 kB]
0% [1 binutils-common 12.9 kB/207 kB 6%]
```

설치가 끝났으면 g++를 사용 가능합니다. 다음 장부터는 g++를 사용할 수 있다고 전제하고 예제 코드를 컴파일하는 명령어를 소개합니다.

제 **3** 장

컨텍스트가 있는
1인 게임에서 사용하고 싶은
탐색 알고리즘

드디어 이 책의 주제인 탐색 알고리즘을 설명하겠습니다. 우선, 컨텍스트가 있는 1인 게임에서 사용하는 탐색 알고리즘을 소개합니다. 외부 요인에 좌우되지 않는 1인 게임에서 알고리즘 효과를 즐겁게 배워봅시다.

3.1

예제 게임: 숫자 모으기 미로 게임

3.1.1 숫자 모으기 미로 게임

이제부터 구체적인 게임을 살펴보면서 알고리즘을 설명하겠습니다. 이해를 돕기 위해 다음과 같은 오리지널 게임을 만들었습니다(표 3.1.1).

표 3.1.1 숫자 모으기 미로 게임 규칙

	설명
플레이어 목적	게임이 종료할 때까지 높은 기록 점수를 얻습니다.
플레이어 수	1인
플레이어의 행동 타이밍	1턴에 1회
플레이어가 가능한 행동	각 턴마다 캐릭터(@)를 상하좌우 네 방향 중 어느 하나로 1칸 이동시킵니다. 가만히 있거나 게임판 밖으로 이동시키는 것은 불가능합니다.
게임 종료 조건	정해진 턴 수를 넘깁니다.
기타	캐릭터는 무작위로 초기 배치됩니다. 캐릭터가 이동한 곳에 점수가 있으면 해당 점수를 기록 점수에 더하고 그 곳에 있던 점수는 사라집니다.

▼ 숫자 모으기 미로의 초기 상태

Score:0			
4	6	1	3
.	@	2	.
7	5	6	6

4턴 후에 게임이 끝나는 설정으로 설명하겠습니다. 예를 들어 그림처럼 게임판이 초기 설정되었을 때, 오른쪽 → 위쪽 → 아래쪽 → 오른쪽 순서로 이동하면 다음 그림 [숫자 모으

기 미로의 동작 예 1]처럼 플레이어 최종 기록 점수는 3이 됩니다. 이 점수가 최대가 되게 만드는 것이 게임 목적입니다.

▼ 숫자 모으기 미로의 동작 예 1

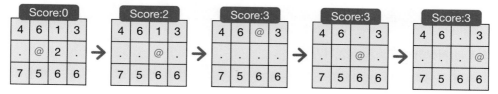

만약 초기 게임판 상태에서 위쪽 → 오른쪽 → 오른쪽 → 아래쪽 순서로 이동하면 플레이어 최종 기록 점수는 10이 됩니다. 4턴이 지난 시점에 캐릭터 좌표는 [숫자 모으기 미로의 동작 예 1]과 동일하지만 최종 기록 점수는 달라집니다.

▼ 숫자 모으기 미로의 동작 예 2

이렇게 게임 진행 순서에 따라 결과가 변하는 게임을 이 책에서는 **컨텍스트가 있는 게임**[1]이라고 부릅니다. 이 장은 이러한 컨텍스트가 있는 게임 중에서도 특히 플레이어가 1명인 게임에서 유용한 탐색 알고리즘을 소개합니다.

3.1.2 숫자 모으기 미로 구현하기

[표 3.1.2]에 있는 메서드를 가진 클래스를 만듭니다.

표 3.1.2 숫자 모으기 미로의 메서드

메서드	설명
MazeState()	기본 생성자
MazeState(const int seed)	시드를 지정해서 미로를 작성합니다.

----

1   **역자주_** 일반적인 용어가 아니라 저자가 만든 용어입니다.

bool isDone()	게임 종료 판정을 합니다.
void advance(const int action)	지정한 action으로 게임을 1턴 진행합니다.
std::vector<int> legalActions()	현재 상황에서 플레이어가 가능한 행동을 모두 획득합니다.
std::string toString()	현재 게임 상황을 문자열로 작성합니다.

좌표를 저장하는 구조체 작성하기

그러면 구현하는 방법을 설명하겠습니다. 게임 주요 부분의 클래스를 작성하기 전에 좌표를 저장할 구조체를 만듭니다. 미로와 같은 2차원 공간에서 캐릭터를 조작하는 게임은 [코드 3.1.1]과 같은 구조체를 만들어서 사용하면 편리합니다.

코드 3.1.1 좌표를 저장하는 구조체 | 00_MazeState.cpp |

```
01: struct Coord
02: {
03:     int y_;
04:     int x_;
05:     Coord(const int y = 0, const int x = 0) : y_(y), x_(x) {}
06: };
```

생성자 구현하기

숫자 모으기 미로 클래스의 생성자를 구현합니다(코드 3.1.2).

1~3번째 줄은 미로 높이, 너비, 게임 종료 턴을 상수로 정의합니다. 이런 값을 실행할 때 변경 가능한 구조로 만들려면 멤버 변수를 정의해서 생성자 인수에 지정하도록 구현해야 하지만, 게임 규칙이 고정적이라면 constexpr을 사용해서 컴파일 시간 상수로 정의하는 것이 효율이 좋습니다.

16~31번째 줄은 시드를 사용해서 미로를 생성합니다. 숫자 모으기 미로를 구성하는 주요 요소는 '캐릭터'와 '바닥에 있는 점수' 두 가지입니다. 캐릭터가 점수가 있는 바닥으로 이동하면 바닥의 점수가 사라지는 것이 규칙이므로 게임판을 초기 생성할 때 좌표가 겹치지 않도록 확인합니다.

```cpp
01: constexpr const int H = 3;   // 미로의 높이
02: constexpr const int W = 4;   // 미로의 너비
03: constexpr int END_TURN = 4; // 게임 종료 턴
04: class MazeState
05: {
06: private:
07:     int points_[H][W] = {}; // 바닥의 점수는 1~9 중 하나
08:     int turn_ = 0;          // 현재 턴
09:
10: public:
11:     Coord character_ = Coord();
12:     int game_score_ = 0; // 게임에서 획득한 점수
13:     MazeState() {}
14:
15:     // h*w 크기의 미로를 생성한다.
16:     MazeState(const int seed)
17:     {
18:         auto mt_for_construct = std::mt19937(seed); // 게임판 구성용 난수 생성기 초기화
19:         this->character_.y_ = mt_for_construct() % H;
20:         this->character_.x_ = mt_for_construct() % W;
21:
22:         for (int y = 0; y < H; y++)
23:             for (int x = 0; x < W; x++)
24:             {
25:                 if (y == character_.y_ && x == character_.x_)
26:                 {
27:                     continue;
28:                 }
29:                 this->points_[y][x] = mt_for_construct() % 10;
30:             }
31:     }
32: };
```

종료 판정 구현하기

이어서 게임이 끝났는지 판정하는 isDone을 구현합니다(코드 3.1.3).

지금은 숫자 모으기 미로 구현 방법을 설명하고 있지만 이런 종료 판정 메서드는 어떤 게임에서도 공통적으로 필요합니다. 이 책의 예제 코드에서는 이런 공통적으로 필요한 메서

드에 [모든 게임에서 구현]이라고 주석으로 표기합니다.

예제 게임은 종료 조건이 턴 횟수뿐이므로 isDone 구현은 간단히 턴 수를 비교하면 끝납니다. 단순한 예제 게임과 다르게 장애물 충돌 판정처럼 그외에도 종료 판정이 필요한 게임이라면 isDone 내부에 구현하면 됩니다.

코드 3.1.3 숫자 모으기 미로의 종료 판정　　　　　　　　　　　　　　　| 00_MazeState.cpp |

```
01: class MazeState
02: {
03: // 중략
04: public:
05:     // [모든 게임에서 구현] : 게임 종료 판정
06:     bool isDone() const
07:     {
08:         return this->turn_ == END_TURN;
09:     }
10: };
```

게임 진행 구현하기

advance(코드 3.1.4)는 지정한 action에 따라 다음처럼 동작합니다.

- 캐릭터를 action에 따라 이동시킵니다.
- 캐릭터가 이동한 곳의 바닥에 배치된 점수를 기록 점수에 더합니다.
- 획득한 바닥의 점수를 0으로 변경합니다.
- 턴을 진행합니다.

5~7번째 줄은 dx, dy 상수를 정의합니다. 행동(action)이 int형이므로 행동을 첨자(인덱스)로 삼아 dx, dy를 참조하면 해당하는 행동을 했을 때 캐릭터가 이동할 방향의 x, y 축 값을 얻을 수 있습니다. 이것으로 13, 14번째 줄처럼 간단히 캐릭터 이동을 구현할 수 있습니다.

▼ dx, dy 방향

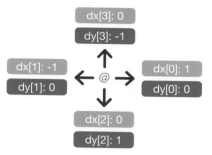

15번째 줄은 auto &point로 바닥의 점수를 참조하므로 19번째 줄에서 point=0으로 변경한 내용은 this->points_에도 반영됩니다. 이런 포인터 참조가 어렵다면 19번째 줄을 this->points_[this->character_.y_][this->character_.x_]=0으로 변경합니다.

코드 3.1.4 숫자 모으기 미로의 턴 진행 | 00_MazeState.cpp |

```cpp
01: class MazeState
02: {
03: // 중략
04: private:
05:     // 오른쪽, 왼쪽, 아래쪽, 위쪽로 이동하는 이동방향 x와 y축 값
06:     static constexpr const int dx[4] = {1, -1, 0, 0};
07:     static constexpr const int dy[4] = {0, 0, 1, -1};
08:
09: public:
10:     // [모든 게임에서 구현] : 지정한 action으로 게임을 1턴 진행한다.
11:     void advance(const int action)
12:     {
13:         this->character_.x_ += dx[action];
14:         this->character_.y_ += dy[action];
15:         auto &point = this->points_[this->character_.y_][this->character_.x_];
16:         if (point > 0)
17:         {
18:             this->game_score_ += point;
19:             point = 0;
20:         }
21:         this->turn_++;
22:     }
23: };
```

legalActions(코드 3.1.5)는 오른쪽, 왼쪽, 위쪽, 아래쪽의 네 방향으로 캐릭터가 이동 가능한지 판정하고 **경우의 수**에 추가합니다. 경우의 수는 어떤 게임 상태에서 플레이어가 선택할 수 있는 행동을 뜻합니다. 숫자 모으기 미로에서는 제자리에 가만히 있을 수 없지만, 만약 게임 규칙에서 가만히 있을 수 있다면 dx[4]=0, dy[4]=0을 추가하면 됩니다.

▼ 경우의 수의 예

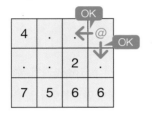

▼ 불가능한 수의 예

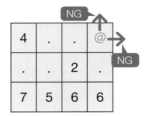

위의 그림처럼 이 게임은 게임판 밖으로 나갈 수 없습니다. 12번째 줄은 이런 금지 행동을 하지 않는지 확인합니다.

코드 3.1.5 숫자 모으기 미로의 경우의 수 획득 | 00_MazeState.cpp |

```cpp
01: class MazeState
02: {
03: // 중략
04:     // [모든 게임에서 구현] : 현재 상황에서 플레이어가 가능한 행동을 모두 획득한다.
05:     std::vector<int> legalActions() const
06:     {
07:         std::vector<int> actions;
08:         for (int action = 0; action < 4; action++)
09:         {
10:             int ty = this->character_.y_ + dy[action];
11:             int tx = this->character_.x_ + dx[action];
12:             if (ty >= 0 && ty < H && tx >= 0 && tx < W)
13:             {
14:                 actions.emplace_back(action);
15:             }
16:         }
17:         return actions;
18:     }
19: };
```

게임 진행 상황을 확인할 수 있도록 게임판 상황을 문자열로 변환할 수 있게 만들어 봅시다(코드 3.1.6). 각 좌표를 [표 3.1.3]처럼 대응하는 문자로 바꿔서 표현합니다.

표 3.1.3 표시한 문자의 의미

문자	의미
.	바닥
@	캐릭터
0~9	바닥에 있는 점수

코드 3.1.6 숫자 모으기 미로 출력 | 00_MazeState.cpp |

```
01: class MazeState
02: {
03: // 중략
04: public:
05:     // [필수는 아니지만 구현하면 편리] : 현재 게임 상황을 문자열로 만든다.
06:     std::string toString() const
07:     {
08:         std::stringstream ss;
09:         ss << "turn:\t" << this->turn_ << "\n";
10:         ss << "score:\t" << this->game_score_ << "\n";
11:         for (int h = 0; h < H; h++)
12:         {
13:             for (int w = 0; w < W; w++)
14:             {
15:                 if (this->character_.y_ == h && this->character_.x_ == w)
16:                 {
17:                     ss << '@';
18:                 }
19:                 else if (this->points_[h][w] > 0)
20:                 {
21:                     ss << points_[h][w];
22:                 }
23:                 else
24:                 {
25:                     ss << '.';
26:                 }
27:             }
28:             ss << '\n';
```

```
29:        }
30:
31:        return ss.str();
32:    }
33: };
```

이것으로 숫자 모으기 미로의 기본 기능을 일단 완성했습니다.

미로를 푸는 AI 구현하기

이어서 숫자 모으기 미로를 푸는 간단한 AI를 준비합니다. 일단 완전히 무작위로 이동하는 AI를 만들어 봅시다(코드 3.1.7).

legalActions에서 경우의 수를 받고 그중에서 하나를 무작위로 선택하는 함수를 구현하면 됩니다. 1번째 줄에서 using으로 MazeState에 State라는 별명을 지정합니다. Maze State를 그대로 써서 구현해도 되지만, 숫자 모으기 미로 이외에서도 적용하는 알고리즘이라는 것을 의식하면서 구현하도록 추상화한 별명을 할당합니다.

코드 3.1.7 무작위로 행동을 선택하는 AI | 00_MazeState.cpp |

```
01: using State = MazeState;
02: std::mt19937 mt_for_action(0); // 행동 선택용 난수 생성기 초기화
03: // 무작위로 행동을 결정한다.
04: int randomAction(const State &state)
05: {
06:     auto legal_actions = state.legalActions();
07:     return legal_actions[mt_for_action() % (legal_actions.size())];
08: }
```

게임 진행 테스트하기

게임을 푸는 AI 구현이 끝났으니 실제로 프로그램을 동작시켜서 게임이 어떻게 진행되는지 테스트해 봅시다. 게임이 종료할 때까지 한 턴씩 게임을 진행하는 코드를 구현합니다(코드 3.1.8).

```cpp
01: // 시드를 지정해서 게임 상황을 표시하면서 AI에 플레이시킨다.
02: void playGame(const int seed)
03: {
04:     using std::cout;
05:     using std::endl;
06:
07:     auto state = State(seed);
08:     cout << state.toString() << endl;
09:     while (!state.isDone())
10:     {
11:         state.advance(randomAction(state));
12:         cout << state.toString() << endl;
13:     }
14: }
15: int main()
16: {
17:     playGame(/*게임판 초기화 시드*/ 121321);
18:     return 0;
19: }
```

그러면 프로그램을 실행해 봅니다(터미널 3.1.1). wsl 명령어로 실행 환경을 WSL로 전환합니다. 그러면 2장에서 구성한 환경에서 작업할 수 있습니다. 그외에도 비주얼 스튜디오 코드^{Visual Studio Code} 확장 기능을 사용하는 등 여러 가지 실행 방법이 있지만 자세한 설명은 생략합니다.

터미널 3.1.1 프로그램 컴파일과 실행

```
> wsl
$ cd sample_code/03_OnePlayerGame/
$ g++ -O3 -std=c++17 -o 00_MazeState 00_MazeState.cpp
$ ./00_MazeState
```

이 장에서 사용하는 예제 코드는 홈페이지에서 다운로드한 파일의 sample_code/03_OnePlayerGame/ 폴더에 있으므로 cd 명령어로 해당 폴더로 이동합니다. 그리고 00_MazeState.cpp 소스 코드를 컴파일해서 실행해 봅니다.

-O3은 최적화 옵션입니다. 해당 옵션을 사용하면 컴파일 시간은 약간 늘어나지만 생성된 코드가 최적화됩니다. 보통은 -O2 수준의 최적화 옵션을 사용하지만, 이 책에서 다루는 문제는 빠른 실행 속도가 중요하기 때문에 -O3 옵션을 사용해서 실습합니다.

-std=c++17은 C++언어 표준 규약인 C++17을 사용하는 설정입니다. 이 책의 예제 코드처럼 클래스에 static constexpr 수식어를 써서 배열 멤버를 선언으로만 사용할 때는 C++17 이상이어야 합니다.

실행 결과는 [그림 3.1.1]처럼 출력됩니다.

그림 3.1.1 무작위 행동 선택의 플레이 결과

```
turn:    0
score:   0
4613
.@2.
7566

turn:    1
score:   2
4613
..@.
7566

turn:    2
score:   3
46@3
....
7566

turn:    3
score:   3
46.3
..@.
7566

turn:    4
score:   3
46.3
...@
7566
```

출력된 내용을 그림으로 표현하면 다음과 같습니다.

▼ 무작위 행동 선택의 플레이 결과

Score:0			
4	6	1	3
.	@	2	.
7	5	6	6

→

Score:2			
4	6	1	3
.	.	@	.
7	5	6	6

→

Score:3			
4	6	@	3
.	.	.	.
7	5	6	6

→

Score:3			
4	6	.	3
.	.	@	.
7	5	6	6

→

Score:3			
4	6	.	3
.	.	.	@
7	5	6	6

우선 초기 상태를 표시합니다.

1턴째는 오른쪽으로 이동이 선택되면서 바닥에 있는 점수 2점을 얻어서 기록 점수가 2점이 됩니다. 2턴째는 위쪽으로 이동이 선택되면서 바닥에 있는 점수 1점을 얻어서 기록 점수가 3점이 됩니다. 3턴째는 아래쪽으로 이동이 선택됩니다. 이때 이동할 바닥에는 점수가 없으므로 기록 점수는 3점 그대로입니다. 4턴째는 오른쪽으로 이동이 선택됩니다. 역시 기록 점수는 3점 그대로입니다.

4턴이 지났으므로 게임이 종료됩니다. 게임 종료 시점의 기록 점수는 3점입니다. 설정한 규칙대로 게임이 동작하므로 게임 구현에는 문제가 없어 보입니다.

00_MazeState.cpp에서 다음과 같은 호출을 사용합니다.

- std::mt19937 mt_for_action(0); // 행동 선택용 난수 생성기 초기화
- playGame(/*게임판 초기화 시드*/ 121321);

여기에 지정한 시드를 변경하면 무작위 행동이나 생성되는 게임판을 변경할 수 있습니다. 게임판 초기화 시드는 설명을 위해서 121321을 고정값으로 지정했지만, 시드를 바꿔서 컴파일과 실행을 반복해 보면서 게임이 어떻게 동작하는지 감을 잡아 보는 것도 좋습니다.

그런데 테스트 목적으로 무작위로 행동을 선택하도록 했지만 최종 점수인 3점은 그렇게 높은 점수라고 할 수 없습니다. 다음 절에서는 보다 높은 점수를 얻기 위해 행동을 똑똑하게 선택하는 알고리즘을 설명합니다.

그리디 알고리즘(탐욕법)

3.2.1 그리디 알고리즘의 특징과 동작
: 모든 탐색 알고리즘의 기초! 이것만 있으면 싸울 수 있다!

그리디 알고리즘 Greedy algorithm은 1턴 후에 발생 가능한 모든 결과 중에서 가장 평가가 높은 결과를 내는 행동을 선택하는 방법입니다. 구현이 간단하고 평가 방법을 잘 만들면 일정 수준 이상의 효과를 기대할 수 있기 때문에 다양한 게임에서 가장 먼저 시도해 볼 만한 방법입니다.

우선, 다음과 같은 게임판을 생각해 봅시다.

▼ 숫자 모으기 미로의 초기 상태

Score:0			
4	6	1	3
.	@	2	.
7	5	6	6

이 게임판에서 1턴 후에 가능한 모든 게임판을 나열해 봅시다(그리디 알고리즘의 선택: 1턴째).

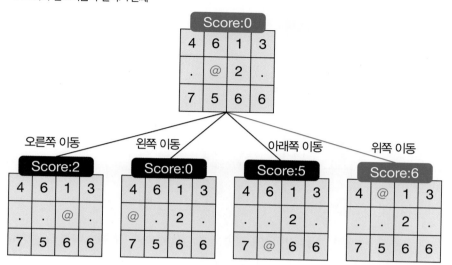

오른쪽 이동은 바닥의 점수 2점을 얻어서 기록 점수가 2점이 됩니다. 왼쪽 이동은 바닥의 점수가 없으므로 기록 점수는 그대로 0입니다. 아래쪽 이동은 바닥의 점수 5점을 얻어서 기록 점수는 5점이 됩니다. 위쪽 이동은 바닥의 점수 6점을 얻어서 기록 점수는 6점이 됩니다.

점수 2, 0, 5, 6 중에서 6이 가장 높은 점수이므로 점수 6의 게임판으로 진행할 수 있는 위쪽 이동을 선택합니다. 이것이 그리디 알고리즘의 전부입니다.

그러면 게임 종료까지 같은 방법으로 진행해 봅시다.

2턴째에서 오른쪽 이동은 바닥의 점수 1점을 얻어서 기록 점수는 7점이 됩니다. 왼쪽 이동은 바닥의 점수 4점를 얻어서 기록 점수는 10점이 됩니다. 아래쪽 이동은 바닥에 점수가 없으므로 기록 점수는 6점 그대로입니다.

점수 7, 10, 6 중에서 점수 10이 제일 높으므로 2턴째에는 기록 점수 10을 만들 수 있는 게임판으로 진행하기 위해 왼쪽 이동을 선택합니다.

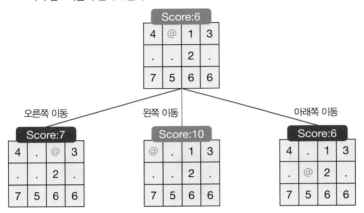

3턴째에는 오른쪽도, 아래쪽 이동도 바닥에 점수가 없으므로 기록 점수는 10점 그대로입니다(그리디 알고리즘의 선택: 3턴째 그림 참조). 점수가 최대가 되는 행동이 여러 개인 경우는 구현 방법에 따라 다르지만 이번에는 먼저 탐색한 오른쪽 이동을 선택하도록 합니다.

▼ 그리디 알고리즘의 선택: 3턴째

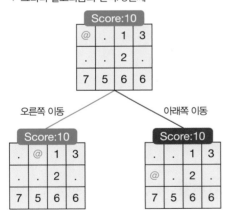

마지막 행동 선택입니다. 오른쪽 이동은 바닥의 점수 1점을 얻어서 기록 점수는 11점이 됩니다. 왼쪽 이동은 바닥에 점수가 없으므로 기록 점수는 그대로 10점입니다. 아래쪽 이동도 바닥에 점수가 없으므로 기록 점수는 10점 그대로입니다.

점수 11, 10, 10 중에는 점수 11이 가장 높으므로 기록 점수 11의 게임판으로 진행하는 오른쪽 이동을 선택합니다.

첫수부터 보면 위쪽 이동 → 왼쪽 이동 → 오른쪽 이동 → 오른쪽 이동으로 최종 기록 점수 11점이 되면서 게임 종료입니다. 이전에 무작위로 행동을 선택했을 때 동일한 게임판에서 최종 기록 점수가 3점이었던 것을 생각해보면 큰 차이가 있습니다.

▼ 그리디 알고리즘의 선택: 4턴째

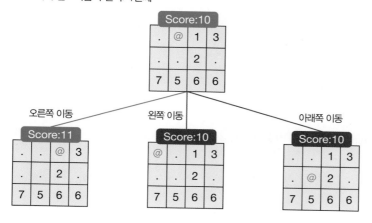

3.2.2 그리디 알고리즘 구현하기

게임판 평가 방법 구현하기

탐색 알고리즘은 게임판을 평가하고 비교해야 합니다. 게임이나 방침에 따라서 평가값으로 소수 또는 정수를 사용하는데, 이 책의 예제 코드는 설명에 통일감을 주기 위해 평가값 자료형은 ScoreType이라는 별명을 이용합니다.

숫자 모으기 미로 게임은 언제나 기록 점수가 명확하게 정해지므로 기록 점수를 그대로 평가값으로 사용해도 큰 문제없이 결과를 얻을 수 있습니다. 숫자 모으기 미로라면 기록 점수가 소수가 될 수 없으므로 ScoreType은 int64_t형으로 정의합니다.

평가값을 계산해서 멤버 변수에 저장하는 변수 evaluateScore를 추가합니다(코드 3.2.1).

```cpp
01: // 게임 평가 점수 자료형을 결정
02: using ScoreType = int64_t;
03: // 불가능한(무한) 점수의 예로 정의
04: constexpr const ScoreType INF = 1000000000LL;
05:
06: class MazeState
07: {
08: public:
09:     ScoreType evaluated_score_ = 0; // 탐색을 통해 확인한 점수
10:     // [모든 게임에서 구현] : 탐색용으로 게임판을 평가한다.
11:     void evaluateScore()
12:     {
13:         // 간단히 우선 기록 점수를 그대로 게임판의 평가로 사용
14:         this->evaluated_score_ = this->game_score_;
15:     }
16: };
```

그리디 알고리즘 구현하기

그리디 알고리즘을 구현해 봅시다(코드 3.2.2).

경우의 수를 순서대로 확인해서 탐색한 시점의 최고 평가 best_score보다 큰 점수가 나오면 best_score에 대응하는 행동 best_action을 갱신합니다.

best_score를 게임 규칙상 존재하지 않는 작은 값으로 초기화해서 게임을 진행하면 반드시 어떤 다른 값으로 갱신됩니다. 개발하면서 18번째 줄 주석 내용처럼 assert(best_action!=-1);를 이용해서 생각대로 동작하는지 확인해 보는 것이 좋습니다.

게임에 따라서는 경우의 수가 없는 상황이 존재하는 게임도 합니다. 그런 경우에는 State 클래스의 isDone() 구현에서 경우의 수가 존재하지 않으면 종료하도록 만듭니다. greedy Action 함수는 경우의 수가 존재한다고 전제하고 구현합니다.

```cpp
01: // 그리디 알고리즘으로 행동을 결정한다.
02: int greedyAction(const State &state)
03: {
04:     auto legal_actions = state.legalActions();
05:     ScoreType best_score = -INF; // 불가능한만큼 작은 값으로 최고 점수를 초기화
```

```
06:     int best_action = -1;         // 불가능한 행동으로 초기화
07:     for (const auto action : legal_actions)
08:     {
09:         State now_state = state;
10:         now_state.advance(action);
11:         now_state.evaluateScore();
12:         if (now_state.evaluated_score_ > best_score)
13:         {
14:             best_score = now_state.evaluated_score_;
15:             best_action = action;
16:         }
17:     }
18:     // 제대로 동작하는지 불안한다면 assert(best_action!=-1); 추가해서 동작 확인
19:     return best_action;
20: }
```

앞에서 한 것처럼 그리디 알고리즘의 플레이 상황을 확인해 봅시다. randomAction을 호출하는 부분을 그대로 greedyAction으로 바꾸면 됩니다(코드 3.2.3).

코드 3.2.3 그리디 알고리즘 구현 예 | 01_Geedy.cpp |

```
01: // 시드를 지정해서 게임 상황을 표시하면서 AI에 플레이시킨다.
02: void playGame(const int seed)
03: {
04: // 중략
05:     while (!state.isDone())
06:     {
07:         state.advance(greedyAction(state));
08:         cout << state.toString() << endl;
09:     }
10: }
```

그러면 실행해 봅시다(터미널 3.2.1).

터미널 3.2.1 그리디 알고리즘 실행하기

```
> wsl
$ cd sample_code/03_OnePlayerGame/
$ g++ -O3 -std=c++17 -o 01_Greedy 01_Greedy.cpp
$ ./01_Greedy
```

실행 결과를 그림으로 나타내면 다음과 같습니다. 앞에서 설명한 것처럼 위쪽, 왼쪽, 오른쪽, 오른쪽 순서로 행동을 선택해서 최종 기록 점수 11점을 얻었습니다.

▼ 그리디 알고리즘 플레이 결과

무작위 행동과 그리디 알고리즘 비교하기

지금 결과는 시드 121321로 State를 초기화해서 게임을 플레이한 경우의 결과입니다. 무작위 행동은 최종 기록 점수 3점, 그리디 알고리즘은 최종 기록 점수 11점이라서 그리디 알고리즘 쪽이 성능이 좋아 보이지만 어쩌면 우연히 그리디 알고리즘에 잘 맞는 게임판이 생성되었을지도 모릅니다.

따라서 State 초기화 시드를 몇 가지 바꿔가며 테스트한 평균 점수를 구해 보겠습니다. 여러 차례 플레이한 평균 점수가 높은 쪽이 더 좋은 알고리즘이라고 할 수 있습니다.

점수 계산 코드는 앞에서 본 playGame처럼 isDone이 false를 돌려주는 동안에 진행한 게임을 한 판 단위로 삼아서, 지정한 횟수만큼 for 반복문을 실행합니다. 반복문에서는 게임마다 획득한 최종 기록 점수를 저장하고, 기록 점수를 모두 더한 값을 게임 횟수로 나누면 모든 게임의 평균 기록 점수가 됩니다.

우선, randomAction을 구현해 봅시다(코드 3.2.4).

코드 3.2.4 무작위 행동의 평균 점수 구하기 　　　　　　　　　| 02_TestRandomScore.cpp |

```
01: // 게임을 game_number 횟수만큼 플레이해서 평균 점수를 표시한다.
02: void testAiScore(const int game_number)
03: {
04:     using std::cout;
05:     using std::endl;
06:     std::mt19937 mt_for_construct(0);
07:     double score_mean = 0;
08:     for (int i = 0; i < game_number; i++)
09:     {
10:         auto state = State(mt_for_construct());
```

```
11:
12:        while (!state.isDone())
13:        {
14:            state.advance(randomAction(state));
15:        }
16:        auto score = state.game_score_;
17:        score_mean += score;
18:    }
19:    score_mean /= (double)game_number;
20:    cout << "Score:\t" << score_mean << endl;
21: }
22:
23: int main()
24: {
25:     testAiScore(/*게임을 반복할 횟수*/ 100);
26:     return 0;
27: }
```

무작위 행동으로 100번 게임을 해서 평균 점수 12.47점이라는 결과를 얻었습니다(터미널 3.2.2).

터미널 3.2.2 무작위 행동의 100번 평균 점수

```
> wsl
$ cd sample_code/03_OnePlayerGame/
$ g++ -O3 -std=c++17 -o 02_TestRandomScore 02_TestRandomScore.cpp
$ ./02_TestRandomScore
Score:   12.47
```

randomAction을 사용하는 부분을 greedyAction으로 바꿔 봅시다(코드 3.2.5).

코드 3.2.5 그리디 알고리즘의 평균 점수 구하기 　　　　　　　　　　　| 03_TestGreedyScore.cpp |

```
01: // 게임을 game_number 횟수만큼 플레이해서 평균 점수를 표시한다.
02: void testAiScore(const int game_number)
03: {
04: // 중략
05:        while (!state.isDone())
06:        {
```

```
07:            state.advance(greedyAction(state));
08:        }
09: }
```

그리디 알고리즘은 평균 점수 24.11점이 나왔습니다(터미널 3.2.3). 무작위 행동의 평균 점수 12.47점을 넘어섰으니 개선되었다고 할 수 있습니다.

터미널 **3.2.3** 그리디 알고리즘의 100번 평균 점수

```
> wsl
$ cd sample_code/03_OnePlayerGame/
$ g++ -O3 -std=c++17 -o 03_TestGreedyScore 03_TestGreedyScore.cpp
$ ./03_TestGreedyScore
Score:   24.11
```

빔 탐색

3.3.1 빔 탐색의 특징과 동작: 탐색 공간을 파악해라! 경진 대회 상위권에서 자주 등장하는 탐색법!

앞에서 사용한 게임판 초기 상태를 살펴보면 게임판 하단 부분에 7, 6, 5 같은 높은 점수가 몰려 있습니다. 그리디 알고리즘은 1턴에 갈 수 있는 범위만 평가해서 행동을 선택하기 때문에 평가 방법을 바꾸지 않으면 이런 고득점 구간을 알 수 없습니다.

가능하다면 2턴 후, 3턴 후까지 고려한 행동을 선택해서 결과적으로 그리디 알고리즘보다 높은 점수를 얻고자 합니다. 하지만 1턴당 경우의 수가 N개인 게임을 M턴 후까지 확인하려면 N^M 종류의 게임판을 시뮬레이션해야 합니다. 숫자 모으기 미로에서 4턴 후까지 본다고 하면 최대 $4^4 = 256$종류이므로 어떻게든 되겠지만, 경우의 수나 게임 유효 턴 수가 커지면 모든 국면을 시뮬레이션하는 건 현실적으로 힘듭니다.

따라서 탐색 범위를 좁혀서 현실적인 계산량으로 탐색하는 방법이 **빔 탐색**Beam search[2]입니다.

▼ 숫자 모으기 미로에서 점수가 치우친 모양

Score:0			
4	6	1	3
.	@	2	.
7	5	6	6

게임판 하단에 높은 점수가 모여 있는데 1턴 후만 보고 판단하면
아래쪽으로 내려가서 진행하는 쪽이 이득이라고 알 수 없음

---

2 역자주_ 빔 탐색 결과로 만들어지는 탐색 트리는 너비는 좁지만 깊이는 깊어지는 형태입니다. 이 모습이 마치 손전등 불빛(beam)처럼 좁지만 멀리까지 퍼져 나가는 모습과 비슷해서 붙여진 이름입니다.

우선, 지금 게임판에서 1턴 후에 가능한 게임판을 모두 나열합니다. 여기까지는 그리디 알고리즘과 동일합니다.

▼ 너비 2 빔 탐색, 1턴째 게임판 계산

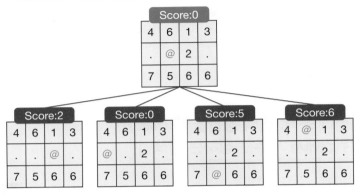

다음은 지금 나열한 게임판을 점수 순서대로 정렬합니다.

일반적인 빔 탐색은 탐색할 **깊이**와 **너비**를 지정해서 탐색을 진행합니다. 깊이는 게임 트리의 높이에 해당하며 여기에서는 몇 턴 후까지 탐색하는지를 뜻합니다. 설명에서는 깊이를 게임 종료 턴 수와 동일한 4로 설정합니다. 너비는 게임 트리의 가로 방향 크기에 해당하고, 여기에서는 한 턴당 몇 개의 게임판을 남길지를 뜻합니다. 이번에는 너비를 조금 좁게 2로 설정해서 설명합니다.

지정한 너비와 같은 개수, 즉 2개까지 점수가 높은 순서로 게임판을 선택합니다.

▼ 너비 2 빔 탐색, 1턴째의 게임판 정렬과 선택

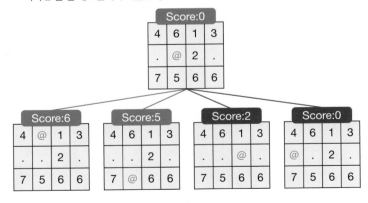

이제는 동일한 절차를 반복합니다. 선택된 게임판에서 가능한 게임판을 모두 나열합니다.

▼ 너비 2 빔 탐색, 2턴째의 게임판 계산

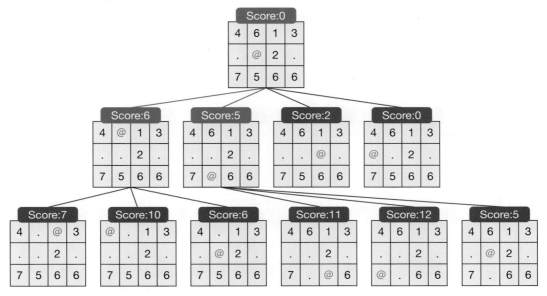

나열한 게임판을 점수 순서대로 정렬하고 점수가 높은 2개의 게임판을 선택합니다.

▼ 너비 2 빔 탐색, 2턴째의 게임판 정렬과 선택

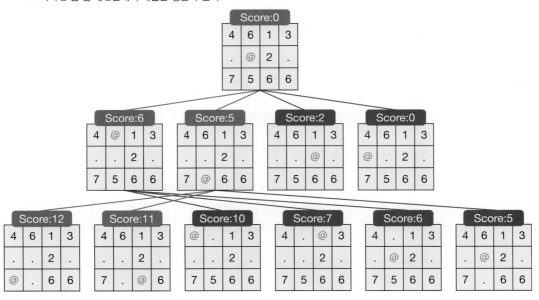

선택한 게임판에서 가능한 게임판을 모두 나열합니다.

▼ 너비 2 빔 탐색, 3턴째의 게임판 계산

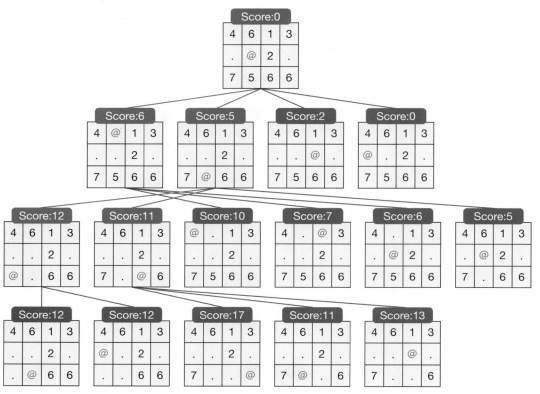

POINT

1턴째, 2턴째도 동일한 방법으로 게임판을 나열하는데 1턴째에는 4개의 게임판, 2턴째에는 6개의 게임판이 추가되었습니다. 그러나 3턴째에 나열한 게임판은 5개 뿐으로 2턴째보다 늘어나지 않습니다. 나열할 수 있는 게임판 최대 개수는 선택된 부모 노드의 수 x 게임판당 최대 경우의 수가 됩니다.

이 게임에서는 경우의 수가 최대 4이므로 선택된 부모 노드에 4를 곱한 값이 나열할 수 있는 게임판의 최대값이 됩니다.

탐색을 진행하면 선택된 부모 노드의 수가 빔 너비로 고정되므로 빔 너비 2를 이 게임에 적용하면 나열된 게임판은 반드시 2 x 4 = 8개 이내입니다. 1턴째 게임판 선택이 끝난 시점에 노드 수는 빔 너비에 도달하므로 앞으로 아무리 탐색하더라도 나열할 수 있는 게임판 개수는 8개를 초과할 수 없습니다.

나열한 게임판을 점수순으로 정렬하고 점수가 높은 2개의 게임판을 선택합니다.

▼ 너비 2 빔 탐색, 3턴째의 게임판 정렬과 선택

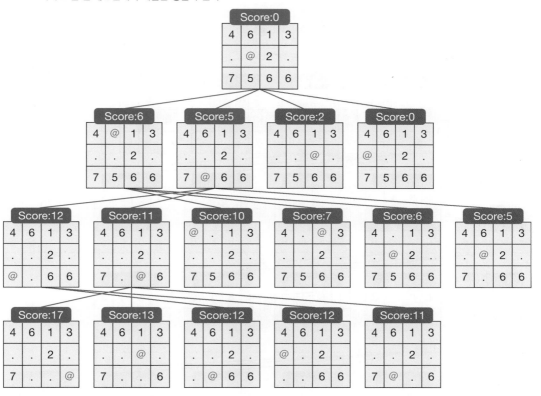

POINT 지금 살펴본 그림은 1턴 후의 게임판에서는 점수 6점이 최고 점수이지만 2턴째를 보면 6점 게임판의 자식 노드는 선택되지 않았습니다. 마찬가지로 2턴 후의 게임판에서는 점수 12점이 최대값이지만 3턴째에는 해당 게임판의 자식 노드는 선택되지 않습니다.
즉, 지금 선택된 게임판이 앞으로 진행할 턴의 최고 점수 게임판이 아니라는 뜻입니다. 이런 점에서 그리디 알고리즘으로 탐색할 때 턴이 진행되면 손해 볼 가능성이 있다는 걸 알 수 있습니다.

선택된 게임판에서 가능한 게임판을 모두 나열합니다.

▼ 너비 2 빔 탐색, 4턴째의 게임판 계산

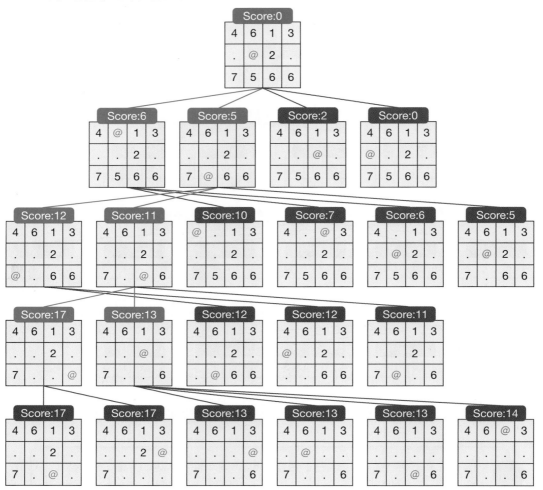

지정한 깊이까지 도달했으면 최종 기록 점수가 가장 높은 게임판을 선택합니다. 이 게임판에 도달하는 순서는 아래쪽, 오른쪽, 오른쪽, 왼쪽이므로 1턴째에는 아래쪽으로 이동하면 됩니다.

너비 2의 빔 탐색은 기록 점수가 17점이므로 그리디 알고리즘의 11점보다 높은 점수를 얻을 수 있었습니다.

▼ 너비 2 빔 탐색, 최종 선택

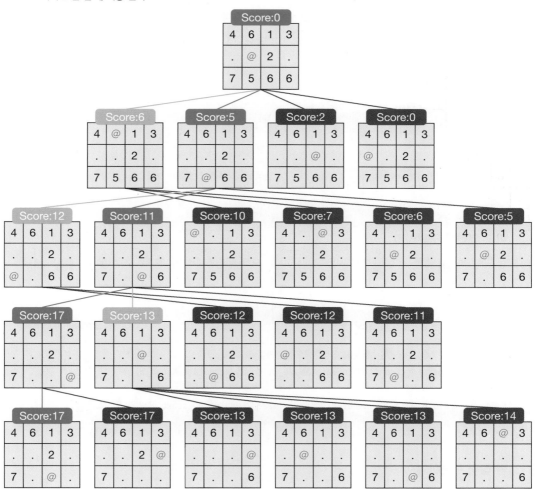

3.3.2 빔 탐색 구현하기

첫 행동을 기록하는 멤버 변수 정의하기

빔 탐색을 구현하는 준비 과정으로 MazeState를 일부 수정합니다. 우선, 제일 처음에 어떤 행동을 취할지 기록하는 멤버 변수를 정의합니다(코드 3.3.1).

코드 3.3.1 첫 행동 기록　　　　　　　　　　　　　　　　　　　　　| 04_BeamSearch.cpp |

```
01: class MazeState
02: {
03: // 중략
04: public:
05:     int first_action_ = -1;          // 탐색 트리의 루트 노드에서 처음으로 선택한 행동
06: };
```

비교 연산자 구현하기

탐색할 때 노드를 정렬하므로 비교 연산자를 오버로딩(재정의)으로 구현합니다(코드 3. 3.2).

코드 3.3.2 게임판 평가용 비교 연산자 구현　　　　　　　　　　　　| 04_BeamSearch.cpp |

```
01: // [모든 게임에서 구현] : 탐색할 때 정렬용으로 평가를 비교한다.
02: bool operator<(const MazeState &maze_1, const MazeState &maze_2)
03: {
04:     return maze_1.evaluated_score_ < maze_2.evaluated_score_;
05: }
```

빔 탐색 구현하기

빔 탐색을 구현하는 방법으로는 std::vector를 사용하는 방법과 std::priority_queue를 사용하는 방법이 있습니다. 이 책에서는 std::priority_queue로 통일해서 구현합니다(코드 3.3.3).

8번째 줄은 초기 상태를 std::priority_queue now_beam에 저장합니다. 16~27번째 줄은 다음과 같은 처리를 합니다.

- now_beam에 저장된 게임판에서 파생되는 다음 게임판을 모두 나열합니다.
- 평가가 높은 순서대로 정렬하면서 next_beam에 저장합니다.

이러한 처리를 12번째 줄의 for 반복문에서 반복하면, now_beam 큐의 윗부분에 있는 beam_width개의 게임판에서 파생되는 모든 게임판이 next_beam에 저장됩니다.

30번째 줄에서 next_beam 내용을 now_beam에 복사하고, 다음 깊이의 게임판을 탐색할 준비를 합니다.

지금까지 처리를 9번째 줄의 for 반복문으로 반복해서 지정한 깊이 beam_depth가 될 때까지 탐색합니다.

마지막으로 앞으로 해야 할 행동을 결정해서 반환합니다. 최종적으로 어떤 게임판을 선택해야 할지는 31번째 줄처럼 탐색이 끝난 깊이에서 가장 평가가 좋은 게임판을 선택하면됩니다. 이 게임판에 도달하려면 첫 행동으로 무엇을 선택해야 하는가는 25번째 줄처럼 1회째 반복에서 기록해두면 됩니다.

코드 3.3.3 빔 탐색 구현 예 | 04_BeamSearch.cpp |

```
01: #include <queue>
02: // 빔 너비와 깊이를 지정해서 빔 탐색으로 행동을 결정한다.
03: int beamSearchAction(const State &state, const int beam_width, const int beam_depth)
04: {
05:     std::priority_queue<State> now_beam;
06:     State best_state;
07:
08:     now_beam.push(state);
09:     for (int t = 0; t < beam_depth; t++)
10:     {
11:         std::priority_queue<State> next_beam;
12:         for (int i = 0; i < beam_width; i++)
13:         {
14:             if (now_beam.empty())
15:                 break;
16:             State now_state = now_beam.top();
17:             now_beam.pop();
18:             auto legal_actions = now_state.legalActions();
19:             for (const auto &action : legal_actions)
20:             {
```

```
21:            State next_state = now_state;
22:            next_state.advance(action);
23:            next_state.evaluateScore();
24:            if (t == 0)
25:                next_state.first_action_ = action;
26:            next_beam.push(next_state);
27:        }
28:    }
29:
30:    now_beam = next_beam;
31:    best_state = now_beam.top();
32:
33:    if (best_state.isDone())
34:    {
35:        break;
36:    }
37:    }
38:    return best_state.first_action_;
39: }
```

testAiScore에서 테스트할 AI를 beamSearchAction으로 변경합니다(코드 3.3.4). 이때 빔 너비를 2, 빔 깊이를 끝까지(4) 지정합니다.

코드 3.3.4 빔 탐색 평균 점수 구하기 | 04_BeamSearch.cpp |

```
01: void testAiScore(const int game_number)
02: {
03: // 중략
04:     while (!state.isDone())
05:     {
06:         state.advance(
07:             beamSearchAction(state, /*빔 너비*/ 2, /*빔 깊이*/ END_TURN)
08:         );
09:     }
10: }
```

빔 탐색은 평균 점수 25.33점이 나왔습니다(터미널 3.3.1). 그리디 알고리즘의 평균 점수 24.11점을 넘었으므로 개선되었다고 할 수 있습니다.

```
> wsl
$ cd sample_code/03_OnePlayerGame/
$ g++ -O3 -std=c++17 -o 04_BeamSearch 04_BeamSearch.cpp
$ ./04_BeamSearch
Score:   25.33
```

제한 시간을 지정해서 탐색하기

게임판 크기가 작을 때에는 깊이 탐색해도 금방 계산이 끝나지만, 게임판이 커지면 계산 시간이 상당히 늘어납니다. 실용적으로 탐색할 수 있도록 이번에는 지정한 시간이 될 때까지 탐색하는 방법을 설명합니다.

우선, 계산 시간에 따른 성능 차이를 확인해 보기 위해 게임판을 크게 키워봅시다(코드 3.3.5).

코드 3.3.5 게임판 크기 키우기 | 05_beamSearchWithTime.cpp |

```
01: constexpr const int H = 30;    // 미로의 높이
02: constexpr const int W = 30;    // 미로의 너비
03: constexpr int END_TURN = 100; // 게임 종료 턴
```

시간을 관리하는 클래스를 만듭니다(코드 3.3.6). 생성자를 호출한 시점부터 시간 측정을 시작해서 인스턴스 생성 시각부터 현재까지 제한 시간을 초과했는지 여부를 isTime Over로 판정합니다.

코드 3.3.6 시간 관리하기 | 05_BeamSearchWithTime.cpp |

```
01: #include <chrono>
02: // 시간을 관리하는 클래스
03: class TimeKeeper
04: {
05: private:
06:     std::chrono::high_resolution_clock::time_point start_time_;
07:     int64_t time_threshold_;
08:
09: public:
10:     // 시간 제한을 밀리초 단위로 지정해서 인스턴스를 생성한다.
```

```
11:     TimeKeeper(const int64_t &time_threshold)
12:         : start_time_(std::chrono::high_resolution_clock::now()),
13:           time_threshold_(time_threshold)
14:     {
15:     }
16:
17:     // 인스턴스를 생성한 시점부터 지정한 시간 제한을 초과하지 않았는지 판정한다.
18:     bool isTimeOver() const
19:     {
20:         using std::chrono::duration_cast;
21:         using std::chrono::milliseconds;
22:         auto diff = std::chrono::high_resolution_clock::now() - this->start_time_;
23:
24:         return duration_cast<milliseconds>(diff).count() >= time_threshold_;
25:     }
26: };
```

빔 탐색 주요 부분의 구현은 앞서 만든 beamSearchAction을 바탕으로 제한 시간을 초과했는지 판정하는 기능을 추가합니다(코드 3.3.7). 10번째 줄의 for문은 반복문을 빠져 나오는 조건을 제거하는 대신에 15~18번째 줄의 시간이 초과되었을 때 반환값을 이용해서 반복문에서 빠져 나옵니다.

코드 3.3.7 제한 시간이 있는 빔 탐색 구현 | 05_BeamSearchWithTime.cpp |

```
01: // 빔 너비와 제한 시간(ms)을 지정해서 빔 탐색으로 행동을 결정한다.
02: int beamSearchActionWithTimeThreshold(
03:     const State &state,
04:     const int beam_width,
05:     const int64_t time_threshold
06: )
07: {
08:     auto time_keeper = TimeKeeper(time_threshold);
09: // 중략
10:     for (int t = 0;; t++)
11:     {
12:         std::priority_queue<State> next_beam;
13:         for (int i = 0; i < beam_width; i++)
14:         {
```

```
15:              if (time_keeper.isTimeOver())
16:              {
17:                  return best_state.first_action_;
18:              }
19:          }
20: // 중략
21:
22:      }
23:      return best_state.first_action_;
24: }
```

제한 시간을 지정해서 테스트합니다(코드 3.3.8). 빔 너비가 그대로 2라면 깊이 탐색하는 의미가 없으므로 조금 더 넓혀서 5를 지정합니다.

코드 3.3.8 1밀리초로 제한 시간을 지정한 빔 탐색의 평균 점수 구하기 | 05_BeamSearchWithTime.cpp |

```
01: void testAiScore(const int game_number)
02: {
03: // 중략
04:      while (!state.isDone())
05:      {
06:          state.advance(
07:              beamSearchActionWithTimeThreshold(
08:                  state, /*빔 너비*/ 5, /*제한 시간(ms)*/ 1
09:              )
10:          );
11:      }
12: }
```

실행해 보니 점수가 679.61점이 나왔습니다(터미널 3.3.2). 지금까지 테스트한 코드와 다르게 반복 횟수가 정해져 있지 않으므로 같은 시드를 사용하더라도 컴퓨터 성능 등에 따라 실행할 때마다 결과가 변합니다.

터미널 3.3.2 1밀리초로 제한 시간을 지정한 빔 탐색의 100번 평균 점수

```
> wsl
$ cd sample_code/03_OnePlayerGame/
$ g++ -O3 -std=c++17 -o 05_BeamSearchWithTime 05_BeamSearchWithTime.cpp
```

```
$ ./05_BeamSearchWithTime
Score:    679.61
```

제한 시간을 10밀리초로 늘려 봅시다(코드 3.3.9).

코드 3.3.9 10밀리초로 제한 시간을 지정한 빔 탐색의 평균 점수 구하기 　　　　|05_BeamSearchWithTime.cpp|

```
01: void testAiScore(const int game_number)
02: {
03: // 중략
04:         while (!state.isDone())
05:         {
06:             state.advance(
07:                 beamSearchActionWithTimeThreshold(
08:                     state, /*빔 너비*/ 5, /*제한 시간(ms)*/ 10
09:                 )
10:             );
11:         }
12: }
```

실행해 보니 점수가 679.66점이 되어서 제한 시간 1밀리초에 비해 아주 약간이지만 개선된 걸 알 수 있습니다(터미널 3.3.3).

터미널 3.3.3 10밀리초 제한 시간 빔 탐색의 100번 평균 점수

```
> wsl
$ cd sample_code/03_OnePlayerGame/
$ g++ -O3 -std=c++17 -o 05_BeamSearchWithTime 05_BeamSearchWithTime.cpp
$ ./05_BeamSearchWithTime
Score:    679.66
```

빔 탐색 구현 방식 변경

3.4절에서 배우는 Choukudai 탐색 구현 방법에 맞춰서 priority_queue를 사용해서 빔 탐색을 구현해 봅니다. 사실 인트로셀렉트^{introselect}(상위 n개만 선택하는 알고리즘. C++은 nth_element)를 사용해도 빔 탐색을 구현할 수 있습니다. 탐색을 어떤 방식으로 구현하면 좋을지 여러 가지 방법으로 생각해 보면서 구현해 보기 바랍니다.

코드 3.3.10 인트로셀렉트를 사용한 빔 탐색 구현 예

```
01: int beamSearchActionByNthElement
02: (const State &state, const int beam_width, const int beam_depth)
03: {
04:     std::vector<State> now_beam; // priority_queue 대신에 vector로 변경
05:     State best_state;
06:     now_beam.emplace_back(state);
07:     for (int t = 0; t < beam_depth; t++)
08:     {
09:         std::vector<State> next_beam; // priority_queue 대신에 vector로 변경
10:         for (const State &now_state : now_beam)
11:         {
12:             auto legal_actions = now_state.legalActions();
13:             for (const auto &action : legal_actions)
14:             {
15:                 State next_state = now_state;
16:                 next_state.advance(action);
17:                 next_state.evaluateScore();
18:                 if (t == 0)
19:                     next_state.first_action_ = action;
20:                 next_beam.emplace_back(next_state);
21:             }
22:         }
23:         // 인트로셀렉트로 빔 너비 분량의 상위 데이터만 남기는 처리를 한다.
24:         if (next_beam.size() > beam_width)
25:         {
26:             std::nth_element(
27:                 next_beam.begin(), next_beam.begin() + beam_width,
28:                 next_beam.end(), std::greater<>());
29:             next_beam.resize(beam_width);
```

```
30:            }
31:         now_beam = next_beam;
32:         if (now_beam[0].isDone())
33:             break;
34:     }
35:     for (const State &now_state : now_beam)
36:         if (now_state.evaluated_score_ > best_state.evaluated_score_)
37:             best_state = now_state;
38:     return best_state.first_action_;
39: }
```

3.4

Chokudai 탐색

3.4.1 Chokudai 탐색의 특징과 동작
: 다양성을 자동으로 확보! 간편하고 초보자에게 추천!

고정된 너비의 빔 탐색으로 지정된 시간이 될 때까지 탐색하면 깊이 있는 탐색이 가능합니다. 1밀리초 시간 제한은 679.61점, 10밀리초 시간 제한은 679.66점이라 제한 시간이 많을수록 성능은 개선된 건 분명하지만, 10배의 시간을 쓴 것 치고는 아주 미세한 차이입니다. 실행 환경에 따라서는 점수 차이가 나지 않을 수도 있습니다.

왜 이런 일이 발생할까요?

다시 한 번, 너비 2 빔 탐색 그림을 살펴봅시다. 다음 그림은 2턴째의 게임판을 정렬해서 선택하는 상황입니다. 선택된 2턴째의 게임판은 모두 1턴에 아래쪽으로 이동했던 게임판에서 전개된 게임판입니다. 빔 탐색은 너비가 늘 고정이므로 계속해서 3턴째, 4턴째를 탐색하더라도 앞으로 가능한 모든 게임판은 제일 처음 아래쪽 이동을 선택한 상황에서 진행됩니다.

Score:0

4	6	1	3
.	@	2	.
7	5	6	6

위쪽 이동   아래쪽 이동   오른쪽 이동   왼쪽 이동

Score:6

4	@	1	3
.	.	2	.
7	5	6	6

Score:5

4	6	1	3
.	.	2	.
7	@	6	6

Score:2

4	6	1	3
.	@	.	.
7	5	6	6

Score:0

4	6	1	3
@	.	2	.
7	5	6	6

Score:12

4	6	1	3
.	.	2	.
@	.	6	6

Score:11

4	6	1	3
.	.	2	.
7	.	@	6

Score:10

@	.	1	3
.	.	2	.
7	5	6	6

Score:7

4	.	@	3
.	.	2	.
7	5	6	6

Score:6

4	.	1	3
.	@	2	.
7	5	6	6

Score:5

4	6	1	3
.	@	2	.
7	.	6	6

이런 식으로 아무리 깊게 탐색을 하더라도 원점으로 돌아가면 같은 국면만 계속되는 상태를 **다양성이 없다**라고 합니다. 이런 문제 때문에 아무리 시간을 쏟더라도 결국 비슷한 게임판만 탐색하게 되므로 시간 제한이 1밀리초나 10밀리초나 별 다른 점수 차이가 나지 않습니다.

Chokudai 탐색[3]은 너비가 좁은 빔 탐색을 몇 번이고 반복해서 다양성을 자동으로 확보하는 기법입니다.

---

3 Chokudai 탐색의 이름 유래는 해당 알고리즘을 고안한 타카하시 나오히로의 닉네임인 Chokudai에서 따왔습니다. 타카하시는 앳코더 주식회사 대표이사 겸 사장으로, 구글 해시 코드나 ICFPC 같은 세계 규모의 경진 대회에서 우승한 적이 있습니다.

너비 1 빔 탐색을 두 번 반복하는 Chokudai 탐색을 예로 설명하겠습니다. 우선, 초기 상태에서 1턴 후의 가능한 모든 게임판을 나열합니다.

▼ Chokudai 탐색, 빔 1회째, 1턴째의 게임판 계산

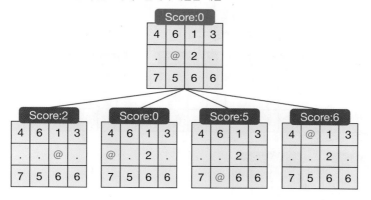

기록 점수가 높은 순서대로 정렬해서 지정한 너비와 같은 개수만큼 기록 점수가 높은 게임판을 선택합니다. 이번엔 너비가 1이므로 기록 점수가 가장 높은 게임판을 선택합니다.

▼ Chokudai 탐색, 빔 1회째, 1턴째의 게임판 정렬과 선택

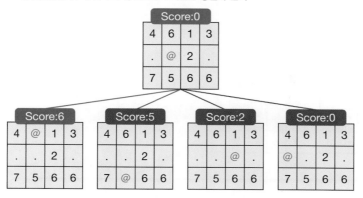

이대로 빔 탐색과 동일 방법으로 지정한 턴까지 탐색합니다. 이때 각 턴에서 선택되지 않은 게임판도 나중에 재사용하므로 파기하는 대신에 별도로 보관합니다.

▼ Chokudai 탐색, 빔 1회째, 4턴째의 게임판 계산

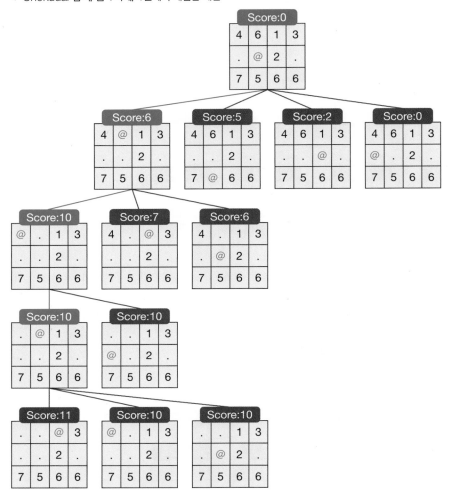

POINT Chokudai 탐색 도중이지만 이미 그럴듯한 4턴까지의 결과가 나왔습니다.
제한 시간을 두고 탐색하다 보면 CPU 사용 상황에 따라서 특정 순간에 처리 속도가 극단적으로
느려지는 경우가 있습니다. Chokudai 탐색은 성능을 따지지 않는다면 꽤 빠른 단계에 그럴듯한
결과를 보이므로 CPU 상황에 관계없이 반드시 어떤 시간 안에 결과를 얻고 싶을 때 편리합니다.

두 번째 빔을 쏘아 봅시다.

이렇게 새로 빔 탐색을 할 때마다 최초의 게임판부터 다시 시작합니다.

1회째 빔 탐색에서 선택되지 않은 1턴 후의 게임판을 정렬해서 지정한 너비와 같은 개수만큼 기록 점수가 높은 게임판을 선택합니다. 점수 6점의 게임판은 이미 선택되었으므로 점수 5, 2, 0 중에서 가장 점수가 높은 5점 게임판을 선택합니다.

2회째 빔 탐색도 첫 번째와 마찬가지로 선택되지 않은 게임판은 버리지 않고 남겨 둡니다.

▼ Chokudai 탐색, 빔 2회째, 1턴째의 게임판 선택

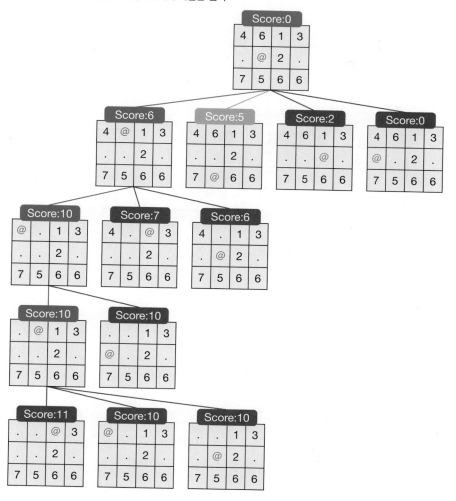

선택한 게임판에서 파생된 가능한 게임판을 나열합니다.

2턴째 게임판은 1회째 빔 탐색에서 선택되지 않은 2개의 게임판에 새롭게 3개의 게임판
이 더해져서 총 5개의 게임판이 후속 탐색 대상이 됩니다.

▼ Chokudai 탐색, 빔 2회째, 2턴째의 게임판 계산

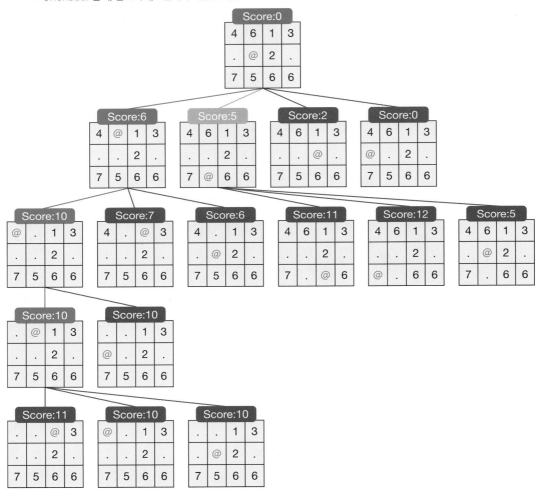

1회째 빔 탐색에서 전개한 게임판도 포함해서 아직 탐색하지 않은 동일한 깊이의 게임판
을 기록 점수 순서대로 정렬해서 점수가 가장 높은 게임판을 선택합니다.

1회째 빔 탐색은 게임판 A에서 진행한 C, D, E 게임판이 전개되고, 2회째 빔 탐색은 게임

판 B에서 진행한 F, G, H 게임판이 전개됩니다. 게임판 C는 1회째 빔 탐색에서 이미 탐색했으므로 남은 D, E, F, G, H 다섯 종류 게임판을 정렬해서 기록 점수가 가장 높은 게임판을 선택합니다.

▼ Chokudai 탐색, 빔 2회째, 2턴째의 게임판 정렬과 선택

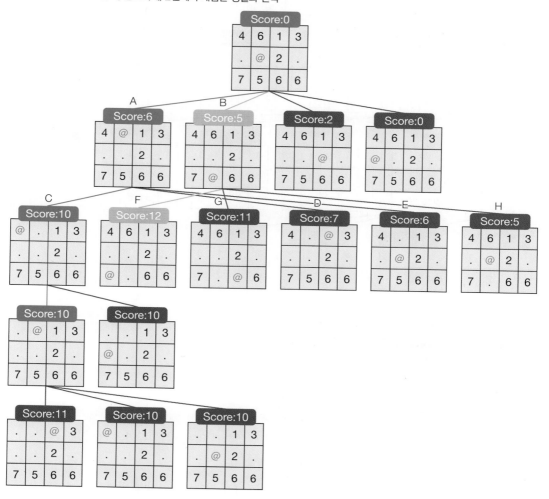

선택된 게임판에서 가능한 게임판을 나열합니다.

3턴째 게임판은 1회째 빔 탐색에서 선택되지 않은 1개의 게임판과 새로운 2개의 게임판을 더한 게임판 3개가 후속 탐색 대상이 됩니다.

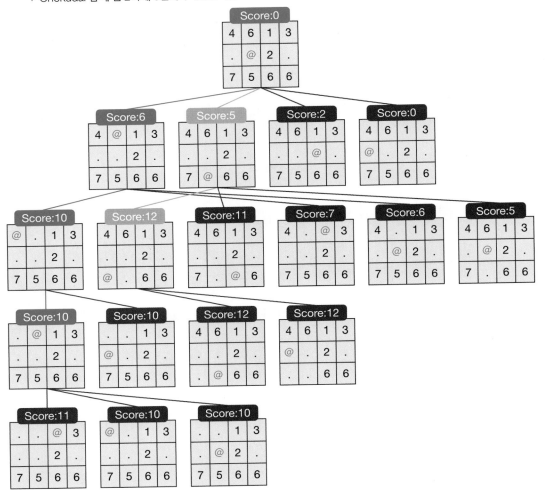

▼ Chokudai 탐색, 빔 2회째, 3턴째의 게임판 계산

1회째 빔에서 전개한 게임판도 포함해서 아직 탐색하지 않은 같은 깊이의 게임판을 점수별로 정렬해서 점수가 가장 높은 게임판을 선택합니다.

1회째 빔에서는 게임판 C에서 진행한 게임판인 I, J가 전개되고 2회째 빔에서는 게임판 F에서 진행한 게임판 K, M이 전개되었습니다. 게임판 I는 1회째 빔에서 이미 탐색했으므로 남은 J, K, M의 게임판을 정렬해서 점수가 가장 높은 게임판 K를 선택합니다.

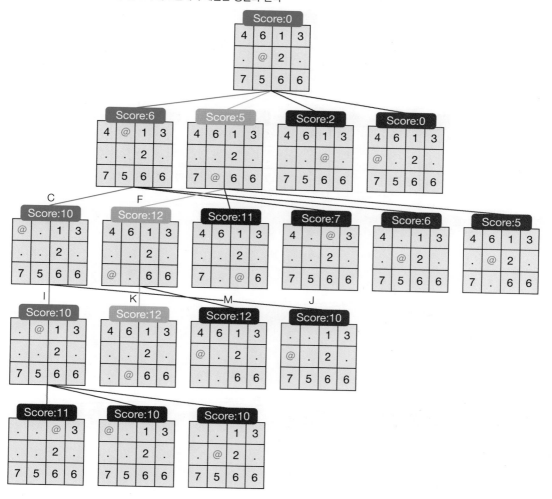

▼ Chokudai 탐색, 빔 2회째, 3턴째의 게임판 정렬과 선택

선택된 게임판에서 가능한 게임판을 나열합니다.

4턴째에는 1회째 빔 탐색에서 계산한 3개의 게임판에 새롭게 3개를 추가해서 게임판은 6개가 되었습니다.

▼ Chokudai 탐색, 빔 2회째, 4턴째의 게임판 계산

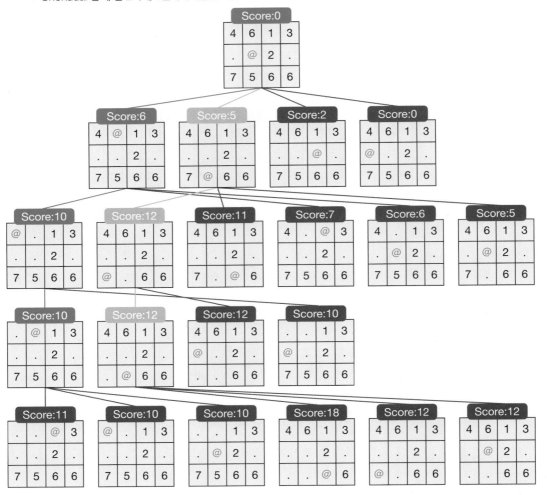

1회째 빔 탐색을 포함해서 모든 빔 탐색의 가장 깊숙한 게임판에서 기록 점수가 최대가 되는 게임판을 선택합니다. 빔을 두 번 쏜 Chokudai 탐색은 점수가 18점으로, 너비 2 빔 탐색의 17점보다 높은 점수를 얻을 수 있었습니다.

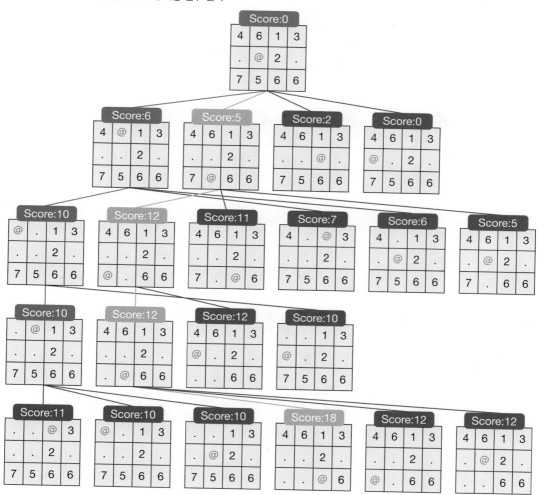

예제의 게임판은 빔 탐색보다 좋은 점수를 달성했지만 운좋게 Chokudai 탐색에 유리한 게임판이었을지도 모릅니다. 그렇다면 Chokudai 탐색의 장점을 생각해 봅시다.

다음 그림은 Chokudai 탐색으로 3회째 빔을 쏘았을 때 1턴째의 게임판 선택인데, 빔을 쏠 때마다 초기 게임판으로 돌아가서 이전과 다른 선택을 하므로 다양성을 확보할 수 있습니다. 너비를 고정한 빔 탐색은 시간을 더 줘도 그저 깊게 탐색할 뿐이지만, Chokudai 탐색은 빔 횟수가 그대로 다양성으로 이어지므로 시간을 들이면 들일수록 정교한 탐색을 할 수 있습니다.

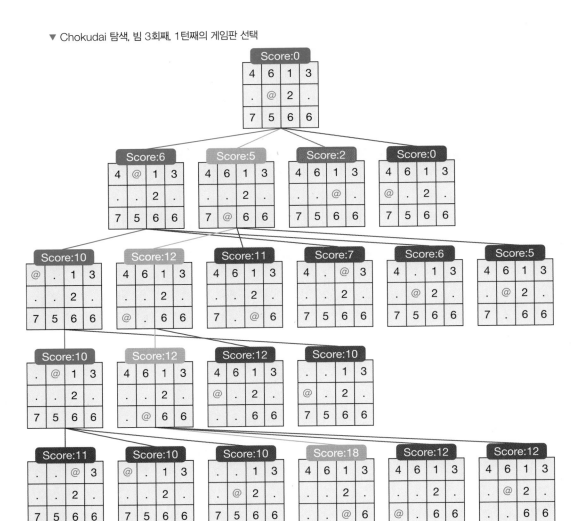

▼ Chokudai 탐색, 빔 3회째, 1턴째의 게임판 선택

3.4.2 Chokudai 탐색 구현하기

Chokudai 탐색을 구현해 봅시다(코드 3.4.1).

8~12번째 줄처럼 빔 깊이 + 1개의 우선순위 큐 배열 beam을 준비합니다. beam[t]는 빔 탐색 구현의 now_beam, beam[t+1]은 next_beam에 해당합니다. 빔 탐색은 탐색이 깊어지면 사용이 끝난 now_beam이 더 이상 쓸모없지만 Chokudai 탐색에서는 한 번 사용했던

빔도 재사용하므로 반복문 외부에서 배열로 유지합니다.

16~41번째 줄은 빔 탐색과 거의 동일한 구현인데 해당 내용을 14번째 줄 for 반복문으로 감싸서 빔을 여러 번 쏘게 만듭니다.

이제 마지막으로 최종 기록 점수가 높은 게임판을 선택하면 되는데, 단순히 생각하면 beam[beam_depth].top()을 사용하면 될 것 같습니다. 하지만 탐색이 beam_depth에 도달하기 전에 게임이 종료하는 경우도 있으므로 beam[beam_depth]가 비어 있는 경우도 있습니다. 따라서 43~50번째 줄처럼 beam을 깊은 턴부터 역방향으로 조사해서, 비어 있지 않은 턴의 최대 기록 점수 게임판이 최종 기록 점수가 됩니다.

코드 3.4.1 Chokudai 탐색 구현 예 | 06_ChokudaiSearch.cpp |

```cpp
01: // 빔 하나의 너비와 깊이, 빔 횟수를 지정해서 chokudai 탐색으로 행동을 결정한다.
02: int chokudaiSearchAction(
03:     const State &state,
04:     const int beam_width,
05:     const int beam_depth,
06:     const int beam_number)
07: {
08:     auto beam = std::vector<std::priority_queue<State>>(beam_depth + 1);
09:     for (int t = 0; t < beam_depth + 1; t++)
10:     {
11:         beam[t] = std::priority_queue<State>();
12:     }
13:     beam[0].push(state);
14:     for (int cnt = 0; cnt < beam_number; cnt++)
15:     {
16:         for (int t = 0; t < beam_depth; t++)
17:         {
18:             auto &now_beam = beam[t];
19:             auto &next_beam = beam[t + 1];
20:             for (int i = 0; i < beam_width; i++)
21:             {
22:                 if (now_beam.empty())
23:                     break;
24:                 State now_state = now_beam.top();
25:                 if (now_state.isDone())
26:                 {
```

```
27:                    break;
28:                }
29:                now_beam.pop();
30:                auto legal_actions = now_state.legalActions();
31:                for (const auto &action : legal_actions)
32:                {
33:                    State next_state = now_state;
34:                    next_state.advance(action);
35:                    next_state.evaluateScore();
36:                    if (t == 0)
37:                        next_state.first_action_ = action;
38:                    next_beam.push(next_state);
39:                }
40:            }
41:        }
42:    }
43:    for (int t = beam_depth; t >= 0; t--)
44:    {
45:        const auto &now_beam = beam[t];
46:        if (!now_beam.empty())
47:        {
48:            return now_beam.top().first_action_;
49:        }
50:    }
51:
52:    return -1;
53: }
```

너비 2 빔 탐색과 동일한 조건으로 게임판 크기와 턴 횟수를 지정하고 **testAiScore**로 테스트하는 AI를 chokudaiSearchAction으로 변경합니다(코드 3.4.2).

코드 **3.4.2** Chokudai 탐색 평균 점수 구하기 | 06_ChokudaiSearch.cpp |

```
01: constexpr const int H = 3;   // 미로의 높이
02: constexpr const int W = 4;   // 미로의 너비
03: constexpr int END_TURN = 4; // 게임 종료 턴
04: // 중략
05: void testAiScore(const int game_number)
06: {
```

```
07: // 중략
08:        while (!state.isDone())
09:        {
10:            state.advance(
11:                chokudaiSearchAction(
12:                    state,
13:                    /*빔 너비*/ 1,
14:                    /*빔 깊이*/ END_TURN,
15:                    /*빔을 쏘는 횟수*/ 2
16:                )
17:            );
18:        }
19: }
```

Chokudai 탐색은 평균 점수 25.24점이 나왔습니다(터미널 3.4.1).

빔 탐색 평균 점수 25.33점보다 낮은 점수가 나왔습니다. 깊이 4 정도는 다양성에 큰 문제가 없어서 Chokudai 탐색의 장점을 발휘할 수 없기 때문입니다.

터미널 **3.4.1** Chokudai 탐색의 100번 평균 점수

```
> wsl
$ cd sample_code/03_OnePlayerGame/
$ g++ -O3 -std=c++17 -o 06_ChokudaiSearch 06_ChokudaiSearch.cpp
$ ./06_ChokudaiSearch
Score:   25.24
```

제한 시간 설정 구현하기

좀 더 게임판을 키워서 실행해 봅시다. 우선, 빔 탐색과 마찬가지로 Chokudai 탐색도 제한 시간 기능을 구현해서 똑같은 제한 시간을 주고 실행할 준비를 합니다(코드 3.4.3).

코드 **3.4.3** 제한 시간이 있는 Chokudai 탐색 구현 | 07_ChokudaiSearchWithTime.cpp |

```
01: // 빔 하나의 너비와 깊이, 제한 시간(밀리초)을 지정해서
02: // chokudai 탐색으로 행동을 결정한다.
03: int chokudaiSearchActionWithTimeThreshold(
04:     const State &state,
05:     const int beam_width,
06:     const int beam_depth,
```

```
07:     const int64_t time_threshold)
08: {
09:     auto time_keeper = TimeKeeper(time_threshold);
10: // 중략
11:     for (int count = 0;; count++)
12:     {
13:         for (int t = 0; t < beam_depth; t++)
14:         {
15:             for (int i = 0; i < beam_width; i++)
16:             {
17: // 중략
18:             }
19:         }
20:         if (time_keeper.isTimeOver())
21:         {
22:             break;
23:         }
24:     }
25: // 중략
26: }
```

시간 제한이 있는 빔 탐색의 게임판 크기, 턴 수 조건과 동일하게 설정하고 제한 시간은 1밀리초를 지정해서 테스트합니다(코드 3.4.4).

코드 3.4.4 1밀리초 제한 시간을 둔 Chokudai 탐색의 평균 점수 구하기 　| 07_ChokudaiSearchWithTime.cpp |

```
01: constexpr const int H = 30;    // 미로의 높이
02: constexpr const int W = 30;    // 미로의 너비
03: constexpr int END_TURN = 100; // 게임 종료 턴
04: void testAiScore(const int game_number)
05: {
06: // 중략
07:         while (!state.isDone())
08:         {
09:             state.advance(
10:                 chokudaiSearchActionWithTimeThreshold(
11:                     state, /*빔 너비*/ 1, /*빔 깊이*/ END_TURN, /*제한 시간(밀리초)*/ 1
12:                 )
13:             );
```

```
14:        }
15: }
```

실행해 보니 점수가 669.87점입니다(터미널 3.4.2). 제한 시간 1밀리초로는 탐색 횟수가 부족해서 빔 탐색 점수인 679.61점을 넘지 못했습니다.

터미널 3.4.2 1밀리초 제한 시간을 둔 Chokudai 탐색의 100번 평균 점수

```
> wsl
$ cd sample_code/03_OnePlayerGame/
$ g++ -O3 -std=c++17 -o 07_ChokudaiSearchWithTime 07_ChokudaiSearchWithTime.cpp
$ ./07_ChokudaiSearchWithTime
Score:   669.87
```

제한 시간을 10밀리초로 늘려 봅시다(코드 3.4.5).

코드 3.4.5 10밀리초 제한 시간을 둔 Chokudai 탐색의 평균 점수 구하기 | 07_ChokudaiSearchWithTime.cpp |

```
01: void testAiScore(const int game_number)
02: {
03: // 중략
04:        while (!state.isDone())
05:        {
06:            state.advance(
07:                chokudaiSearchActionWithTimeThreshold(
08:                    state,
09:                    /*빔 너비*/ 1,
10:                    /*빔 깊이*/ END_TURN,
11:                    /*제한 시간(밀리초)*/ 10
12:                )
13:            );
14:        }
15: }
```

실행해 보니 점수가 708.09점이 나왔습니다. 동일한 10밀리초 제한 시간일 때 빔 탐색의 점수 679.66점보다 높은 점수를 얻었습니다(터미널 3.4.3).

```
> wsl
$ cd sample_code/03_OnePlayerGame/
$ g++ -O3 -std=c++17 -o 07_ChokudaiSearchWithTime 07_ChokudaiSearchWithTime.cpp
$ ./07_ChokudaiSearchWithTime
Score:   708.09
```

빔 탐색은 너비를 적절하게 설정하지 않으면 탐색 시간을 아무리 늘려도 점수가 그다지 개선되지 않는 경우도 많습니다. 한편, Chokudai 탐색은 제한 시간을 늘리면 늘릴수록 점수가 개선되는 장점이 있습니다.

이번 실험은 빔 탐색의 너비가 5라서 범위가 무척 좁은 편입니다. 실제로는 조금 더 적당한 크기로 설정하면 빔 탐색도 더 좋은 점수를 얻을 수도 있습니다.

빔 탐색과 Chokudai 탐색의 차이점

끝으로 빔 탐색과 Chokudai 탐색의 차이점을 정리해 봅시다(표 3.4.1).

표 3.4.1 빔 탐색과 Chokudai 탐색 비교

	성능 향상 난이도	다양성	잠재적인 성능	메모리
빔 탐색	어려움	△	◎	○
Chokudai 탐색	쉬움	○	○	△

다양성을 자동으로 확보할 수 있는 Chokudai 탐색은 인수값을 세세히 조절해야 하는 빔 탐색에 비해 성능 개선이 비교적 쉽습니다. 설명에는 빠졌지만 Chokudai 탐색은 빔 횟수에 비례해서 메모리 사용량이 늘어나는 단점[4]과 다양성 확보 때문에 비교적 좋은 결과가 나오지 않을 것이 뻔한 게임판도 깊게 탐색하는 점 때문에 한계까지 튜닝한 상태[5]라면 빔 탐색이 훨씬 성능이 좋습니다.

Chokudai 탐색으로 탐색이 익숙해졌다면 천천히 빔 탐색을 사용해 보는 것도 좋은 방법입니다.

4 　일정량 이상으로 메모리를 사용하지 않는 기법도 있지만 이 책에서는 다루지 않습니다.
5 　보다 좋은 탐색을 하는 기법은 7장에서 소개합니다.

제 **4** 장

컨텍스트가 없는
1인 게임에서 사용하고 싶은
탐색 알고리즘

3장에서는 컨텍스트가 있는 1인 게임을 다루었습니다. 이와는 다르게 컨텍스트가 없는 게임도 있습니다. 게임 성질에 따라 알고리즘을 바꿔서 더 좋은 답을 찾아 봅시다.

예제 게임: 자동 숫자 모으기 미로 게임

4.1.1 자동 숫자 모으기 미로 게임

이번 장에서는 컨텍스트가 없는 1인 게임에서 사용하는 알고리즘을 소개합니다. 3장에서 다룬 숫자 모으기 미로 게임을 컨텍스트가 없는 형태로 바꿔서 설명합니다(표 4.1.1).

표 4.1.1 자동 숫자 모으기 미로 게임 규칙

	설명
플레이어 목적	게임이 종료할 때까지 높은 기록 점수를 얻습니다.
플레이어 수	1인
플레이어의 행동 타이밍	게임 전체에서 1번
플레이어가 가능한 행동	모든 캐릭터의 초기 배치를 선택합니다.
게임 종료 조건	정해진 턴 수를 넘깁니다.
기타	캐릭터는 다수 존재합니다. 캐릭터는 1턴에 한 번, 한 칸 옆에 있는 가장 점수가 높은 바닥으로 이동합니다. 점수가 동일한 바닥이 존재하면 오른쪽, 왼쪽, 아래쪽, 위쪽 순서를 우선해서 이동 방향을 정합니다. 캐릭터가 이동한 위치에 점수가 있으면 해당 점수를 기록 점수에 더하고 그 장소에 있던 점수는 사라집니다. 여러 캐릭터가 동시에 같은 점수 위로 이동해도 점수는 한 번만 더합니다. 각 캐릭터 초기 위치에 있는 점수는 기록 점수에 더하지 않고 사라집니다.

다음 그림처럼 게임판이 초기화되었을 때 캐릭터가 3개, 종료 턴 수가 5턴이라고 합시다.

▼ 자동 숫자 모으기 미로의 초기 상태

Score:0				
9	1	3	7	8
7	8	2	2	1
9	3	7	4	2
3	1	1	6	4
9	3	9	3	9

예를 들어 다음과 같이 캐릭터를 배치합니다. 초기 게임판에서는 A, B, C 해당 위치에 3, 4, 9가 있었지만 이 점수는 기록 점수에 포함되지 않고 사라집니다.

▼ 자동 숫자 모으기 미로의 초기 위치 설정 예

Score:0				
9	1	3	7	8
7	8	2	2	1
9	3	7	4	2
A	1	1	6	B
9	3	9	3	C

이런 초기 배치 상태에서 기록 점수를 계산해 봅시다. 여기서부터는 **플레이어가 개입할 여지가 없습니다.**

우선, A는 아래쪽과 위쪽에 있는 9가 최대인데 우선도가 높은 아래쪽으로 이동합니다. B는 왼쪽 6이 최대, C는 왼쪽 3이 최대입니다. 점수는 캐릭터 3개가 획득한 점수 합계인 18점을 추가합니다.

▼ 자동 숫자 모으기 미로의 점수 계산 1

Score: 18				
9	1	3	7	8
7	8	2	2	1
9	3	7	4	2
.	1	1	B	.
A	3	9	C	.

이어서 A는 오른쪽, B는 위쪽, C는 왼쪽으로 이동합니다.

▼ 자동 숫자 모으기 미로의 점수 계산 2

Score: 34				
9	1	3	7	8
7	8	2	2	1
9	3	7	B	2
.	1	1	.	.
.	A	C	.	.

A는 위쪽, B는 왼쪽, C는 위쪽로 이동합니다.

▼ 자동 숫자 모으기 미로의 점수 계산 3

Score: 43				
9	1	3	7	8
7	8	2	2	1
9	3	B	.	2
.	A	C	.	.
.	.	.	.	.

A는 위쪽, B는 왼쪽, C는 오른쪽으로 이동합니다. 이때 A와 B가 동시에 점수 3의 바닥에 도착하지만, 점수는 한 번만 더하기 때문에 3점을 더합니다.

▼ 자동 숫자 모으기 미로의 점수 계산 4

Score: 46				
9	1	3	7	8
7	8	2	2	1
9	AB	.	.	2
.	.	.	C	.
.	.	.	.	.

A는 왼쪽, B는 왼쪽, C는 오른쪽으로 이동합니다. 이렇게 한 번 동선이 겹친 캐릭터는 계속해서 동일한 장소로 이동하게 됩니다.

5번 캐릭터 이동이 끝났으므로 이 시점의 기록 점수가 최종 점수가 됩니다.

▼ 자동 숫자 모으기 미로의 점수 계산 5

Score: 55				
9	1	3	7	8
7	8	2	2	1
AB	.	.	.	2
.	.	.	.	C
.	.	.	.	.

캐릭터가 동시에 같은 장소에 도착하면 좋을 것이 없으므로, 단순히 점수가 높은 바닥이 밀집한 위치에 캐릭터를 배치하면 끝나는 문제가 아닙니다.

이 게임에서 중요한 점은 **플레이어가 개입할 수 있는 부분은 초기 캐릭터 배치밖에 없다**라는 점입니다. 캐릭터 이동 방법은 게임 규칙으로 정해져 있으므로 플레이어 생각과는 관계가 없습니다. 한편, 캐릭터 초기 배치도 A가 먼저, B가 먼저와 같이 정해진 순서도 없습니다. 이렇게 플레이어가 개입하는 건 한 번뿐이고 순서도 없는 특성을 지닌 게임을 이 책에서는 **컨텍스트가 없다**라고 부릅니다.

4.1.2 자동 숫자 모으기 미로 구현하기

[표 4.1.2]에 있는 메서드를 가진 클래스를 작성합니다.

표 4.1.2 자동 숫자 모으기 미로의 메서드

메서드	설명
AutoMoveMazeState (const int seed)	시드를 지정해서 미로를 작성합니다.
void setCharacter (const int character_id, const int y, const int x)	지정한 위치에 지정 캐릭터를 배치합니다.
bool isDone ()	게임 종료 판정을 합니다.
std::string toString ()	현재 게임 상황을 문자열로 작성합니다.
ScoreType getScore (bool is_print)	기록 점수 계산을 합니다.
void movePlayer (const int character_id)	지정 캐릭터를 이동시킵니다.
void advance ()	게임을 1턴 진행합니다.

생성자 구현하기

생성자를 구현합니다(코드 4.1.1). 3장의 숫자 모으기 미로와 다르게, 캐릭터는 초기 상태에 배치하지 않으므로 단순히 게임판을 점수로 전부 채우면 됩니다.

코드 4.1.1 자동 숫자 모으기 미로의 생성자 구현 | 00_AutoMoveMazeState.cpp |

```cpp
01: constexpr const int H = 5;          // 미로의 높이
02: constexpr const int W = 5;          // 미로의 너비
03: constexpr int END_TURN = 5;         // 게임 종료 턴
04: constexpr int CHARACTER_N = 3;      // 캐릭터 개수
05:
06: class AutoMoveMazeState
07: {
08: private:
09:     int points_[H][W] = {};                     // 바닥의 점수는 1~9 중 하나
10:     int turn_;                                  // 현재 턴
11:     Coord characters_[CHARACTER_N] = {};        // CHARACTER_N개의 캐릭터
12: public:
13:     int game_score_;                            // 게임에서 획득한 점수
14:     ScoreType evaluated_score_;                 // 탐색을 통해 확인한 점수
15:
16:     // h*w 크기의 미로를 생성한다.
17:     AutoMoveMazeState(const int seed) : turn_(0),
18:                                         game_score_(0),
19:                                         evaluated_score_(0)
20:     {
21:
22:         auto mt_for_construct = std::mt19937(seed);
23:         for (int y = 0; y < H; y++)
24:         {
25:             for (int x = 0; x < W; x++)
26:             {
27:                 points_[y][x] = mt_for_construct() % 9 + 1;
28:             }
29:         }
30:     }
31: };
```

캐릭터 배치하기

우선, setCharacter를 구현합니다(코드 4.1.2). 플레이어는 이 메서드를 호출해서 캐릭터 초기 배치를 결정합니다.

코드 4.1.2 자동 숫자 모으기 미로의 캐릭터 배치 메서드 구현 　　　　　　　　ㅣ 00_AutoMoveMazeState.cpp ㅣ

```
01: class AutoMoveMazeState
02: {
03: // 중략
04: public:
05:     // 지정 위치에 지정 캐릭터를 배치한다.
06:     void setCharacter(const int character_id, const int y, const int x)
07:     {
08:         this->characters_[character_id].y_ = y;
09:         this->characters_[character_id].x_ = x;
10:     }
11:
12: }
```

isDone, toString은 3장에서 만든 숫자 모으기 미로와 구현 방법에 큰 차이가 없으므로 생략합니다.

기록 점수 계산 구현하기

이번에는 기록 점수를 계산하는 getScore를 구현합니다(코드 4.1.3). 캐릭터 위치에 있는 점수를 지운 다음, 종료할 때까지 캐릭터 이동을 반복합니다.

20번째 줄 advance는 나중에 설명하겠지만 앞 장과 다르게 인수가 없고 게임 내부 규칙에 따라 자동으로 캐릭터가 움직입니다. 캐릭터 행동에 인수의 영향이 없으므로 getScore가 호출된 시점에 기록 점수는 확정입니다.

그리고 21~22번째 줄에서 각 턴의 게임판 상황을 표시합니다. 이런 출력 처리가 필요 없다면 인수 is_print를 포함한 관련 처리를 삭제하면 됩니다.

코드 4.1.3 자동 숫자 모으기 미로의 getScore 구현 　　　　　　　　ㅣ 00_AutoMoveMazeState.cpp ㅣ

```
01: class AutoMoveMazeState
02: {
```

```
03: // 중략
04: public:
05:     // [모든 게임에서 구현] :
06:     // 기록 점수를 계산한다.
07:     // (toString을 구현하지 않는다면 인수 is_print와 해당 처리가 불필요)
08:     ScoreType getScore(bool is_print = false) const
09:     {
10:         auto tmp_state = *this;
11:         // 캐릭터 위치에 있는 점수를 삭제한다.
12:         for (auto &character : this->characters_)
13:         {
14:             auto &point = tmp_state.points_[character.y_][character.x_];
15:             point = 0;
16:         }
17:         // 종료할 때까지 캐릭터 이동을 반복한다.
18:         while (!tmp_state.isDone())
19:         {
20:             tmp_state.advance();
21:             if (is_print)
22:                 std::cout << tmp_state.toString() << std::endl;
23:         }
24:         return tmp_state.game_score_;
25:     }
26:
27: }
```

캐릭터 이동과 턴 진행 구현하기

getScore 계산에 사용한 advance와 advance 계산에 사용한 movePlayer를 구현합니다
(코드 4.1.4).

movePlayer는 지정한 캐릭터를 규칙에 따라 이동시킵니다. 게임 규칙은 '점수가 최대인
칸으로 이동한다', '최대값이 여러 개라면 오른쪽, 왼쪽, 아래쪽, 위쪽 순서를 우선한다'
이므로 best_point와 best_action_index에 최대 점수와 이동 방향을 저장합니다. 이때
4~5번째 줄에서 오른쪽, 왼쪽, 아래쪽, 위쪽의 이동 방향을 먼저 저장해두고 15~16번째
줄에서 순서대로 꺼냅니다. 20번째 줄에서 best_point보다 클 때만 best_point가 갱신
되므로 같은 값이라면 먼저 탐색한 방향이 우선되므로 '최대값이 여러 개라면 오른쪽, 왼
쪽, 아래쪽, 위쪽 순서로 우선한다' 조건을 만족합니다.

다음으로 게임을 1턴 진행하는 **advance**를 구현합니다. 단순히 캐릭터 개수만큼 **move Player**를 호출해서 이동시킨 다음에 이동한 칸에 따라 기록 점수를 갱신하면 됩니다.

43번째 줄은 점수를 지우는 처리로, 캐릭터 처리를 반복하는 동안에 바닥의 점수를 지우면 여러 캐릭터가 같은 칸에 있을 때 한 번만 점수를 더하는 규칙을 만족시킬 수 있습니다.

코드 4.1.4 자동 숫자 모으기 미로의 advance, movePlayer 구현 | 00_AutoMoveMazeState.cpp |

```
01: class AutoMoveMazeState
02: {
03: private:
04:     static constexpr const int dx[4] = {1, -1, 0, 0};
05:     static constexpr const int dy[4] = {0, 0, 1, -1};
06:
07:     // 지정 캐릭터를 이동시킨다.
08:     void movePlayer(const int character_id)
09:     {
10:         Coord &character = this->characters_[character_id];
11:         int best_point = -INF;
12:         int best_action_index = 0;
13:         for (int action = 0; action < 4; action++)
14:         {
15:             int ty = character.y_ + dy[action];
16:             int tx = character.x_ + dx[action];
17:             if (ty >= 0 && ty < H && tx >= 0 && tx < W)
18:             {
19:                 auto point = this->points_[ty][tx];
20:                 if (point > best_point)
21:                 {
22:                     best_point = point;
23:                     best_action_index = action;
24:                 }
25:             }
26:         }
27:
28:         character.y_ += dy[best_action_index];
29:         character.x_ += dx[best_action_index];
30:     }
31:
32:     // 게임을 1턴 진행한다.
```

```
33:    void advance()
34:    {
35:        for (int character_id = 0; character_id < CHARACTER_N; character_id++)
36:        {
37:            movePlayer(character_id);
38:        }
39:        for (auto &character : this->characters_)
40:        {
41:            auto &point = this->points_[character.y_][character.x_];
42:            this->game_score_ += point;
43:            point = 0;
44:        }
45:        ++this->turn_;
46:    }
47: // 중략
48:
49: }
```

미로를 푸는 AI 구현하기

자동 숫자 모으기 미로를 푸는 AI를 구현합니다(코드 4.1.5). 우선 모든 캐릭터를 무작위로 배치해 봅시다.

코드 **4.1.5** randomAction 구현 | 00_AutoMoveMazeState.cpp |

```
01: using State = AutoMoveMazeState;
02:
03: State randomAction(const State &state)
04: {
05:     State now_state = state;
06:     for (int character_id = 0; character_id < CHARACTER_N; character_id++)
07:     {
08:         int y = mt_for_action() % H;
09:         int x = mt_for_action() % W;
10:
11:         now_state.setCharacter(character_id, y, x);
12:     }
13:     return now_state;
14: }
```

게임을 플레이하는 함수를 구현해 봅시다(코드 4.1.6).

코드 4.1.6 게임 플레이 구현 | 00_AutoMoveMazeState.cpp |

```
01: // 게임을 1회 플레이해서 게임 상황을 표시한다.
02: void playGame(const StringAIPair &ai, const int seed)
03: {
04:     using std::cout;
05:     using std::endl;
06:     auto state = State(seed);
07:     state = ai.second(state);
08:     cout << state.toString() << endl;
09:     auto score = state.getScore(true);
10:     cout << "Score of " << ai.first << ": " << score << endl;
11: }
12:
13: int main()
14: {
15:     const auto &ai = StringAIPair("randomAction", [&](const State &state)
16:                                   { return randomAction(state); });
17:     playGame(ai, 0); // 게임판 생성 시드를 0으로 설정해서 플레이한다.
18:     return 0;
19: }
```

그러면 실행해 봅시다(터미널 4.1.1).

터미널 4.1.1 무작위 배치로 플레이

```
> wsl
$ cd sample_code/04_HeuristicGame/
$ g++ -O3 -std=c++17 -o 00_AutoMoveMazeState 00_AutoMoveMazeState.cpp
$ ./00_AutoMoveMazeState
```

[그림 4.1.1]과 같은 실행 결과가 나왔습니다. 무작위 배치의 기록 점수는 55점이었습니다.

그림 4.1.1 무작위 배치 플레이 결과

```
turn:    0                    turn:    3
score:   0                    score:   43
91378                         91378
78221                         78221
93742                         93@.2
@116@                         .@@..
9393@                         .....

turn:    1                    turn:    4
score:   18                   score:   46
91378                         91378
78221                         78221
93742                         9@..2
.11@.                         ...@.
@39@.                         .....

turn:    2                    turn:    5
score:   34                   score:   55
91378                         91378
78221                         78221
937@2                         @...2
.11..                         ....@
.@@..                         .....

                              Score of randomAction: 55
```

지금 출력된 결과는 앞에서 자동 숫자 모으기 미로를 설명할 때 사용한 그림과 같습니다
(4.1.1 '자동 숫자 모으기 미로 게임' 참조).

4.2

언덕 오르기 탐색

4.2.1 언덕 오르기 탐색의 특징과 동작
: 착실하게 좋은 답을 탐색한다! 간단하고 안정감 있는 알고리즘!

언덕 오르기[Hill climbing] 탐색은 국소 탐색법[local search]이라는 탐색 방법으로 분류되는 알고리즘입니다. 국소 탐색법은 문제를 푸는 좋은 해답은 서로 비슷하다는 **근접최적성**[Proximate Optimality Principle]이 존재한다는 전제하에 비슷한 구조를 중심으로 탐색하는 방법(**집중화**)입니다.

어떤 상태에서 약간만 구조를 바꾼 상태를 **이웃**[neighborhood]이라고 부릅니다. 국소 탐색법에서는 답을 무작위의 이웃으로 전이시켜서 특정 조건을 만족하면 유지하고 조건을 만족하지 못하면 원래 장소로 돌아갑니다. 이런 과정을 반복해서 최종적으로 가장 점수가 높았던 상태가 답이 됩니다.

언덕 오르기 탐색은 그중에서도 가장 단순한 국소 탐색법으로, 지금 기록 점수보다 이웃 쪽이 기록 점수가 높을 때만 전이를 유지합니다.

우선, 무작위로 답을 준비해서 기록 점수를 계산합니다. 이때 기록 점수가 81점이므로 최고 기록 점수로 갱신합니다.

무작위로 선택한 캐릭터 B의 초기 위치를 다시 무작위로 고른 위치로 바꿔서 점수를 계산합니다(언덕 오르기 탐색 2). 기록 점수가 50점이므로 최고 기록 점수보다 낮아서 답을 갱신하지 않습니다.

▼ 언덕 오르기 탐색 1

최고 기록 점수: 0→81				
임시 기록 점수: 81				
9	1	3	7	8
7	8	2	A	1
9	3	7	4	B
3	1	1	6	C
9	3	9	3	9

최고 기록 점수: 81				
임시 기록 점수: 50				
9	1	3	7	8
7	8	2	A	1
9	3	7	4	2
3	1	1	6	C
9	3	B	3	9

앞서 이동시킨 B를 다시 원래 위치로 되돌리고 다음 이웃을 생각해 봅니다. 무작위로 선택한 캐릭터 A의 초기 위치를 무작위로 고른 위치로 바꿔서 점수를 계산합니다. 기록 점수가 83점이 되고 현재 최고 기록 점수보다 높으므로 답을 갱신합니다.

▼ 언덕 오르기 탐색 3

최고 기록 점수: 81→83				
임시 기록 점수: 83				
9	1	3	7	8
7	8	2	2	1
9	A	7	4	B
3	1	1	6	C
9	3	9	3	9

앞서 이동시킨 A는 새로운 위치에 그대로 두고, 무작위로 선택한 캐릭터 B의 초기 위치를 무작위로 고른 위치로 바꿔서 점수를 계산합니다. 기록 점수가 89점가 되고 현재 최고 기록 점수보다 높으므로 답을 갱신합니다.

▼ 언덕 오르기 탐색 4

최고 기록 점수: 83→89				
임시 기록 점수: 89				
9	1	3	B	8
7	8	2	2	1
9	A	7	4	2
3	1	1	6	C
9	3	9	3	9

이러한 처리를 지정한 횟수만큼 반복합니다. 점수가 낮아지는 쪽으로는 전이하지 않으므로 비교적 안정된 좋은 답을 기대할 수 있습니다.

4.2.2 언덕 오르기 탐색 구현하기

언덕 오르기 탐색을 구현하기 위해 AutoMoveMazeState에 메서드를 2개 추가합니다(코드 4.2.1).

일단, 초기 해답을 생성하는 메서드 init를 구현합니다. 초기 해답의 성질은 언덕 오르기 탐색의 최종 결과에도 영향을 미치는 중요한 요소이지만 이번에는 단순한 설명을 위해 무작위 위치에 캐릭터를 배치하도록 처리합니다.

이어서 상태 전이를 하는 메서드 transition을 구현합니다. 이웃 선택 방법은 자유도가 있어서 전이 한 번에 여러 캐릭터를 동시에 이동시키거나, 이동할 위치를 규칙으로 정할 수도 있습니다. 이번에는 단순히 캐릭터 하나를 무작위로 골라서 게임판의 무작위 위치로 이동시키는 처리를 구현합니다.

코드 4.2.1 언덕 오르기 탐색에서 사용하는 초기화와 전이 구현　　　　　| 01_HillClimb.cpp |

```cpp
01: class AutoMoveMazeState
02: {
03: // 중략
04: public:
05:     // [모든 게임에서 구현] : 초기화한다.
06:     void init()
07:     {
08:         for (auto &character : this->characters_)
09:         {
10:             character.y_ = mt_for_action() % H;
11:             character.x_ = mt_for_action() % W;
12:         }
13:     }
14:
15:     // [모든 게임에서 구현] : 상태 전이를 한다.
16:     void transition()
17:     {
```

```
18:        auto &character = this->characters_[mt_for_action() % CHARACTER_N];
19:        character.y_ = mt_for_action() % H;
20:        character.x_ = mt_for_action() % W;
21:    }
22: }
```

언덕 오르기 탐색의 주요 부분을 구현합니다(코드 4.2.2).

코드 4.2.2 언덕 오르기 탐색 구현 | 01_HillClimb.cpp |

```
01: State hillClimb(const State &state, int number)
02: {
03:    State now_state = state;
04:    now_state.init();
05:    ScoreType best_score = now_state.getScore();
06:    for (int i = 0; i < number; i++)
07:    {
08:        auto next_state = now_state;
09:        next_state.transition();
10:        auto next_score = next_state.getScore();
11:        if (next_score > best_score)
12:        {
13:            best_score = next_score;
14:            now_state = next_state;
15:        }
16:    }
17:    return now_state;
18: }
```

그러면 실행해 봅시다(코드 4.2.3, 터미널 4.2.1).

코드 4.2.3 언덕 오르기 탐색 구현 | 01_HillClimb.cpp |

```
01: int main()
02: {
03:    const auto &ai = StringAIPair("hillClimb", [&](const State &state)
04:                                  { return hillClimb(state, 10000); });
05:    playGame(ai, 0); // 게임판 생성 시드를 0으로 설정해서 플레이한다.
```

```
06:     return 0;
07: }
```

터미널 4.2.1 언덕 오르기 탐색 실행

```
> wsl
$ cd sample_code/04_HeuristicGame/
$ g++ -O3 -std=c++17 -o 01_HillClimb 01_HillClimb.cpp
$ ./01_HillClimb
```

실행 결과는 [그림 4.2.1]입니다. 무작위 배치와 언덕 오르기 탐색에서 동일한 게임판 생성 시드 0으로 실행한 결과, 무작위 배치는 점수가 55점이었지만 언덕 오르기 탐색은 96점이므로 꽤 높은 점수를 얻을 수 있습니다.

그림 4.2.1 언덕 오르기 탐색 플레이 결과

```
turn:    0                          turn:    3
score:   0                          score:   58
91378                               91@..
7822@                               7822.
937@2                               @...2
@1164                               .1164
93939                               ..@39

turn:    1                          turn:    4
score:   24                         score:   70
9137@                               91...
7822.                               @8@2.
93@.2                               ....2
.1164                               .1164
@3939                               ...@9

turn:    2                          turn:    5
score:   37                         score:   96
913@.                               @1...
7822.                               .@.2.
9@..2                               ....2
.1164                               .1164
.@939                               ....@

                                    Score of hillClimb: 96
```

turn:0 score:0

9	1	3	7	8
7	8	2	2	A
9	3	7	B	2
C	1	1	6	4
9	3	9	3	9

turn:1 score:24

9	1	3	7	A
7	8	2	2	.
9	3	B	.	2
.	1	1	6	4
C	3	9	3	9

turn:2 score:37

9	1	3	A	.
7	8	2	2	.
9	B	.	.	2
.	1	1	6	4
.	C	9	3	9

turn:3 score:58

9	1	A	.	.
7	8	2	2	.
B	.	.	.	2
.	1	1	6	4
.	.	C	3	9

turn:4 score:70

9	1	.	.	.
B	8	A	2	.
.	.	.	.	2
.	1	1	6	4
.	.	.	C	9

turn:5 score:96

B	1	.	.	.
.	A	.	2	.
.	.	.	.	2
.	1	1	6	4
.	.	.	.	C

담금질 기법

4.3.1 담금질 기법의 특징과 동작
: 국소 최적해에서 벗어나라! 마라톤 매치[1]로 친숙한 알고리즘!

국소 최적해는 무엇인가

언덕 오르기 탐색을 반복하면 점수가 오르는 방향으로만 전이하므로 언젠가는 이론상 최적해에 도달할 수 있습니다. 하지만 언덕 오르기 탐색을 계속하면 **국소 최적해**Local minimum에서 벗어날 수 없을 가능성이 있습니다. 국소 최적해란 어떤 이웃으로 전이해도 개선되지 않지만, 가장 좋은 답이라고 할 수 없는 답입니다.

예를 들어 다음 그림과 같은 답이 국소 최적해입니다. 각 캐릭터가 5턴 동안 이동한 칸을 색으로 구분해 봤습니다. A, B, C가 이동한 경로는 겹치지 않고 깔끔하게 나뉜 것처럼 보입니다.

▼ 언덕 오르기 탐색의 국소 최적해

Score: 91				
9	A	3	7	8
7	8	2	B	1
9	3	7	4	2
3	1	1	6	C
9	3	9	3	9

---

1 **역자주_** 앳코더의 휴리스틱 관련 경진 대회 종목 중 하나로 누가 더 높은 점수를 얻는지 겨루는 대회입니다.

예를 들어 B가 이동한 칸은 1이나 2 같은 낮은 점수의 바닥도 많으므로, 보다 높은 점수의 바닥을 통과하도록 B 초기 위치를 변경해 봅시다. 다음 그림(점수가 낮아지는 예)처럼 B 초기 위치를 변경하면 B가 이동하는 칸의 합계 점수는 기존의 22점에서 28점으로 올라서 6점이 추가됩니다. 하지만 마지막에 도착한 8점 바닥은 A와 동시에 도착하므로 기록 점수에 추가되지 않아서 전체적으로 보면 기록 점수는 늘어나지 않습니다. 그외에도 A, B, C 어떤 캐릭터 배치를 변경하더라도 점수는 91점보다 높아지지 않습니다.

▼ 점수가 낮아지는 예

Score: 89				
9	A	3	7	8
7	8	2	2	B
9	3	7	4	2
3	1	1	6	C
9	3	9	3	9

그러면 국소 최적해는 이 게임판의 진짜 최적해일까요? 사실은 그렇지 않습니다.

예를 들어 다음 답은 기록 점수가 96점입니다. 이 답은 국소 최적해와 비교하면 A, B 위치가 모두 다릅니다. 즉, 이웃을 '캐릭터 하나의 위치를 변경하는 것'이라고 정의한다면 91점 답에서 전이 한 번으로는 96점이 나오는 답으로 전이할 수 없습니다. 게다가 언덕 오르기 탐색은 점수가 높아지지 않으면 전이가 허용되지 않으므로 점수가 96점이 나오는 답은 영원히 도달할 수 없습니다.

▼ 보다 좋은 답의 예

Score: 96				
9	1	3	7	8
7	8	2	2	B
9	3	7	A	2
3	1	1	6	C
9	3	9	3	9

국소 최적해를 탈출하는 방법

따라서 언덕 오르기 탐색을 조금 바꿔서 국소 최적해에서 빠져 나올 수 있도록 만들어 봅시다. 방법은 단순합니다. 기록 점수가 개선되지 않더라도 전이하면 됩니다.

어떤 답 now의 점수가 Score(now)일 때, 무작위로 선택한 답 next로 전이할지 여부를 생각해 봅시다. 우선, Score(next) >= Score(now)라면 next로 전이합니다. Score(next) < Score(now)라면 변화량$\triangle = Score(next) - Score(now)$에 따른 확률로 전이하도록 합니다.

전이 확률은 $e^{\frac{\triangle}{t}}$입니다. 인수 t는 온도라고 하고 t가 높을수록 전이 확률이 높고, t가 낮을수록 전이 확률이 낮아집니다. 탐색 초기에는 온도를 높게 설정해서 무작위 전이가 발생하기 쉽게 만듭니다.

▼ t가 높을 때 전이 확률

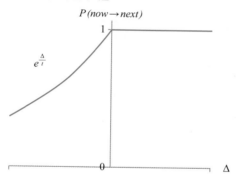

탐색 후반부에 가까워질수록 온도를 낮춰서 점수가 떨어지지 않도록 합니다.

▼ t가 낮을 때 전이 확률

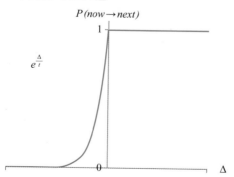

이렇게 온도를 천천히 낮추면서 보다 좋은 상태를 찾는 과정을 금속 공학의 담금질에서 이름을 따와서 **담금질 기법**$^{Simulated\ Annealing}$이라고 부릅니다.

참고로 담금질 기법을 소개하는 책에 따라서는 전이 확률을 $e^{-\frac{\Delta}{T}}$로 표현하는 경우도 있습니다. 이건 점수를 최소화하는 것과 최대화하는 것 중 어느 쪽이 목적인가에 따라 달라집니다. 이번에는 점수를 최대화하는 것이 목적이므로 전이 확률은 $e^{\frac{\Delta}{T}}$를 사용합니다.

4.3.2 담금질 기법 구현하기

담금질 기법 구현하기

담금질 기법을 구현해 봅시다(코드 4.3.1).

18번째 줄에서 온도를 계산합니다. 탐색 초반부에는 온도를 높게, 탐색 후반부에는 온도를 낮게 설정하면 좋다고 설명했습니다. 이런 온도 갱신 방법을 **냉각 스케줄**이라고 부릅니다. 냉각 스케줄에는 다양한 방침이 존재하지만 이번에는 초기 온도와 최종 온도를 설정해서 탐색 횟수에 따라 선형적으로 낮아지도록 변경합니다.

19번째 줄은 전이 확률 $e^{\frac{\Delta}{T}}$를 계산합니다. 20번째 줄 (mt_for_action() % INF) / (double)INF에서 1.0 이하의 난수를 얻을 수 있으므로 이 값과 비교해서 전이 확률에 따라 강제 전이할지 여부를 결정합니다.

21번째 줄은 언덕 오르기 탐색 때와 마찬가지로 이웃의 점수가 현재 점수를 넘는지 확인하고 강제 전이 여부도 조건에 포함합니다. OR 조건으로 하면 점수가 높아지면 전이하고, 점수가 개선되지 않더라도 강제 전이 플래그가 참이면 전이하도록 구현합니다.

코드 4.3.1 담금질 기법 구현 | 02_SimulatedAnnealing.cpp |

```
01: State simulatedAnnealing(
02:     const State &state,
03:     int number,
04:     double start_temp,
05:     double end_temp)
06: {
07:     State now_state = state;
08:     now_state.init();
09:     ScoreType best_score = now_state.getScore();
```

```
10:        ScoreType now_score = best_score;
11:        auto best_state = now_state;
12:
13:        for (int i = 0; i < number; i++)
14:        {
15:            auto next_state = now_state;
16:            next_state.transition();
17:            auto next_score = next_state.getScore();
18:            double temp = start_temp + (end_temp - start_temp) * (i / number);
19:            double probability = exp((next_score - now_score) / temp); // 확률 prob로
               전이한다.
20:            bool is_force_next = probability > (mt_for_action() % INF) / (double)INF;
21:            if (next_score > now_score || is_force_next)
22:            {
23:                now_score = next_score;
24:                now_state = next_state;
25:            }
26:
27:            if (next_score > best_score)
28:            {
29:                best_score = next_score;
30:                best_state = next_state;
31:            }
32:        }
33:        return best_state;
34: }
```

평균 점수 계산하기

지금까지 구현은 한 가지 종류 시드 값으로 기록 점수 계산을 했으나 높은 정확도로 기록 점수 계산을 하기 위해서 여러 시드의 평균 점수를 계산하는 함수를 구현해 봅니다(코드 4.3.2).

코드 4.3.2 평균 점수를 표시하는 함수 구현 | 02_SimulatedAnnealing.cpp |

```
01: // 게임을 game_number 횟수만큼 플레이해서 평균 점수를 표시한다.
02: void testAiScore(const StringAIPair &ai, const int game_number)
03: {
04:     using std::cout;
```

```
05:     using std::endl;
06:     std::mt19937 mt_for_construct(0);
07:     double score_mean = 0;
08:     for (int i = 0; i < game_number; i++)
09:     {
10:         auto state = State(mt_for_construct());
11:         state = ai.second(state);
12:
13:         auto score = state.getScore(false);
14:         score_mean += score;
15:     }
16:     score_mean /= (double)game_number;
17:     cout << "Score of " << ai.first << ":\t" << score_mean << endl;
18: }
```

언덕 오르기 탐색과 담금질 기법 비교하기

언덕 오르기 탐색과 담금질 기법을 대상으로 평가 횟수 10,000번, 게임 횟수 1,000번으로 실험해서 비교해 봅시다(코드 4.3.3, 터미널 4.3.1).

코드 4.3.3 언덕 오르기 탐색과 담금질 기법의 평균 점수 비교 구현 | 02_SimulatedAnnealing.cpp |

```
01: int main()
02: {
03:     int simulate_number = 10000;
04:     const std::vector<StringAIPair> ais =
05:         {StringAIPair("hillClimb", [&](const State &state)
06:                         { return hillClimb(state, simulate_number); }),
07:          StringAIPair("simulatedAnnealing", [&](const State &state)
08:                         { return simulatedAnnealing(
09:                             state, simulate_number,
10:                             /*start_temp*/ 500,
11:                             /*end_temp*/ 10); })};
12:     int game_number = 1000;
13:     for (const auto &ai : ais)
14:     {
15:         testAiScore(ai, game_number);
16:     }
17:     return 0;
18: }
```

```
> wsl
$ cd sample_code/04_HeuristicGame/
$ g++ -O3 -std=c++17 -o 02_SimulatedAnnealing 02_SimulatedAnnealing.cpp
$ ./02_SimulatedAnnealing
```

실행 결과는 [표 4.3.1]처럼 나왔습니다. 언덕 오르기 탐색의 평균 점수 95.624점과 비교해서 담금질 기법의 평균 점수는 97.011점으로 점수가 개선된 걸 알 수 있습니다.

표 4.3.1 언덕 오르기 탐색과 담금질 기법의 평균 점수 비교 결과(평가 횟수 10000)

알고리즘	평균 점수
언덕 오르기 탐색(Score of hillClimb:)	95.624
담금질 기법(Score of simulatedAnnealing:)	97.011

평가 횟수를 변경해서 비교하기

그런데 여기서 각 게임의 평가 횟수를 10,000에서 100으로 변경해서 다시 실험해 봅시다 (코드 4.3.4, 터미널 4.3.2).

코드 4.3.4 언덕 오르기 탐색과 담금질 기법의 평균 점수 비교 구현(평가 횟수 100)

| 03_SimulatedAnnealing_100.cpp |

```
01: int main()
02: {
03:     int simulate_number = 100;
04:     const std::vector<StringAIPair> ais =
05:         {StringAIPair("hillClimb", [&](const State &state)
06:                         { return hillClimb(state, simulate_number); }),
07:          StringAIPair("simulatedAnnealing", [&](const State &state)
08:                         { return simulatedAnnealing(
09:                                 state, simulate_number,
10:                                 /*start_temp*/ 500,
11:                                 /*end_temp*/ 10); })};
12:     int game_number = 1000;
13:     for (const auto &ai : ais)
14:     {
15:         testAiScore(ai, game_number);
16:     }
```

```
17:    return 0;
18: }
```

터미널 4.3.2 언덕 오르기 탐색과 담금질 기법 비교(평가 횟수 100)

```
> wsl
$ cd sample_code/04_HeuristicGame/
$ g++ -O3 -std=c++17 -o 03_SimulatedAnnealing_100 03_SimulatedAnnealing_100.cpp
$ ./03_SimulatedAnnealing_100
```

실행 결과는 [표 4.3.2]처럼 나왔습니다. 언덕 오르기 탐색의 평균 점수가 94.861점, 담금질 기법의 평균 점수는 93.734점으로 양쪽 모두 평가 횟수 10,000일 때보다 점수가 낮아졌습니다.

표 4.3.2 언덕 오르기 탐색과 담금질 기법의 평균 점수 비교 결과(평가 횟수 100)

알고리즘	평균 점수
언덕 오르기 탐색(Score of hillClimb:)	94.861
담금질 기법(Score of simulatedAnnealing:)	93.734

주목할 점은 언덕 오르기 탐색과 담금질 기법의 평균 점수가 역전되어서 언덕 오르기 탐색 쪽이 더 높은 점수를 얻었다는 겁니다.

언덕 오르기 탐색은 국소 최적해에 도달하면 그 후로 점수가 늘어나지 않는 것이 단점입니다. 이런 단점을 해결하기 위해 담금질 기법을 도입했는데, 이번에는 국소 최적해 수준에도 도달 못 할 정도로 평가 횟수(100)가 너무 적은 경우였습니다. 국소 최적해에 도달할 때까지는 언덕 오르기 탐색 쪽이 확실하게 점수가 늘어나는 만큼 유리합니다. 문제의 성질이나 탐색에 사용 가능한 시간의 균형을 고려해서 어떤 수단을 써야 하는지 잘 생각해 봅시다.

메타 휴리스틱

이 책의 구성에 따라 이번 장은 컨텍스트가 없는 1인 게임에서 사용하고 싶은 탐색 알고리즘이라고 설명했지만, 4장에서 다룬 알고리즘은 학문적으로 메타 휴리스틱Metaheuristics이라고 부르는 분야에 속합니다. 이 책에서는 게임 AI를 작성하는 데 적합한 탐색 방법이 주제이기 때문에 게임 분야에 어울리는 명칭으로 소개했습니다.

메타 휴리스틱은 수리 최적화 학문의 **조합 최적화**Combinatorial Optimization **문제**를 푸는 방침 중 하나입니다. 언덕 오르기 탐색을 설명할 때 이야기했지만 과거에 좋았던 답과 비슷한 답을 찾는 집중화와 과거의 답과 다른 답을 찾는 다양화의 균형을 유지하면서 답을 탐색하고 평가하는 과정을 반복합니다.

▼ 집중화와 다양화의 균형

메타 휴리스틱은 다수의 답을 집단으로 유지하면서 다양화를 실현하는 **유전 알고리즘**Genetic Algorithm과 최근 탐색한 답을 제외한 이웃으로 전이하는 **금기 탐색**Tabu search처럼 이 책에서 소개하는 방법 외에도 다양한 탐색법이 존재합니다.

메타 휴리스틱의 각종 기법을 깊게 파고드는 건 이 책 주제를 벗어나므로 범용성이 높고 사용하기 좋은 담금질 기법만 소개했지만, 이런 분야를 학습해 보는 것도 재미있습니다.

제 **5** 장

교대로 두는
2인 게임에서 사용하고 싶은
탐색 알고리즘

지금까지 1인 게임을 게임 특성에 맞춰서 나눠서 설명했습니다. 이 장에서는 2인 게임에서 사용하는 알고리즘을 설명합니다. 자신의 행동만 가지고 게임 상황이 결정되는 1인 게임과는 달리, 상대방 행동이 게임 상황을 좌우하기 때문에 어떤 문제가 생겨나는지 살펴봅시다.

예제 게임: 교대로 두는 숫자 모으기 미로 게임

5.1.1 교대로 두는 숫자 모으기 미로 게임

이번 장에서는 플레이어 두 명이 교대로 행동해서 대결하는 게임에 사용하는 알고리즘을 소개합니다. 이번에는 숫자 모으기 미로를 2인 플레이어용으로 확장한 게임으로 설명합니다(표 5.1.1).

표 5.1.1 교대로 두는 숫자 모으기 미로 게임 규칙

	설명
플레이어 목적	게임이 종료할 때까지 높은 기록 점수를 얻습니다. 게임 종료 시점의 기록 점수가 서로 같다면 무승부입니다.
플레이어 수	2인
플레이어의 행동 타이밍	대결 상대와 교대로 행동합니다.
플레이어가 가능한 행동	자신의 순서가 되면 자신의 캐릭터를 상하좌우 네 방향 중 하나로 1칸 이동시킵니다. 가만히 있거나 게임판 밖으로 이동하는 건 불가능합니다.
게임 종료 조건	정해진 턴 수를 넘깁니다.
기타	캐릭터는 게임판 중심칸을 끼고 가로 방향으로 좌우 대칭이 되도록 배치합니다. 캐릭터가 이동한 위치에 점수가 있으면 해당 점수를 자신의 기록 점수에 더하고 그 장소에 있던 점수는 사라집니다.

예를 들어 다음과 같은 초기 게임판이 있을 때 '① A가 위쪽으로 이동, ② B가 아래쪽으로 이동, ③ A가 아래쪽으로 이동, ④ B가 왼쪽으로 이동' 이렇게 각 플레이어가 서로 교대로 행동을 한다고 합시다.

▼ 교대로 두는 숫자 모으기 미로의 초기 상태

```
A 5 5 4
0
  A 7 B
B
0 9 6 1
```

최종적으로 A는 기록 점수가 5점, B가 7점이 되어서 기록 점수가 높은 B가 승리하게 됩니다(교대로 두는 숫자 모으기 미로의 동작 예 1 참고).

▼ 교대로 두는 숫자 모으기 미로의 동작 예 1

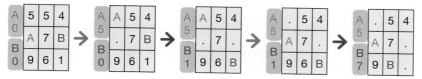

이번에는 각 플레이어가 '① A가 오른쪽으로 이동, ② B가 왼쪽으로 이동, ③ A가 위쪽으로 이동, ④ B가 아래쪽으로 이동' 이렇게 서로 교대로 행동한다고 합시다.

▼ 교대로 두는 숫자 모으기 미로의 동작 예 2

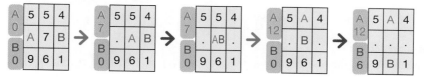

최종적으로 A가 기록 점수 12점, B가 기록 점수 6점이 되어서 점수가 높은 A가 승리하게 됩니다(교대로 두는 숫자 모으기 미로 동작 예 2 참고).

5.1.2 교대로 두는 숫자 모으기 미로 구현하기

[표 5.1.2] 메서드를 가진 클래스를 만듭니다.

표 5.1.2 교대로 두는 숫자 모으기 미로의 메서드

메서드	설명
AlternateMazeState()	기본 생성자
AlternateMazeState(const int seed)	시드를 지정해서 미로를 작성합니다.

bool isDone()	게임 종료 판정을 합니다.
bool getWinningStatus()	현재 플레이어 시점에서 승패 정보를 가져 옵니다.
void advance(const int action)	지정한 action으로 게임을 1턴 진행하고 다음 플레이어 시점의 게임판으로 바꿉니다.
std::vector<int> legalActions()	현재 플레이어의 가능한 행동을 모두 획득합니다.
std::string toString()	현재 게임 상황을 문자열로 작성합니다.

캐릭터 정보를 저장하는 구조체 작성하기

그러면 구현 설명으로 넘어가겠습니다.

1인 게임의 숫자 모으기 미로는 좌표를 저장하는 구조체를 만들었습니다. 2인 게임에서는 플레이어마다 기록 점수가 있으므로 플레이어별로 좌표와 기록 점수를 가지도록 만들어 봅니다(코드 5.1.1).

코드 5.1.1 캐릭터 정보를 저장하는 구조체 | 00_AlternateMazeState.cpp |

```
01: struct Character
02: {
03:     int y_;
04:     int x_;
05:     int game_score_;
06:     Character(const int y = 0, const int x = 0) : y_(y), x_(x), game_score_(0) {}
07: };
```

생성자 구현하기

생성자를 구현합니다(코드 5.1.2). 캐릭터가 2명이라는 것 외에는 1인 게임의 숫자 모으기 미로와 동일합니다. 캐릭터는 대칭된 위치로 고정됩니다.

코드 5.1.2 교대로 두는 숫자 모으기 미로의 생성자 | 00_AlternateMazeState.cpp |

```
01: constexpr const int H = 3;    // 미로의 높이
02: constexpr const int W = 3;    // 미로의 너비
03: constexpr int END_TURN = 4;   // 게임 종료 턴
04:
05: class AlternateMazeState
06: {
```

```
07: private:
08:     std::vector<std::vector<int>> points_; // 바닥의 점수는 1~9 중 하나
09:     int turn_;                             // 현재 턴
10:     std::vector<Character> characters_;
11:
12: public:
13:     AlternateMazeState(const int seed) : points_(H, std::vector<int>(W)),
14:                                          turn_(0),
15:                                          characters_({
16:                                              Character(H / 2, (W / 2) - 1),
17:                                              Character(H / 2, (W / 2) + 1)}
18:                                          )
19:     {
20:         auto mt_for_construct = std::mt19937(seed);
21:
22:         for (int y = 0; y < H; y++)
23:             for (int x = 0; x < W; x++)
24:             {
25:                 int point = mt_for_construct() % 10;
26:                 if (characters_[0].y_ == y && characters_[0].x_ == x)
27:                 {
28:                     continue;
29:                 }
30:                 if (characters_[1].y_ == y && characters_[1].x_ == x)
31:                 {
32:                     continue;
33:                 }
34:
35:                 this->points_[y][x] = point;
36:             }
37:     }
38: };
```

각종 메서드 구현하기

1인용 숫자 모으기 미로에서도 구현한 isDone, advance, legalActions와 함께 어느 쪽이 승리하는지 확인하는 getWinningStatus 메서드를 구현합니다(코드 5.1.3).

1인용 숫자 모으기 미로와 다르게 advance에는 플레이어 시점을 전환하는 기능을 추가합니다. 이 기능으로 characters_[0]이 언제나 해당 턴의 플레이어 캐릭터가 되므로 구

현이 편해집니다. 예를 들어 legalActions에서는 34번째 줄처럼 어떤 플레이어 시점인지 고려할 필요 없이 character를 단순히 characters_[0]로 지정합니다. getWinning Status도 마찬가지로 해당 턴의 플레이어가 characters_[0], 대결 상대는 characters_ [1]가 되므로 이걸로 승패 판정하면 됩니다.

코드 5.1.3 교대로 두는 숫자 모으기 미로의 기본 메서드　　　　　| 00_AlternateMazeState.cpp |

```cpp
01: class AlternateMazeState
02: {
03: // 중략
04: private:
05:
06: public:
07:     // [모든 게임에서 구현] : 게임 종료 판정
08:     bool isDone() const
09:     {
10:         return this->turn_ == END_TURN;
11:     }
12:
13:     // [모든 게임에서 구현] :
14:     // 지정한 action으로 게임을 1턴 진행하고 다음 플레이어 시점의 게임판으로 만든다.
15:     void advance(const int action)
16:     {
17:         auto &character = this->characters_[0];
18:         character.x_ += dx[action];
19:         character.y_ += dy[action];
20:         auto &point = this->points_[character.y_][character.x_];
21:         if (point > 0)
22:         {
23:             character.game_score_ += point;
24:             point = 0;
25:         }
26:         this->turn_++;
27:         std::swap(this->characters_[0], this->characters_[1]);
28:     }
29:
30:     // [모든 게임에서 구현] : 현재 플레이어가 가능한 행동을 모두 획득한다.
31:     std::vector<int> legalActions() const
32:     {
```

```
33:            std::vector<int> actions;
34:            const auto &character = this->characters_[0];
35:            for (int action = 0; action < 4; action++)
36:            {
37:                int ty = character.y_ + dy[action];
38:                int tx = character.x_ + dx[action];
39:                if (ty >= 0 && ty < H && tx >= 0 && tx < W)
40:                {
41:                    actions.emplace_back(action);
42:                }
43:            }
44:        return actions;
45:    }
46:
47:    // [모든 게임에서 구현] : 승패 정보를 획득한다.
48:    WinningStatus getWinningStatus() const
49:    {
50:        if (isDone())
51:        {
52:            if (characters_[0].game_score_ > characters_[1].game_score_)
53:                return WinningStatus::WIN;
54:            else if (characters_[0].game_score_ < characters_[1].game_score_)
55:                return WinningStatus::LOSE;
56:            else
57:                return WinningStatus::DRAW;
58:        }
59:        else
60:        {
61:            return WinningStatus::NONE;
62:        }
63:    }
64: };
```

미로 출력하기

게임 진행을 직접 보면서 따라갈 수 있도록 게임판 상황을 문자열로 변환해 봅시다. 출력할 문자열은 [표 5.1.3]처럼 좌표를 문자에 대응해서 표시합니다.

표 5.1.3 표시한 문자열의 의미

문자	의미
.	바닥
A	선공 플레이어의 캐릭터
B	후공 플레이어의 캐릭터
0~9	바닥에 있는 점수

advance에서 시점이 서로 바뀌므로 홀수 턴은 13~17번째 줄과 30~33번째 줄처럼 초기 배치 시점이 되도록 플레이어 ID를 뒤집습니다(코드 5.1.4).

코드 5.1.4 교대로 두는 숫자 모으기 미로의 출력 　　　　　　　　　| 00_AlternateMazeState.cpp |

```cpp
01: class AlternateMazeState
02: {
03: // 중략
04: public:
05:     // [필수는 아니지만 구현하면 편리] : 현재 게임 상황을 문자열로 만든다.
06:     std::string toString() const
07:     {
08:         std::stringstream ss("");
09:         ss << "turn:\t" << this->turn_ << "\n";
10:         for (int player_id = 0; player_id < this->characters_.size(); player_id++)
11:         {
12:             int actual_player_id = player_id;
13:             if (this->turn_ % 2 == 1)
14:             {
15:                 // 홀수 턴은 초기 배치 시점에서 보면 player_id가 반대
16:                 actual_player_id = (player_id + 1) % 2;
17:             }
18:             const auto &chara = this->characters_[actual_player_id];
19:             ss << "score(" << player_id << "):\t" << chara.game_score_;
20:             ss << "\ty: " << chara.y_ << " x: " << chara.x_ << "\n";
21:         }
22:         for (int h = 0; h < H; h++)
23:         {
24:             for (int w = 0; w < W; w++)
25:             {
26:                 bool is_written = false; // 해당 좌표에 기록할 문자가 결정되었는지 여부
27:                 for (int player_id = 0; player_id < this->characters_.size();
                    player_id++)
```

```
28:            {
29:                int actual_player_id = player_id;
30:                if (this->turn_ % 2 == 1)
31:                {
32:                    actual_player_id = (player_id + 1) % 2;
33:                }
34:
35:                const auto &character = this->characters_[player_id];
36:                if (character.y_ == h && character.x_ == w)
37:                {
38:                    if (actual_player_id == 0)
39:                    {
40:                        ss << 'A';
41:                    }
42:                    else
43:                    {
44:                        ss << 'B';
45:                    }
46:                    is_written = true;
47:                }
48:            }
49:            if (!is_written)
50:            {
51:                if (this->points_[h][w] > 0)
52:                {
53:                    ss << points_[h][w];
54:                }
55:                else
56:                {
57:                    ss << '.';
58:                }
59:            }
60:        }
61:        ss << '\n';
62:    }
63:
64:    return ss.str();
65:    }
66: };
```

이렇게 해서 교대로 두는 숫자 모으기 미로의 기본 기능을 만들었습니다.

미로를 푸는 AI 구현하기

이어서 교대로 두는 숫자 모으기 미로를 푸는 간단한 AI를 만들어 봅시다(코드 5.1.5). 무작위 행동이라면 상대방 행동을 고려할 필요가 없으므로 1인용 숫자 모으기 미로와 큰 차이가 없습니다.

코드 5.1.5 무작위로 행동을 선택하는 AI | 00_AlternateMazeState.cpp |

```
01: using State = AlternateMazeState;
02:
03: // 무작위로 행동을 결정한다.
04: int randomAction(const State &state)
05: {
06:     auto legal_actions = state.legalActions();
07:     return legal_actions[mt_for_action() % (legal_actions.size())];
08: }
```

그러면 교대로 두는 숫자 모으기 미로를 실행하는 프로그램을 구현합시다(코드 5.1.6). while 반복문 안에서 플레이어 1(1p) 행동 → 플레이어 2(2p) 행동 이런 순서를 반복하면서 게임 종료 시점에 어떤 플레이어 시점인가에 따라 승패 표시를 바꿉니다.

15번째 줄은 플레이어 1p 행동을 반영했으므로 state는 2p 시점으로 전환됩니다. 따라서 20~33번째 줄의 승패 판정은 2p 입장의 승패 판정을 보고 누가 이겼는지 표시합니다.

마찬가지로 42번째 줄은 2p 행동을 반영했으므로 state는 1p 시점으로 전환됩니다. 따라서 47~60번째 줄의 승패 판정은 1p 입장에서 승패 판정을 보고 누가 이겼는지 표시합니다.

코드 5.1.6 게임 실행 | 00_AlternateMazeState.cpp |

```
01: // 게임을 1회 플레이해서 게임 상황을 표시한다.
02: void playGame(const int seed)
03: {
04:     using std::cout;
05:     using std::endl;
06:     auto state = State(seed);
```

```
07:        cout << state.toString() << endl;
08:        while (!state.isDone())
09:        {
10:            // 1p
11:            {
12:                cout << "1p ----------------------------------" << endl;
13:                int action = randomAction(state);
14:                cout << "action " << action << endl;
15:                state.advance(action); // (a-1) 여기서 시점이 바뀌어서 2p 시점이 된다.
16:                cout << state.toString() << endl;
17:                if (state.isDone())
18:                {
19:
20:                    switch (state.getWinningStatus()) // (a-2) a-1에서 2p 시점이 되었으므로
                          WIN이라면 2p가 승리
21:                    {
22:                    case (WinningStatus::WIN):
23:                        cout << "winner: "
24:                             << "2p" << endl;
25:                        break;
26:                    case (WinningStatus::LOSE):
27:                        cout << "winner: "
28:                             << "1p" << endl;
29:                        break;
30:                    default:
31:                        cout << "DRAW" << endl;
32:                        break;
33:                    }
34:                    break;
35:                }
36:            }
37:            // 2p
38:            {
39:                cout << "2p ----------------------------------" << endl;
40:                int action = randomAction(state);
41:                cout << "action " << action << endl;
42:                state.advance(action); // (b-1) 여기서 시점이 바뀌어서 1p 시점이 된다.
43:                cout << state.toString() << endl;
44:                if (state.isDone())
45:                {
```

```
46:
47:                 switch (state.getWinningStatus()) // (b-2) b-1에서 1p 시점이 되었으므로
                     WIN이라면 1p가 승리
48:                 {
49:                 case (WinningStatus::WIN):
50:                     cout << "winner: "
51:                         << "1p" << endl;
52:                     break;
53:                 case (WinningStatus::LOSE):
54:                     cout << "winner: "
55:                         << "2p" << endl;
56:                     break;
57:                 default:
58:                     cout << "DRAW" << endl;
59:                     break;
60:                 }
61:                 break;
62:             }
63:         }
64:     }
65: }
66:
67: int main()
68: {
69:     using std::cout;
70:     using std::endl;
71:     playGame(4121859904);
72:     return 0;
73: }
```

그러면 프로그램을 실행해 봅시다(터미널 5.1.1).

터미널 5.1.1 무작위 행동으로 플레이

```
> wsl
$ cd sample_code/05_AlternateGame/
$ g++ -O3 -std=c++17 -o 00_AlternateMazeState 00_AlternateMazeState.cpp
$ ./00_AlternateMazeState
```

실행 결과는 [그림 5.1.1]처럼 출력됩니다.

그림 5.1.1 무작위 행동 플레이 결과

```
turn:  0
score(0):        0        y: 1 x: 0
score(1):        0        y: 1 x: 2
554
A7B
961

1p --------------------------------
action 3
turn:  1
score(0):        5        y: 0 x: 0
score(1):        0        y: 1 x: 2
A54
.7B
961

2p --------------------------------
action 1
turn:  2
score(0):        5        y: 0 x: 0
score(1):        7        y: 1 x: 1
A54
.B.
961

1p --------------------------------
action 2
turn:  3
score(0):        5        y: 1 x: 0
score(1):        7        y: 1 x: 1
.54
AB.
961

2p --------------------------------
action 0
turn:  4
score(0):        5        y: 1 x: 0
score(1):        7        y: 1 x: 2
.54
A.B
961

winner: 2p
```

출력을 그림으로 정리하면 다음과 같습니다.

▼ 무작위 행동 플레이 결과

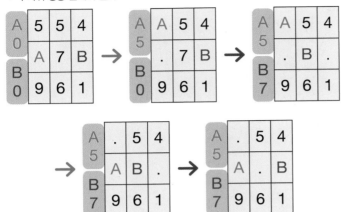

미니맥스 알고리즘

5.2.1 미니맥스 알고리즘의 특징과 동작: 신의 한 수!

지금까지 1인 게임에서 사용할 수 있는 알고리즘을 소개했습니다. 이번에도 마찬가지로 게임에서 자신의 행동만 고려하는 경우를 생각해 봅시다. 자신이 A, 대결 상대가 B일 때 A가 유리해지는 행동을 살펴봅시다.

▼ 대결 상대의 행동을 무시한 행동 선택의 예

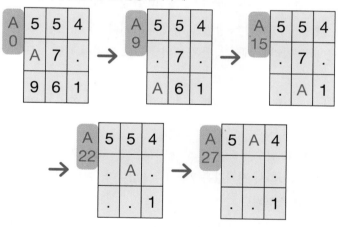

상대방 플레이어 B의 위치는 점수가 없는 바닥이라고 가정하고, 4턴 연속해서 A가 행동 가능할 수 있다고 가정합니다. 이때 아래쪽, 오른쪽, 위쪽, 위쪽 순서로 움직이면 꽤 높은 점수를 얻을 수 있습니다. 하지만 이런 방식에는 문제가 있습니다.

▼ 대결 상대의 행동을 고려하지 않으면 발생하는 문제점

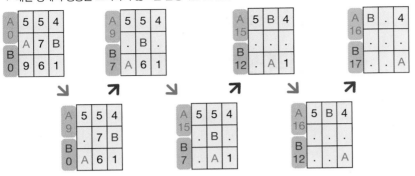

예를 들어 A가 첫 번째 행동으로 아래쪽으로 이동하면, B가 왼쪽으로 이동해서 중앙에 있는 7점을 먼저 가져갈 수 있습니다. 원래라면 A는 3턴에 중앙 7점을 획득할 계획이었는데 상대방 행동에 의해서 계획을 방해받은 셈입니다.

이렇게 자신의 행동만으로 미래 상황이 결정되지 않는 게임이라면 외부 요인도 고려하는 탐색 방법이 필요합니다. 서로 교대로 두는 2인 게임에서는 자신과 상대방 행동을 각자 서로의 입장에서 탐색합니다. 이 절에서는 **미니맥스**^MiniMax **알고리즘**을 소개합니다.

이번에는 2턴 후의 게임판 상황을 최적화하는 방법을 생각해 봅시다. 우선, 2턴 후까지 자신의 행동과 상대방 행동을 모두 망라한 게임 상황을 게임 트리로 그려서 리프 노드[1] 평가를 계산합니다.

자신이 A이므로 'A의 기록 점수 − B의 기록 점수'를 평가값으로 삼으면 A와 B가 얼마나 유리하고 불리한지 평가할 수 있습니다.

노드 g를 예로 들면 A 점수가 7점, B 점수가 0점이므로 평가값은 7 − 0 = 7입니다. 노드 h라면 A 점수가 7점, B 점수가 1점이라서 평가값은 7 − 1 = 6입니다. 이런 평가값은 양수이므로 A쪽이 유리한 상황이라는 뜻입니다.

반면에 노드 m에서는 A 점수 5점, B 점수가 7점이라 평가값은 5 − 7 = −2입니다. 이때 평가값이 음수이므로 A가 불리한 상황입니다.

----

1 리프 노드는 게임 트리 끝부분에 위치한 노드를 말합니다.

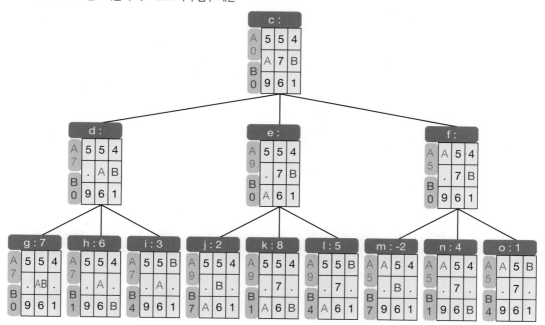

대결 상대는 스스로에게 유리한 행동을 할 것이 분명합니다. 바꿔 말하면 자신의 시점에서 보면 평가값이 낮은 게임판으로 진행될 것입니다. 따라서 이미 계산이 끝난 평가값이 최소인 노드로 이동하는 행동을 상대방이 선택한다고 가정합니다. 노드 g, h, i 중에서는 i 평가가 3으로 가장 작으므로 부모 노드 d의 평가를 노드 i의 3에서 가져옵니다. 이를 미니맥스 알고리즘에서 **최소값**^{Min} **선택**이라고 부릅니다.

마찬가지로 노드 e 평가는 노드 j, k, l의 최소 평가인 2, 노드 f 평가는 노드 m, n, o의 최소 평가인 −2가 됩니다.

▼ 미니맥스 알고리즘 최소값 선택

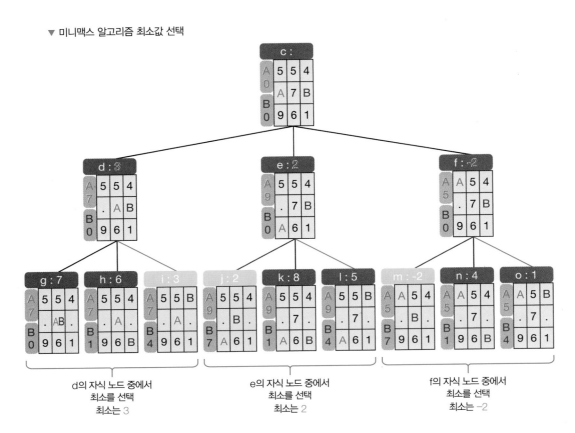

d의 자식 노드 중에서
최소를 선택
최소는 3

e의 자식 노드 중에서
최소를 선택
최소는 2

f의 자식 노드 중에서
최소를 선택
최소는 -2

당연히 자신은 자신에게 유리한 행동을 하면 되므로, 자신의 시점에서 평가값이 최대인 게임판으로 이동하는 행동을 합니다. 노드 d, e, f 평가가 정해졌으므로 이 중에서 최대인 노드 d 평가값을 노드 c 평가로 삼습니다. 이를 **최대값**^Max **선택**이라고 합니다. 이것으로 노드 c 게임판에서 플레이어 A가 해야 할 행동은 노드 d로 진행하는 '오른쪽 이동'이 됩니다.

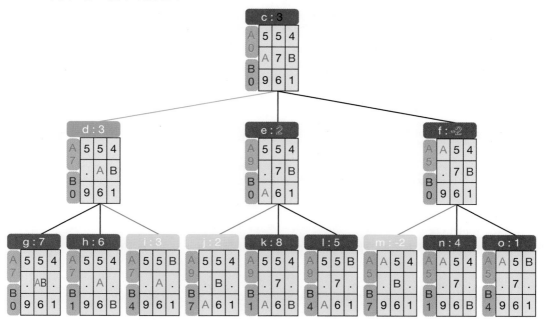

이렇게 상대방은 나에게 불리한 행동(평가가 최소)을 하고, 자신은 나에게 유리한 행동(평가가 최대)을 선택한다고 가정하면서 탐색하는 방법이 미니맥스 알고리즘입니다.

게임의 평가는 게임이 종료되는 턴까지 탐색 가능하다면 승리, 무승부, 패배와 같이 명확한 결과를 사용합니다. 게임 종료할 때까지 모든 상태를 탐색하므로 선택된 행동은 **반드시 최선의 수가 됩니다.** 하지만 현실적으로 게임 종료 턴까지 탐색할 수 있는 경우는 많지 않습니다.

따라서 중간 상황을 게임성에 따라 평가하는 함수를 준비해서 중간까지 탐색하는 방법을 생각해 봅시다. 이번 예에서는 'A 점수 – B 점수'를 임시 평가값으로 설명했습니다. 이 방법은 게임 종료까지 탐색하지 않으므로 이 값이 최선이라고 보장할 수 없습니다. 하지만 평가값이 어느 정도 확실하다면 최선에 가까운 행동을 선택할 수 있습니다.

게임성에 따라서 중간 평가에 알맞는 것이 무엇인지 잘 생각해 보면서 미니맥스 알고리즘을 적용하면 더 좋은 행동을 선택할 수 있습니다.

5.2.2 미니맥스 알고리즘 구현하기

게임판 평가 구현하기

1인 게임의 그리디 알고리즘과 마찬가지로 미니맥스 알고리즘에서도 게임판 평가를 구현해 봅니다(코드 5.2.1).

코드 5.2.1 게임판 평가 구현 | 01_MiniMax.cpp |

```cpp
01: using ScoreType = int64_t;
02: constexpr const ScoreType INF = 1000000000LL;
03: class AlternateMazeState
04: {
05: public:
06:     // [모든 게임에서 구현] : 현재 플레이어 시점에서 게임판을 평가한다.
07:     ScoreType getScore() const
08:     {
09:         return characters_[0].game_score_ - characters_[1].game_score_;
10:     }
11: };
```

미니맥스 알고리즘 주요 부분 구현하기

미니맥스 알고리즘 주요 부분을 구현합니다(코드 5.2.2).

미니맥스 알고리즘은 게임판을 재귀적으로 깊게 탐색하면서 기록 점수를 계산하므로 재귀 함수를 사용해서 점수를 계산합니다. 점수 계산에 재귀 구조를 사용하려고 함수를 따로 빼냈으므로, 행동을 선택하는 함수를 별도로 준비합니다.

20, 37번째 줄은 **miniMaxScore**로 구한 값의 부호를 반전시킵니다. 앞에서 설명한 것처럼 **advance**에서는 플레이어 시점이 바뀝니다. 탐색이 진행될 때마다 시점과 점수가 역전되므로, '최대값 평가와 최소값 평가를 교대로 반복하는 처리'를 '언제나 최대값을 평가하는 처리'로 바꿔 쓸 수 있습니다. 이렇게 미니맥스 알고리즘을 차례가 된 플레이어 시점에서 평가하고 구현하는 기법을 네가맥스^{NegaMax}라고 부릅니다.

```
01: namespace minimax
02: {
03:     // 미니맥스 알고리즘용 점수 계산
04:     ScoreType miniMaxScore(const State &state, const int depth)
05:     {
06:         if (state.isDone() || depth == 0)
07:         {
08:             return state.getScore();
09:         }
10:         auto legal_actions = state.legalActions();
11:         if (legal_actions.empty())
12:         {
13:             return state.getScore();
14:         }
15:         ScoreType bestScore = -INF;
16:         for (const auto action : legal_actions)
17:         {
18:             State next_state = state;
19:             next_state.advance(action);
20:             ScoreType score = -miniMaxScore(next_state, depth - 1);
21:             if (score > bestScore)
22:             {
23:                 bestScore = score;
24:             }
25:         }
26:         return bestScore;
27:     }
28:     // 깊이를 지정해서 미니맥스 알고리즘으로 행동을 결정한다.
29:     int miniMaxAction(const State &state, const int depth)
30:     {
31:         ScoreType best_action = -1;
32:         ScoreType best_score = -INF;
33:         for (const auto action : state.legalActions())
34:         {
35:             State next_state = state;
36:             next_state.advance(action);
37:             ScoreType score = -miniMaxScore(next_state, depth);
38:             if (score > best_score)
39:             {
```

```
40:                    best_action = action;
41:                    best_score = score;
42:                }
43:            }
44:        return best_action;
45:    }
46: }
47: using minimax::miniMaxAction;
```

무작위 행동과 대결하기

미니맥스 알고리즘과 무작위 행동의 플레이 상황을 확인해 봅시다(코드 5.2.3).

이전 절에서 randomAction을 호출하는 부분의 1p을 miniMaxAction으로 변경합니다. 인수로 탐색 깊이를 지정하는데 이번에는 게임 종료 턴 수를 지정해서 전체 탐색을 합니다.

코드 5.2.3 미니맥스 알고리즘 사용하기 | 01_MiniMax.cpp |

```
01: // 게임을 1회 플레이해서 게임 상황을 표시한다.
02: void playGame(const int seed)
03: {
04: // 중략
05:        // 1p
06:        {
07:            int action = miniMaxAction(state, /*depth*/ END_TURN);
08:        }
09: }
```

그러면 실행해 봅시다(터미널 5.2.1).

터미널 5.2.1 미니맥스 알고리즘과 무작위 행동의 대결 실행

```
> wsl
$ cd sample_code/05_AlternateGame/
$ g++ -O3 -std=c++17 -o 01_MiniMax 01_MiniMax.cpp
$ ./01_MiniMax
```

실행 결과는 [그림 5.2.1]처럼 출력됩니다.

그림 5.2.1 미니맥스 알고리즘 대 무작위 행동의 플레이 결과

```
turn:  0
score(0):        0        y: 1 x: 0
score(1):        0        y: 1 x: 2
554
A7B
961

1p ----------------------------------
action 0
turn:  1
score(0):        7        y: 1 x: 1
score(1):        0        y: 1 x: 2
554
.AB
961

2p ----------------------------------
action 3
turn:  2
score(0):        7        y: 1 x: 1
score(1):        4        y: 0 x: 2
55B
.A.
961

1p ----------------------------------
action 3
turn:  3
score(0):       12        y: 0 x: 1
score(1):        4        y: 0 x: 2
5AB
...
961

2p ----------------------------------
action 2
turn:  4
score(0):       12        y: 0 x: 1
score(1):        4        y: 1 x: 2
5A.
..B
961

winner: 1p
```

실행 결과를 그림으로 정리하면 다음과 같습니다.

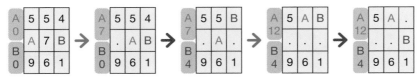

무작위 행동끼리 대결에서는 플레이어 B가 승리했지만 이번에는 미니맥스 알고리즘을 사용한 플레이어 A가 이겼습니다. 플레이어 A가 플레이어 B를 계속해서 방해하는 행동을 하는 걸 알 수 있습니다.

승률 계산하기

동작 확인이 끝났으므로 다음은 승률을 확인합니다. 우선, 교대로 두는 숫자 모으기 미로의 클래스에 선공하는 플레이어 시점에서 승점을 계산하는 메서드를 만듭니다(코드 5.2.4).

코드 5.2.4 선공 승점 평가의 구현 | 02_TestWinrate.cpp |

```cpp
01: class AlternateMazeState
02: {
03: // 중략
04: private:
05:     // 현재 플레이어가 선공인지 판정한다.
06:     bool isFirstPlayer() const
07:     {
08:         return this->turn_ % 2 == 0;
09:     }
10: public:
11:     // [필수는 아니지만 구현하면 편리]:
12:     // 선공 플레이어의 승률 계산하기 위해서 승점을 계산한다.
13:     double getFirstPlayerScoreForWinRate() const
14:     {
15:         switch (this->getWinningStatus())
16:         {
17:         case (WinningStatus::WIN):
18:             if (this->isFirstPlayer())
19:             {
20:                 return 1.;
21:             }
```

```
22:            else
23:            {
24:                return 0.;
25:            }
26:        case (WinningStatus::LOSE):
27:            if (this->isFirstPlayer())
28:            {
29:                return 0.;
30:            }
31:            else
32:            {
33:                return 1.;
34:            }
35:        default:
36:            return 0.5;
37:        }
38:    }
39:
40: };
```

지정 횟수만큼 시드를 바꿔가며 초기 게임판을 생성합니다. 그런 다음 게임을 플레이하고 승률을 계산합니다(코드 5.2.5). 교대로 두는 게임이라면 게임 특성에 따라서 선공과 후공 중에 누가 유리한지 달라집니다. 따라서 어떤 플레이어가 선공이나 후공을 훨씬 더 많이 했다면 공평한 승률 계산이 불가능하므로 동일한 시드의 게임판을 이용해서 선공과 후공을 바꿔가며 게임을 두 번 실행합니다.

지금까지 해온 것처럼 randomAction이나 miniMaxAction을 호출하는 코드를 직접 작성하는 구현 방법이라면 이런 선공, 후공을 교체하는 작업이 조금 번거롭습니다. 따라서 std::function 배열을 인수로 사용한다면 16~20번째 줄처럼 반복문에서 선공과 후공이 사용할 AI를 간단히 교체할 수 있습니다.

1번째 줄 std::function<int(const State &)>는 State형 인수를 받아서 int형 반환값을 돌려주는 함수를 뜻하는데, 함수를 변수처럼 다룰 수 있습니다. 승률을 표시할 때 어느 쪽 AI의 승률인지 알아보기 쉽도록 2번째 줄처럼 AI명 문자열과 AI 함수명을 쌍으로 지정합니다.

```
01: using AIFunction = std::function<int(const State &)>;
02: using StringAIPair = std::pair<std::string, AIFunction>;
03:
04: // 게임을 game_number×2(선공과 후공을 교대) 횟수만큼 플레이해서 ais의 0번째에 있는 AI 승률을 표시
       한다.
05: void testFirstPlayerWinRate(
06:     const std::array<StringAIPair, 2> &ais,
07:     const int game_number)
08: {
09:     using std::cout;
10:     using std::endl;
11:
12:     double first_player_win_rate = 0;
13:     for (int i = 0; i < game_number; i++)
14:     {
15:         auto base_state = State(i);
16:         for (int j = 0; j < 2; j++)
17:         { // 공평하게 선공과 후공을 교대함
18:             auto state = base_state;
19:             auto &first_ai = ais[j];
20:             auto &second_ai = ais[(j + 1) % 2];
21:             while (true)
22:             {
23:                 state.advance(first_ai.second(state));
24:                 if (state.isDone())
25:                     break;
26:                 state.advance(second_ai.second(state));
27:                 if (state.isDone())
28:                     break;
29:             }
30:             double win_rate_point = state.getFirstPlayerScoreForWinRate();
31:             if (j == 1)
32:                 win_rate_point = 1 - win_rate_point;
33:             if (win_rate_point >= 0)
34:             {
35:                 state.toString();
36:             }
37:             first_player_win_rate += win_rate_point;
38:         }
```

```
39:            cout << "i " << i << " w " << first_player_win_rate / ((i + 1) * 2) << endl;
40:        }
41:        first_player_win_rate /= (double)(game_number * 2);
42:        cout << "Winning rate of " << ais[0].first << " to " << ais[1].first << ":\t"
43:            << first_player_win_rate << endl;
44: }
```

int randomAction(const State &state)와 int miniMaxAction(const State &state, const int depth)는 인수 자료형이 서로 다르므로 std::function형에 맞춰야 합니다. 6~7번째 줄처럼 람다식으로 감싸서 인수를 state만 사용합니다(코드 5.2.6).

11번째 줄은 100종류의 게임 초기 게임판을 설정합니다. 선공과 후공을 바꿔가며 게임하므로 총 200번 게임을 해서 승률을 계산합니다.

코드 5.2.6 승률 계산 호출 | 02_TestWinrate.cpp |

```
01: int main()
02: {
03:     using std::cout;
04:     using std::endl;
05:     auto ais = std::array<StringAIPair, 2>{
06:         StringAIPair("miniMaxAction", [](const State &state)
07:                     { return miniMaxAction(state, END_TURN); }),
08:         StringAIPair("randomAction", [](const State &state)
09:                     { return randomAction(state); }),
10:     };
11:     testFirstPlayerWinRate(ais, 100);
12:     return 0;
13: }
```

이제 실행해 봅시다(터미널 5.2.2).

터미널 5.2.2 승률 계산 실행

```
> wsl
$ cd sample_code/05_AlternateGame/
$ g++ -O3 -std=c++17 -o 02_TestWinrate 02_TestWinrate.cpp
$ ./02_TestWinrate
```

실행 결과는 [그림 5.2.2]처럼 출력됩니다. 같은 시드로 선공과 후공을 바꿔서 두 번 대결할 때마다 지금까지의 누계 승률을 표시하고, 마지막으로 최종 결과를 표시합니다. 이번 실험에서는 miniMaxAction이 randomAction을 승률 85.25%로 이겼습니다.

그림 5.2.2 미니맥스 알고리즘의 승률 계산 결과

```
 i 0 w 0.5
 i 1 w 0.75
 i 2 w 0.666667
 중략
 i 96 w 0.853093
 i 97 w 0.854592
 i 98 w 0.85101
 i 99 w 0.8525
 Winning rate of miniMaxAction to randomAction:        0.8525
```

그런데 미니맥스 알고리즘은 전체 탐색이 가능하다면 최선의 수를 선택하는 방법이라고 했는데, 왜 승률이 100%가 아닐까라는 의문이 듭니다. 그 이유는 게임 특성상 최선의 수를 계속 선택하더라도 선공과 후공의 차이를 뒤집을 수 없는 경우도 존재하기 때문입니다. 이번에는 공평하게 선공과 후공을 바꿔가며 게임을 하기 때문에 만약 최선의 수를 계속 고르는 AI끼리 대결한다면 승률은 50% 정도가 될 것입니다. 이런 기준으로 생각해 보면 85%라는 승률은 상당히 높은 값이라고 할 수 있습니다.

알파-베타 가지치기

5.3.1 알파-베타 가지치기의 특징과 동작
: 낭비는 용서할 수 없다! 미니맥스 알고리즘 진화!

지금까지 미니맥스 알고리즘을 설명했습니다. 미니맥스 알고리즘은 지정한 깊이까지 모든 게임판을 시뮬레이션하기 때문에 강력한 대신에 상당한 계산 시간이 필요하다는 문제가 있습니다.

이 절에서 소개하는 **알파-베타 가지치기**^{Alpha-beta pruning}는 미니맥스 알고리즘을 조금 변경해서 미니맥스 알고리즘과 똑같은 성능을 보이면서도 계산 시간을 단축하는 방법입니다.

예를 들어 다음과 같은 게임판을 생각해 봅시다.

▼ 교대로 두는 숫자 모으기 미로의 초기 상태 2

A 0	4	2	3
	A	7	B
B 0	6	.	9

COLUMN
미니맥스 알고리즘과 알파-베타 가지치기의 관계

이 책에서 다루는 탐색 알고리즘은 각각 장단점이 있어서 상황에 맞춰 사용해야 하는 것이 많습니다. 하지만 알파-베타 가지치기는 미니맥스 알고리즘과 똑같은 결과를 내면서 계산 시간을 줄일 수 있으므로 완전한 상위 호환입니다. 따라서 이 책처럼 설명하는 목적 외에는 단순한 미니맥스 알고리즘을 실제로 사용할 이유가 없습니다.

우선, 초기 게임판에서 뻗어가는 노드는 세 종류의 패턴 중에 일단 하나만 선택해서 노드 d → g로 진행합니다. g에서 뻗은 리프 노드(l, m, n, o) 전부를 대상으로 게임판을 평가합니다. 여기까지 절차는 미니맥스 알고리즘과 동일합니다.

▼ 알파–베타 가지치기, 리프 노드 평가 1

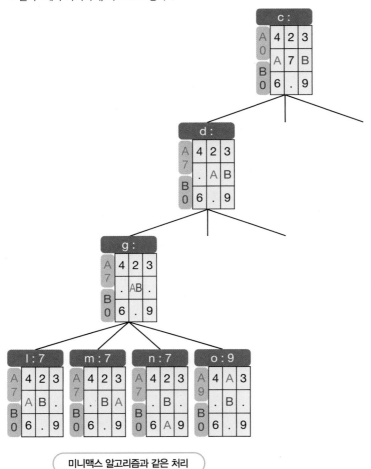

미니맥스 알고리즘과 같은 처리

POINT 미니맥스 알고리즘을 설명하기 위해 탐색하는 게임 트리의 전체 모습을 보여줬지만, 실제 절차는 앞서 살펴본 그림처럼 특정 노드에서 뻗은 노드부터 순서대로 탐색합니다. 이렇게 트리의 깊은 노드부터 순서대로 탐색하는 방법을 **깊이 우선 탐색**Depth First Search이라고 합니다. 알파–베타 가지치기는 깊이 우선 탐색에서 절차의 일부분을 건너 뛰어서 속도를 높이는 방법입니다.

160　게임 AI를 위한 탐색 알고리즘 입문

게임판 평가한 노드부터 최대값 선택을 합니다. l, m, n, o 중에서 o 점수가 9점으로 최대이므로 g의 점수는 9가 됩니다.

▼ 알파-베타 가지치기, 최대값 선택 1

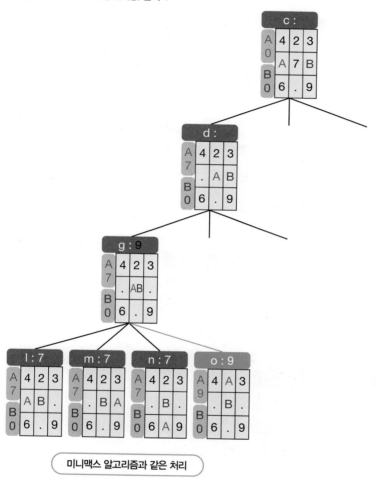

미니맥스 알고리즘과 같은 처리

이후는 그림이 커지므로 간단하게 점수만 표시합니다. 이대로 미니맥스 알고리즘과 동일한 방식으로 리프 노드 평가와 최대값 선택을 합니다. p, q, r, s 중에는 s 점수가 0으로 최대이므로 h 점수는 0이 됩니다.

▼ 알파-베타 가지치기, 평가와 최대값 선택 2

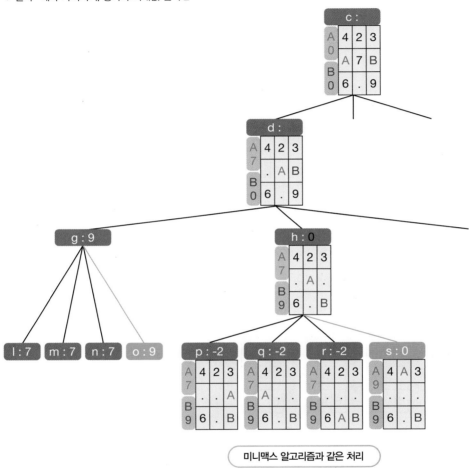

미니맥스 알고리즘과 같은 처리

다음 그림을 보면 i로부터 뻗은 노드는 네 개인데 t 점수는 4입니다. i 점수를 정할 때 i에서 뻗은 노드 중에서 최대값 선택을 합니다. 즉, t 점수가 4라는 걸 알게 된 시점에 i 점수는 4 이상이라는 것이 확정입니다.

▼ 알파-베타 가지치기, 평가와 베타 컷

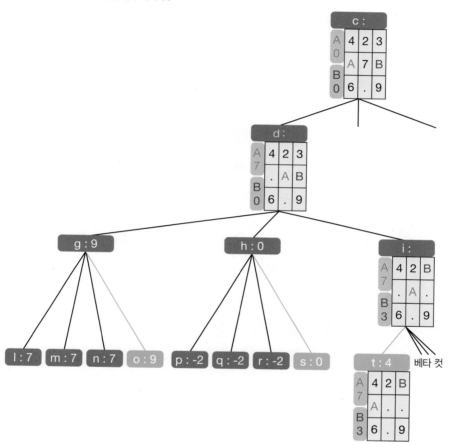

여기서 d 점수를 생각해 봅시다. d 점수를 정할 때 d에서 뻗은 노드 g, h, i 중에서 최소값을 선택합니다. 현재 점수가 결정된 노드 중에서 최소인 노드는 h이고 이에 따라 d 노드 점수는 h의 점수 0 이하가 되는 것이 확정입니다. 따라서 i 점수가 0보다 크다면 i의 정확한 점수를 계산할 필요가 없습니다. t가 0 이상이므로 i에서 뻗은 다른 노드는 더이상 평가할 필요가 없습니다. 이런 식으로 노드 점수가 일정 값 이상이 되면 탐색을 중단하는 것을 **베타 컷**[β-cut]이라고 부릅니다.

이어서 d 점수는 최소값 선택으로 0으로 결정됩니다. i 노드는 베타 컷이 발생하므로 무시해도 됩니다.

▼ 알파−베타 가지치기, 최소값 선택 1

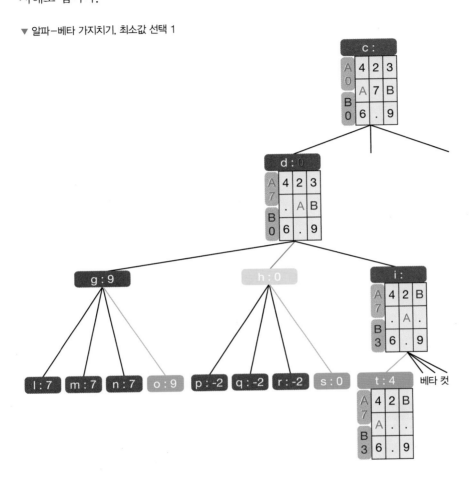

다음 그림처럼 e에서 뻗은 노드를 탐색합니다.

▼ 알파−베타 가지치기, 평가와 최대값 선택과 알파 컷 1

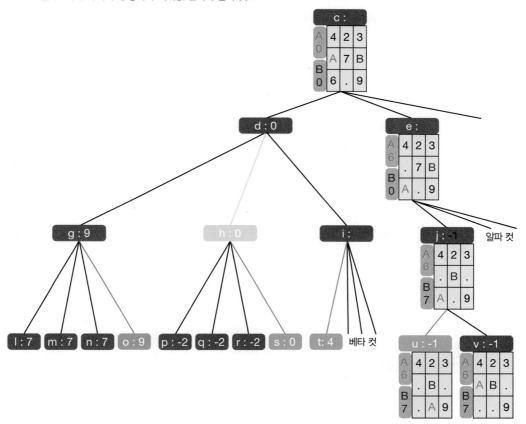

u, v에서 최대값 선택을 하고 j 점수는 −1이 됩니다. 여기서 e 점수를 결정할 때 e에서 뻗은 노드 중에서 최소값을 선택합니다. 따라서 j 점수가 −1이므로 e 점수는 −1 이하가 되는 것이 확정입니다. c 점수는 c에서 뻗은 노드 중에서 최대를 선택하므로 탐색이 끝난 d 점수은 0 이상입니다. j가 0 이하이므로 더이상 e에서 뻗은 노드를 탐색하더라도 e 점수가 선택될 일은 없습니다. 따라서 e에서 뻗는 노드는 탐색을 중단해도 됩니다. 이렇게 어떤 점수가 일정 값 이하가 되서 탐색을 중단하는 것을 **알파 컷**[α−cut]이라고 부릅니다.

이어서 f에서 뻗은 노드를 탐색합니다. k 점수가 −1이고 f는 최소값 선택을 하므로 −1 이
하 확정입니다. 따라서 f는 d 점수 이하라서 여기도 알파 컷을 할 수 있습니다.

▼ 알파−베타 가지치기, 평가와 최대값 선택과 알파 컷 2

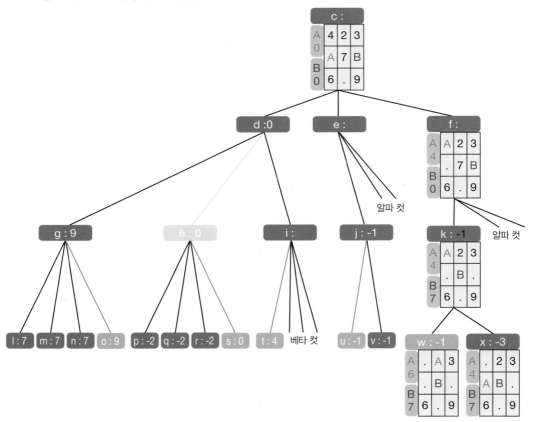

e, f에서 뻗은 노드는 탐색을 중단하므로 노드 d로 이동하는 행동을 선택하고 종료합니다.
미니맥스 알고리즘과 비교하면 알파 컷이나 베타 컷이 발생한 만큼 탐색 횟수가 줄어드는
걸 알 수 있습니다.

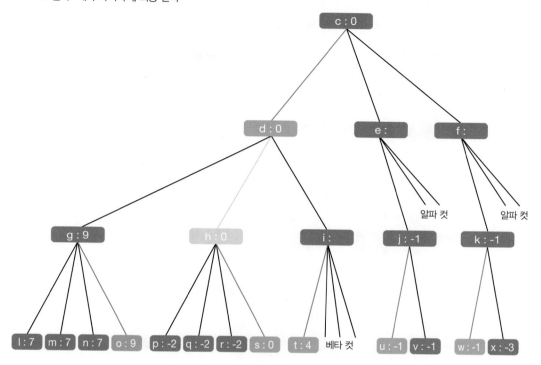

5.3.2 알파−베타 가지치기 구현하기

알파−베타 가지치기를 구현해 봅니다(코드 5.3.1). 재귀 함수를 통해 '게임판 점수를 계산한다. 그리고 높은 점수 게임판으로 이동하는 행동을 선택한다.' 이러한 기본적인 흐름은 미니맥스 알고리즘과 동일합니다.

점수 계산 구현하기

miniMaxScore 대신에 사용할 alphabetaScore는 alpha, beta 인수를 추가로 사용합니다. alpha는 현재 탐색하는 게임판의 차례가 된 플레이어 시점에서 본 최고 점수이고, beta는 현재 탐색하는 게임판의 상대방 플레이어 시점에서 본 최고 점수입니다. miniMaxScore와 마찬가지로 23번째 줄처럼 점수에 −1을 곱해서 재귀 호출합니다. 호출할 때마다 시점이 전환되므로 다음 노드에서 alpha는 자신의 시점에서는 -beta, 다음 노드에서 beta는 자신의 시점에서 -alpha가 되는 점에 주의하기 바랍니다.

alpha는 현재 차례가 된 플레이어의 최고 점수이므로 점수가 alpha보다 클 때마다 갱신합니다. beta는 부모 노드 시점에서의 최고 점수이므로 점수가 beta보다 커지면 alpha를 돌려주고 탐색을 중단합니다. 네가맥스와 마찬가지로 늘 순서가 된 플레이어 시점에서 탐색하므로 베타 컷만 생각하면 됩니다. 이런 구현 방법을 네가알파^{NegaAlpha}라고 부릅니다.

코드 5.3.1 알파-베타 가지치기 구현 예 | 03_AlphaBeta.cpp |

```cpp
01: namespace alphabeta
02: {
03:     // 알파-베타 가지치기용 점수 계산
04:     ScoreType alphaBetaScore(
05:         const State &state,
06:         ScoreType alpha,
07:         const ScoreType beta,
08:         const int depth)
09:     {
10:         if (state.isDone() || depth == 0)
11:         {
12:             return state.getScore();
13:         }
14:         auto legal_actions = state.legalActions();
15:         if (legal_actions.empty())
16:         {
17:             return state.getScore();
18:         }
19:         for (const auto action : legal_actions)
20:         {
21:             State next_state = state;
22:             next_state.advance(action);
23:             ScoreType score = -alphaBetaScore(next_state, -beta, -alpha, depth - 1);
24:             if (score > alpha)
25:             {
26:                 alpha = score;
27:             }
28:             if (alpha >= beta)
29:             {
30:                 return alpha;
31:             }
```

```
32:          }
33:          return alpha;
34:      }
35:      // 깊이를 지정해서 알파-베타 가지치기로 행동을 결정한다.
36:      int alphaBetaAction(const State &state, const int depth)
37:      {
38:          ScoreType best_action = -1;
39:          ScoreType alpha = -INF;
40:          ScoreType beta = INF;
41:          for (const auto action : state.legalActions())
42:          {
43:              State next_state = state;
44:              next_state.advance(action);
45:              ScoreType score = -alphaBetaScore(next_state, -beta, -alpha, depth);
46:              if (score > alpha)
47:              {
48:                  best_action = action;
49:                  alpha = score;
50:              }
51:          }
52:          return best_action;
53:      }
54: }
55: using alphabeta::alphaBetaAction;
```

승률 계산하기

알파-베타 가지치기와 미니맥스 알고리즘을 대결시켜서 승률을 계산해 봅시다(코드 5.3.2).

코드 5.3.2 알파-베타 가지치기와 미니맥스 알고리즘의 승률 계산 | 03_AlphaBeta.cpp |

```
01: int main()
02: {
03: // 중략
04:     auto ais = std::array<StringAIPair, 2>{
05:         StringAIPair("alphaBetaAction", [](const State &state)
06:                         { return alphaBetaAction(state, END_TURN); }),
07:         StringAIPair("miniMaxAction", [](const State &state)
08:                         { return miniMaxAction(state, END_TURN); }),
```

```
09:    };
10:    testFirstPlayerWinRate(ais, 100);
11:    return 0;
12: }
```

그러면 실행해 봅시다(터미널 5.3.1).

터미널 5.3.1 알파−베타 가지치기와 미니맥스 알고리즘 대결

```
> wsl
$ cd sample_code/05_AlternateGame/
$ g++ -O3 -std=c++17 -o 03_AlphaBeta 03_AlphaBeta.cpp
$ ./03_AlphaBeta
```

알파−베타 가지치기와 미니맥스 알고리즘 대결의 승률은 50%였습니다(그림 5.3.1). 알파−베타 가지치기와 미니맥스 알고리즘이 똑같은 결과를 내는 알고리즘이므로 지정한 깊이가 같다면 승률이 50%가 되는 것을 이해할 수 있습니다.

그림 5.3.1 알파−베타 가지치기 대 미니맥스 알고리즘 플레이 결과

```
중략
Winning rate of alphaBetaAction to miniMaxAction:     0.5
```

속도 비교하기

출력된 결과가 동일하다는 것만으로는 알파−베타 가지치기 장점을 알 수 없습니다. 미니맥스 알고리즘과 비교해서 어느 정도 속도가 빨라지는지 확인해 봅시다(코드 5.3.3).

우선, 같은 조건으로 계산 시간을 측정하기 위해서 지정한 개수만큼 게임판 배열을 생성하는 함수를 구현합니다. 시드를 바꿔서 생성자를 호출해도 게임판은 생성되지만, 테스트는 어느 정도 게임 턴이 진행된 상태도 포함하는 쪽이 사실적입니다. 따라서 무작위로 고른 턴까지 무작위로 게임을 진행할 수 있도록 구현합니다.

```
01: std::vector<State> getSampleStates(const int game_number)
02: {
03:     std::mt19937 mt_for_construct(0);
04:     std::vector<State> states;
05:     for (int i = 0; i < game_number; i++)
06:     {
07:         auto state = State(mt_for_construct());
08:         int turn = mt_for_construct() % END_TURN;
09:         for (int t = 0; t < turn; t++)
10:         {
11:             state.advance(randomAction(state));
12:         }
13:         states.emplace_back(state);
14:     }
15:     return states;
16: }
```

예제 게임판을 만들었으면 AI가 모든 게임판을 처리할 때까지 걸리는 시간을 계산하는 함수를 구현합니다(코드 5.3.4).

코드 5.3.4 표본 게임판을 전부 처리할 때까지 걸린 계산 시간 출력　　　　　　| 04_TestSpeed.cpp |

```
01: void calculateExecutionSpeed(const StringAIPair &ai, const std::vector<State>
    &states)
02: {
03:     using std::cout;
04:     using std::endl;
05:     auto start_time = std::chrono::high_resolution_clock::now();
06:     for (const auto &state : states)
07:     {
08:         ai.second(state);
09:     }
10:     auto diff = std::chrono::high_resolution_clock::now() - start_time;
11:     auto time = std::chrono::duration_cast<std::chrono::milliseconds>(diff).
    count();
12:     cout << ai.first << " take " << time << " ms to process "
13:         << states.size() << " nodes" << endl;
14: }
```

처리 시간 측정을 호출하는 main 함수를 구현해 봅니다(코드 5.3.5). 게임이 펼쳐지는 공간이 좁으면 알파-베타 가지치기와 미니맥스 알고리즘의 계산 시간 차이가 크게 드러나지 않으므로 END_TURN은 10으로 변경합니다.

코드 5.3.5 각 AI의 처리 시간 측정 　　　　　　　　　　　　　　　　　　　| 04_TestSpeed.cpp |

```
01: constexpr int END_TURN = 10; // 게임 종료 턴
02: // 중략
03: int main()
04: {
05:     using std::cout;
06:     using std::endl;
07:     auto states = getSampleStates(100);
08:     calculateExecutionSpeed(
09:         StringAIPair("alphaBetaAction", [](const State &state)
10:                     { return alphaBetaAction(state, END_TURN); }),
11:         states);
12:     calculateExecutionSpeed(
13:         StringAIPair("miniMaxAction", [](const State &state)
14:                     { return miniMaxAction(state, END_TURN); }),
15:         states);
16:     return 0;
17: }
```

그러면 실행해 봅시다(터미널 5.3.2).

터미널 5.3.2 처리 시간 측정

```
> wsl
$ cd sample_code/05_AlternateGame/
$ g++ -O3 -std=c++17 -o 04_TestSpeed 04_TestSpeed.cpp
$ ./04_TestSpeed
```

결과를 보면 알파-베타 가지치기의 처리 시간은 20밀리초, 미니맥스 알고리즘의 처리 시간은 124밀리초입니다(그림 5.3.2). 확실히 알파-베타 가지치기가 미니맥스 알고리즘보다 훨씬 빠릅니다.

그림 5.3.2 알파-베타 가지치기 대 미니맥스 알고리즘 플레이 결과

```
alphaBetaAction take 20 ms to process 100 nodes
miniMaxAction take 124 ms to process 100 nodes
```

참고로, 이번에는 END_TURN = 10으로 실험했지만 깊이를 변경하게 되면 결과는 크게 달라집니다. 결과가 궁금하다면 END_TURN 값을 바꿔가며 테스트해보기 바랍니다.

5.4

반복 심화 탐색

5.4.1 반복 심화 탐색의 특징과 동작
: 낭비할 시간이 없다! 최적의 트리 깊이를 찾자!

알파-베타 가지치기는 깊이를 고정하여 탐색했지만 1인 게임과 마찬가지로 실제로 사용한다면 탐색 가능 시간이 정해져 있는 경우가 많습니다. 이런 경우라면 먼저 깊이 1로 탐색하고 시간이 남으면 깊이 2로 탐색하는 방식으로 조금씩 깊이 제한을 늘려가며 제한 시간이 끝날 때까지 반복적으로 탐색하는 방법이 쓸 만합니다. 이런 방법을 **반복 심화**Iterative Deepening **탐색**이라고 부릅니다.

깊이 N까지 탐색했다면 이전에 탐색한 깊이 N-1 이하의 탐색은 쓸모가 없지만, 깊이가 깊어짐에 따라 탐색 시간은 지수적으로 늘어나므로 이로 인해 낭비되는 시간은 무시해도 될 만큼 적습니다.

5.4.2 반복 심화 탐색 구현하기

게임판 크기 변경하기

시간 측정이 필요하므로 1인 게임을 설명할 때 구현한 TimeKeeper 클래스를 사용합니다 (3장 '제한 시간을 지정해서 탐색하기' 참조). 그리고 탐색한 깊이의 차이로 승부가 쉽게 날 수 있도록 게임판 크기를 변경합니다(코드 5.4.1).

```
01: constexpr const int H = 5;    // 미로의 높이
02: constexpr const int W = 5;    // 미로의 너비
03: constexpr int END_TURN = 10;  // 게임 종료 턴
```

제한 시간 설정하기

알파-베타 가지치기에 제한 시간 설정을 구현합니다(코드 5.4.2).

코드 5.4.2 알파-베타 가지치기에 제한 시간 설정 구현　　　　　　| 05_IterativeDeepening.cpp |

```
01: namespace iterativedeepening
02: {
03:     // 제한 시간이 넘으면 정지하는 알파-베타 가지치기용 점수 계산
04:     ScoreType alphaBetaScore(
05:         const State &state,
06:         ScoreType alpha,
07:         const ScoreType beta,
08:         const int depth,
09:         const TimeKeeper &time_keeper)
10:     {
11:         if (time_keeper.isTimeOver())
12:             return 0;
13:         // 중략
14:         for (const auto action : legal_actions)
15:         {
16:             // 중략
17:             if (time_keeper.isTimeOver())
18:                 return 0;
19:         }
20:         return alpha;
21:     }
22:     // 깊이와 제한 시간(밀리초)을 지정해서 알파-베타 가지치기로 행동을 결정한다.
23:     int alphaBetaActionWithTimeThreshold(
24:         const State &state,
25:         const int depth,
26:         const TimeKeeper &time_keeper)
27:     {
28:         // 중략
29:         for (const auto action : state.legalActions())
```

```
30:        {
31:            // 중략
32:            if (time_keeper.isTimeOver())
33:                return 0;
34:        }
35:        return best_action;
36:    }
37: }
```

반복 심화 탐색 구현하기

반복 심화 탐색의 핵심 내용을 구현합니다(코드 5.4.3).

10번째 줄에서 alphaBetaActionWithTimeThreshold를 호출하는데 제한 시간을 넘었다면 여기에 들어가는 action은 반드시 0입니다. 이때 12~15번째 줄의 if 영역에 들어가므로 best_action은 변경되지 않고 반복문을 빠져 나갑니다. 따라서 제한 시간을 넘기지 않았을 때 계산한 action으로만 best_action이 변경됩니다.

코드 5.4.3 반복 심화 탐색 구현 | 05_IterativeDeepening.cpp |

```
01: namespace iterativedeepening
02: {
03:     // 제한 시간(밀리초)을 지정해서 반복 심화 탐색으로 행동을 결정한다.
04:     int iterativeDeepeningAction(const State &state, const int64_t time_threshold)
05:     {
06:         auto time_keeper = TimeKeeper(time_threshold);
07:         int best_action = -1;
08:         for (int depth = 1;; depth++)
09:         {
10:             int action = alphaBetaActionWithTimeThreshold(state, depth, time_
                 keeper);
11:
12:             if (time_keeper.isTimeOver())
13:             {
14:                 break;
15:             }
16:             else
17:             {
18:                 best_action = action;
```

```
19:            }
20:        }
21:        return best_action;
22:    }
23: }
24: using iterativedeepening::iterativeDeepeningAction;
```

승률 계산하기

100밀리초 제한과 1밀리초 제한을 둔 반복 심화 탐색을 대결시켜서 승률을 계산합니다
(코드 5.4.4).

코드 5.4.4 반복 심화 탐색 호출 구현 | 05_IterativeDeepening.cpp |

```
01: int main()
02: {
03:     using std::cout;
04:     using std::endl;
05:     auto ais = std::array<StringAIPair, 2>{
06:         StringAIPair("iterativeDeepeningAction 100", [](const State &state)
07:                          { return iterativeDeepeningAction(state, 100); }),
08:         StringAIPair("iterativeDeepeningAction 1", [](const State &state)
09:                          { return iterativeDeepeningAction(state, 1); }),
10:     };
11:     testFirstPlayerWinRate(ais, 100);
12:
13:     return 0;
14: }
```

그러면 실행해 봅시다(터미널 5.4.1).

터미널 5.4.1 반복 심화 탐색 승률 계산

```
> wsl
$ cd sample_code/05_AlternateGame/
$ g++ -O3 -std=c++17 -o 05_IterativeDeepening 05_IterativeDeepening.cpp
$ ./05_IterativeDeepening
```

100밀리초 제한의 반복 심화 탐색은 1밀리초 제한의 반복 심화 탐색을 66.5% 승률로 이기는 것을 알 수 있습니다(그림 5.4.1). 탐색 깊이가 달라질 정도의 차이가 있다면, 사용한 시간이 많을수록 반복 심화 탐색은 강해집니다.

그림 5.4.1 반복 심화 탐색 100밀리초 제한 대 1밀리초 제한의 플레이 결과

```
i 0 w 0.5
i 1 w 0.625
i 2 w 0.583333
중략
i 96 w 0.659794
i 97 w 0.663265
i 98 w 0.666667
i 99 w 0.665
Winning rate of iterativeDeepeningAction 100 to iterativeDeepeningAction 1:    0.665
```

이번에는 100밀리초 제한과 1밀리초 제한을 비교해 봤습니다. 제한 시간 변경에 따라 어느 정도 차이가 나는지 설정을 바꿔 보면서 실행해보면 이해하기 좋으므로 여러분도 한 번 해보기 바랍니다.

순수 몬테카를로 탐색

5.5.1 순수 몬테카를로 탐색의 특징과 동작
: 게임판 평가는 필요없다! 승률이 좋은 수를 선택하자!

이 장에서는 지금까지 미니맥스 알고리즘과 거기에서 파생된 기법을 설명했습니다. 미니맥스 알고리즘 계통은 중간 단계의 게임판을 적절하게 평가할 수 있다면 무척 강력한 기법입니다. 하지만 게임에 따라서 중간 단계의 게임판을 평가하는 자체가 어려운 경우도 있습니다. 따라서 게임판 평가를 하지 않아도 이용 가능한 탐색 방법인 **순수 몬테카를로 탐색**pure Monte Carlo search을 소개합니다.

일단 자신도 상대방도 무작위로 행동하는 절차를 게임 종료할 때까지 반복해 봅니다. 그러면 승패 또는 무승부의 결과를 얻을 수 있습니다. 이렇게 게임 결과가 나올 때까지 플레이한 시뮬레이션 1회를 **플레이아웃**playout2 이라고 부릅니다.

COLUMN

몬테카를로 탐색과 라스베가스 탐색

순수 몬테카를로 탐색은 **몬테카를로 탐색** 기법의 일종입니다.
몬테카를로 탐색은 난수를 사용해서 수치 계산하는 기법. 특히 반드시 정답을 얻을 수 있다는 보장은 없지만 대신에 반드시 지정한 시간 안에 끝나야 하거나 원주율을 무작위로 구하는 해법 등에서 자주 등장합니다.

---

2   특히 서로가 무작위로 행동하는 시뮬레이션에서의 플레이아웃을 랜덤 플레이아웃이라고 부릅니다. 이 책에서 별다른 설명 없이 플레이아웃이라고 하면 랜덤 플레이아웃을 의미합니다.

대조적으로 시간이 얼마나 걸릴지 알 수 없지만 반드시 정답을 찾는 무작위 선택 알고리즘을 **라스베가스 탐색**이라고 부릅니다. 몬테카를로와 라스베가스는 모두 카지노로 유명한 지역입니다. 해답의 정확도를 운에 맡기는 몬테카를로 탐색, 실행 속도를 운에 맡기는 라스베가스 탐색 모두 그런 면에서 도박에 가깝습니다.

예를 들어 다음 그림에서 A는 오른쪽 이동, B는 왼쪽 이동, A가 아래쪽 이동을 하는 순서로 A가 이겼습니다. 이렇게 1회 플레이아웃이 끝날 때마다 첫 번째 행동 선택에 대해 **누적 가치**와 **시행 횟수**를 기록합니다. 누적 가치는 승점 기록처럼 '승리:1, 무승부:0.5, 패배:0' 이렇게 기록하는 것을 말합니다. 이번에는 A가 이겼으므로 누적 가치 w = 0+1 = 1, 시행 횟수 n = 0+1 = 1입니다.

▼ 순수 몬테카를로 탐색, 플레이아웃 1

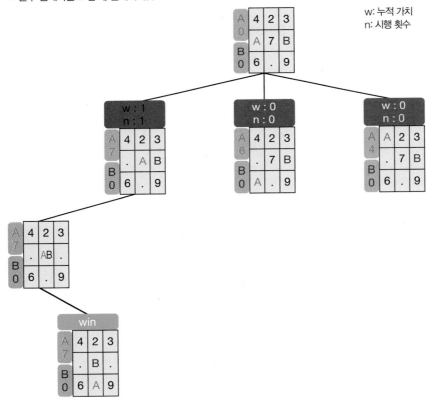

또 한 번 플레이아웃을 하면 이번에는 A가 아래쪽 이동, B가 아래쪽 이동, A가 위쪽 이동하는 순서로 A가 졌습니다. A가 아래쪽 이동하면서 시작하는 플레이아웃은 처음이므로 누적 가치 w = 0+0 = 0, 시행 횟수 n = 0+1 = 1이라서 0/1로 기록합니다.

▼ 순수 몬테카를로 탐색, 플레이아웃 2

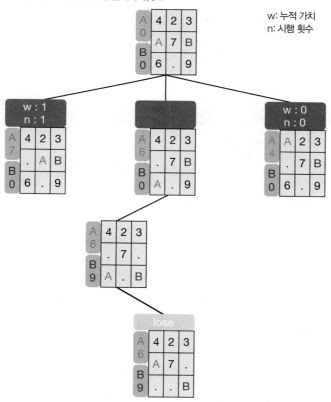

이런 과정을 지정 횟수만큼 반복하면, 모든 경우의 수에 대해서 누적 가치와 시행 횟수를 기록한 상태가 됩니다. 경우의 수의 누적 가치를 시행 횟수로 나누면 승률을 계산할 수 있습니다. 다음 그림에서 w/n=0.9 노드가 가장 승률이 높으므로 이 노드로 이동하는 행동을 선택합니다. 이렇게 무작위로 플레이아웃을 여러 번 반복하고 그 승률을 사용해서 행동을 선택하는 방법이 순수 몬테카를로 탐색입니다.

▼ 순수 몬테카를로 탐색, 최종 결과

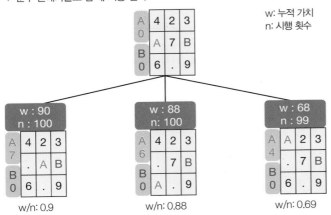

게임판의 가치는 승률에 의해서만 결정되므로 스스로 게임판을 평가하는 방법을 생각하지 않아도 됩니다. 플레이아웃 반복 횟수와 관계없이 일단 결과는 얻을 수 있으므로 간편하게 그럴듯한 AI가 필요할 때 유용한 방법입니다.

5.5.2 순수 몬테카를로 탐색 구현하기

플레이아웃하는 함수 구현하기

우선, State 포인터를 인수로 받아서 마지막까지 플레이아웃하는 함수 playout을 구현합니다(코드 5.5.1). 인수를 포인터로 받는 이유는 재귀 처리에서 State 복사 비용을 줄이기 위해서입니다. 기존의 State가 갱신되면 안되므로 재귀에 들어가기 전에 State를 깊은 복사deep copy해두고[3] 호출하는 점에 주의하기 바랍니다.

18번째 줄에서 재귀 호출하면서 승리 점수를 반환합니다. advance에서 플레이 시점이 전환되므로 승리 점수도 다음 시점에 대응하도록 손을 봅니다.

3　**역자주_** 깊은 복사는 기존 객체를 그대로 새로운 메모리 영역에 복사해서 독립적인 객체를 생성하는 복사 방식입니다. 반면에 얕은 복사는 기존 객체와 복사 대상 객체가 서로 같은 메모리 영역을 공유합니다. 따라서 깊은 복사는 복사한 객체를 수정해도 기존 객체는 아무런 영향이 없지만 얕은 복사는 수정 내용이 그대로 반영됩니다.

```cpp
01: namespace montecarlo
02: {
03:     // 무작위로 플레이아웃해서 승패 점수를 계산한다.
04:     double playout(State *state)
05:     {
06:         // const&를 사용하면 재귀중에 깊은 복사가 필요하므로
07:         // 속도를 위해 포인터를 사용한다(const가 아닌 참조도 가능).
08:         switch (state->getWinningStatus())
09:         {
10:         case (WinningStatus::WIN):
11:             return 1.;
12:         case (WinningStatus::LOSE):
13:             return 0.;
14:         case (WinningStatus::DRAW):
15:             return 0.5;
16:         default:
17:             state->advance(randomAction(*state));
18:             return 1. - playout(state);
19:         }
20:     }
21: }
```

순수 몬테카를로 탐색 구현하기

순수 몬테카를로 탐색을 구현해 봅니다(코드 5.5.2).

11번째 줄은 완전히 무작위로 구현하면 시행 횟수가 공평하지 않으므로 첫 수는 순서대로 탐색하도록 조절합니다. 15, 16번째 줄에서 각각의 경우의 수에 승리 점수 합계와 시행 횟수를 기록합니다. 22번째 줄처럼 승리 점수 합계를 시행 횟수로 나누면 각 경우의 수의 승률을 계산할 수 있습니다.

이제 가장 승률이 높은 경우의 수를 선택하면 됩니다.

코드 5.5.2 순수 몬테카를로 탐색 구현 | 06_PrimitiveMontecarlo.cpp |

```cpp
01: namespace montecarlo
02: {
03:     // 플레이아웃 횟수를 지정해서 순수 몬테카를로 탐색으로 행동을 결정한다.
```

```
04:    int primitiveMontecarloAction(const State &state, int playout_number)
05:    {
06:        auto legal_actions = state.legalActions();
07:        auto values = std::vector<double>(legal_actions.size());
08:        auto cnts = std::vector<double>(legal_actions.size());
09:        for (int cnt = 0; cnt < playout_number; cnt++)
10:        {
11:            int index = cnt % legal_actions.size();
12:
13:            State next_state = state;
14:            next_state.advance(legal_actions[index]);
15:            values[index] += 1. - playout(&next_state);
16:            ++cnts[index];
17:        }
18:        int best_action_index = -1;
19:        double best_score = -INF;
20:        for (int index = 0; index < legal_actions.size(); index++)
21:        {
22:            double value_mean = values[index] / cnts[index];
23:            if (value_mean > best_score)
24:            {
25:                best_score = value_mean;
26:                best_action_index = index;
27:            }
28:        }
29:        return legal_actions[best_action_index];
30:    }
31: }
32: using montecarlo::primitiveMontecarloAction;
```

무작위 행동과 대결하기

3000번 플레이아웃하는 순수 몬테카를로 탐색과 무작위 행동을 서로 대결시켜 봅시다(코드 5.5.3, 터미널 5.5.1).

코드 5.5.3 순수 몬테카를로 탐색의 호출 구현 | 06_PrimitiveMontecarlo.cpp |

```
01: int main()
02: {
03:     using std::cout;
```

```
04:    using std::endl;
05:    auto ais = std::array<StringAIPair, 2>{
06:        StringAIPair("primitiveMontecarloAction 3000", [](const State &state)
07:                    { return montecarlo::primitiveMontecarloAction(state, 3000); }),
08:        StringAIPair("randomAction", [](const State &state)
09:                    { return randomAction(state); }),
10:    };
11:    testFirstPlayerWinRate(ais, 100);
12:    return 0;
13: }
```

터미널 5.5.1 프로그램 컴파일과 실행

```
> wsl
$ cd sample_code/05_AlternateGame/
$ g++ -O3 -std=c++17 -o 06_PrimitiveMontecarlo 06_PrimitiveMontecarlo.cpp
$ ./06_PrimitiveMontecarlo
```

3000번 플레이아웃하는 순수 몬테카를로 탐색은 무작위 행동을 86% 승률로 이기는 것을
알 수 있습니다(그림 5.5.1).

그림 5.5.1 순수 몬테카를로 탐색 대 무작위 행동의 플레이 결과

```
 i 0 w 1
 i 1 w 1
 i 2 w 0.833333
 중략
 i 96 w 0.85567
 i 97 w 0.857143
 i 98 w 0.858586
 i 99 w 0.86
Winning rate of primitiveMontecarloAction 3000 to randomAction: 0.86
```

시행 횟수를 변경해서 누가 강한지 비교하기

이번에는 순수 몬테카를로 탐색의 시행 횟수를 변경해서 누가 더 강한지 비교해 봅시다
(코드 5.5.4). 플레이아웃 횟수 3000번과 플레이아웃 횟수 30번의 순수 몬테카를로 탐색
을 서로 대결시킵니다(터미널 5.5.2).

코드 5.5.4 순수 몬테카를로 탐색의 플레이아웃 횟수 비교　　|07_PrimitiveMontecarloPlayoutNumber.cpp|

```cpp
01: int main()
02: {
03:     using std::cout;
04:     using std::endl;
05:     auto ais = std::array<StringAIPair, 2>{
06:         StringAIPair("primitiveMontecarloAction 3000", [](const State &state)
07:                         { return montecarlo::primitiveMontecarloAction(state, 3000); }),
08:         StringAIPair("primitiveMontecarloAction 30", [](const State &state)
09:                         { return montecarlo::primitiveMontecarloAction(state, 30); }),
10:     };
11:     testFirstPlayerWinRate(ais, 100);
12:     return 0;
13: }
```

터미널 5.5.2 시행 횟수를 변경해서 대결

```
> wsl
$ cd sample_code/05_AlternateGame/
$ g++ -O3 -std=c++17 -o 07_PrimitiveMontecarloPlayoutNumber \
                        07_PrimitiveMontecarloPlayoutNumber.cpp
$ ./07_PrimitiveMontecarloPlayoutNumber
```

3000번 플레이아웃하는 순수 몬테카를로 탐색이 30번 플레이아웃하는 순수 몬테카를로 탐색을 52% 승률로 이겼습니다(그림 5.5.2). 플레이아웃 횟수가 많은 쪽이 강하긴 하지만 큰 차이를 보이지 않습니다.

그림 5.5.2 순수 몬테카를로 탐색(3000번 플레이아웃) 대 순수 몬테카를로 탐색(30번 플레이아웃)의 플레이 결과

```
i 0 w 1
i 1 w 0.75
i 2 w 0.666667
중략
i 96 w 0.520619
i 97 w 0.520408
i 98 w 0.520202
i 99 w 0.52
Winning rate of primitiveMontecarloAction 3000 to primitiveMontecarloAction 30: 0.52
```

MCTS 몬테카를로 트리 탐색

5.6.1 MCTS의 특징과 동작
: 적을 얕보지 말라! 강자 대결 시뮬레이션!

순수 몬테카를로 탐색을 사용한 실험에서는 플레이아웃 횟수를 늘려도 강함에 큰 차이가 없었습니다. 플레이아웃 횟수가 늘어나면 늘어날수록 결과 신뢰도가 높아질 거라 예상했는데 왜 기대한 것과 달랐을까요?

순수 몬테카를로 탐색은 완전한 무작위 행동을 전제로 시뮬레이션합니다. 바꿔 말하면 상대방이 자신에게 있어 유리한 선택과 불리한 선택을 동일한 확률로 실행한다고 생각하는 것입니다. 이렇게 비현실적인 시뮬레이션을 계속 실행해봤자 좋은 결과를 기대하기 어렵습니다.

따라서 순수 몬테카를로 탐색에 **선택**selection과 **확장**expansion을 추가해서 제대로 시뮬레이션을 할 수 있도록 만든 **MCTS**Monte Carlo Tree Search (몬테카를로 트리 탐색)을 설명합니다.

먼저, 선택이 무엇인지 설명합니다. 순수 몬테카를로 탐색과 마찬가지로 누적 가치와 시행 횟수를 기록해서 승률을 계산합니다. 예를 들어 다음 그림과 같은 상태라고 합시다.

▼ MCTS, UCB1 평가에 따른 선택 1

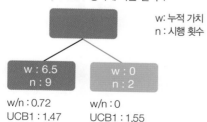

왼쪽 노드는 9번 시행해서 승률 72%, 오른쪽 노드는 2번 시행해서 승률 0%입니다. 순수 몬테카를로 탐색은 승률이 높은 왼쪽 노드를 선택할 것입니다. 하지만 왼쪽 노드는 이미 9번이나 시도했지만 오른쪽 노드는 아직 2번밖에 시도하지 않았습니다. 겨우 2번 시행한 것으로는 오른쪽 노드가 정말 왼쪽 노드보다 나쁘다고 단정 지을 수 없습니다.

따라서 탐색 진행 정도를 지표로 만들어서 해당 지표와 승률의 균형을 맞춰서 어느 쪽 노드를 선택할지 결정합니다.

$$UCB1 = \frac{w}{n} + C\sqrt{\frac{2ln(t)}{n}} \qquad ※ \; ln(t) = log_e(t), \; t = 모든 \; 노드의 \; n의 \; 총합$$

승률을 나타내는 $\frac{w}{n}$와 편향도^{bias}(탐색하지 않은 정도)를 나타내는 $\sqrt{\frac{2ln(t)}{n}}$에 가중치 C를 두고, 서로 더한 이 지표를 **UCB1**^{Upper Confidence Bound 1}[4]이라고 부릅니다.[5]

편향도 $\sqrt{\frac{2ln(t)}{n}}$ 계산에 사용하는 변수 중에서 노드마다 값이 다른 것은 분모의 n뿐입니다. 따라서 n이 작을수록 편향도가 커지고 n이 클수록 편향도는 작아집니다. 즉, 그다지 탐색하지 않은 노드라면 편향도는 커집니다. 따라서 UCB1을 비교하면 승률과 편향도의 균형을 갖춘 탐색을 할 수 있습니다. 이렇게 어떤 노드를 탐색할지 결정하는 부분을 '선택'이라고 부릅니다.

한편, 상수 C 값을 결정하는 방법은 규칙이 없으므로 얼마나 편향도를 중요하게 다룰지는 게임성을 고려해서 자신이 결정해야 합니다.

앞에서 본 그림에서는 오른쪽 노드가 UCB1 값이 높으므로 오른쪽 노드를 선택해서 플레이아웃합니다. 오른쪽 노드에서 플레이아웃한 결과는 무승부라고 합시다. 그러면 오른쪽 노드는 w = 0+0.5 = 0.5, n = 2+1 = 3이 됩니다.

---

4 **역자주_** UCB1은 다중 슬롯머신 문제(Multi-Armed Bandits, MAB)에서 사용하는 알고리즘에서 등장하는 개념입니다. UCB(신뢰 상한)는 평균값과 시행 횟수로 범위를 추정해서 해당 범위의 상한이 가장 높은 것을 선택하는 알고리즘인데 계산 공식에 따라 UCB1, UCB2 등 여러 버전이 있습니다.

5 i는 선택 대상의 자식 모드와 형제 노드입니다.

▼ MCTS, UCB1 평가에 따른 선택 2

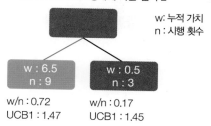

w: 누적 가치
n : 시행 횟수

w : 6.5
n : 9

w : 0.5
n : 3

w/n : 0.72
UCB1 : 1.47

w/n : 0.17
UCB1 : 1.45

이때 UCB1을 계산하면 왼쪽 노드가 높으므로 이번에는 왼쪽 노드를 선택합니다. 왼쪽 노드는 이미 9번 탐색했으므로 이제 10번째가 됩니다.

여기서 '확장'을 설명하겠습니다. 지금 첫 번째 수를 대상으로 기록을 작성하고 있지만, 알고리즘 특성상 두 번째 수 이후는 무작위로 시뮬레이션한다는 점은 변화가 없습니다. 두 번째 수 이후에도 자신과 상대방 모두 똑똑하게 행동하는 시뮬레이션을 하고 싶습니다. 따라서 시행 횟수가 임계치를 넘은 노드라면 다음 단계의 경우의 수로 진행할 수 있는 모든 노드를 추가합니다.

추가한 노드는 w, n을 각각 0으로 초기화합니다. 이후, 선택한 노드에 자식 노드가 존재하면 자식 노드에 대해서 선택을 반복하고 리프 노드에 도달했을 때 플레이아웃합니다.

▼ MCTS 확장

자신의 국면

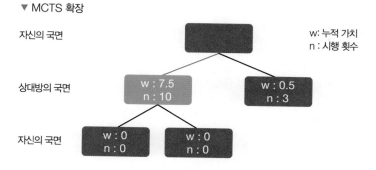

w: 누적 가치
n : 시행 횟수

상대방의 국면

w : 7.5
n : 10

w : 0.5
n : 3

자신의 국면

w : 0
n : 0

w : 0
n : 0

플레이아웃한 리프 노드의 가치와 시행 횟수는 그대로 부모 노드에 합산합니다. 만약 지금 합산한 부모 노드에도 부모 노드가 있다면 여기에도 합산합니다. 또 부모 노드가 있다면 거기에도⋯ 이런 식으로 해당 경로를 거꾸로 오르면서 합산하는 과정을 역전파 backpropagation라고 합니다. 이렇게 해서 루트 노드까지 결과를 전파합니다.

이것으로 상대방 국면에서도 선택이 들어가므로 앞으로 노드 확장이 진행되면 자신도 상대방도 깊은 노드까지 탐색할 수 있습니다. 자신과 상대방 모두 똑똑하게 행동하는 시뮬레이션이 가능하므로 순수 몬테카를로 탐색과 다르게 시행 횟수가 늘어날수록 평가된 누적 가치가 정교해집니다.

▼ MCTS 역전파

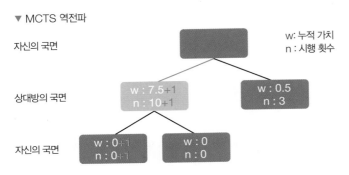

일정 횟수의 플레이아웃을 반복한 후에 실제 행동을 선택합니다. 이때 선택하는 행동은 승률도, UCB1도 아닌 시행 횟수가 많은 행동을 선택합니다. 언뜻 보면 승률이 높은 쪽을 선택하는게 맞는 것 같지만, MCTS라면 탐색 도중에 승률이 높은 노드가 많이 선택되었을 것입니다. 따라서 '시행 횟수가 많다 = 탐색 과정에서 승률도 높다' 이런 의미가 됩니다.

5.6.2 MCTS 구현하기

우선, MCTS 계산에 사용하는 상수를 설정합니다(코드 5.6.1).

코드 5.6.1 상수 설정 | 08_MCTS.cpp |

```
01: constexpr const double C = 1.;          // UCB1 계산에 사용하는 상수
02: constexpr const int EXPAND_THRESHOLD = 10; // 노드를 확장하는 임계치
```

[표 5.6.1]와 같은 메서드를 가진 Node 클래스를 작성합니다.

표 5.6.1 MCTS 계산에 사용하는 Node 클래스 메서드

메서드	설명
Node(const State &state)	생성자
void evaluate()	노드에서 리프 노드까지 평가해서 선택하고 플레이아웃할 때까지 과정을 한 세트 진행합니다.
void expand()	노드를 확장합니다.
Node &nextChildNode()	어떤 노드를 평가할지 선택합니다.

MCTS 주요 부분 구현하기

Node 클래스를 구현하기 전에 MCTS 주요 부분 구현을 설명합니다(코드 5.6.2). 11번째 줄에서 expand를 호출해서 첫 번째 수의 가능한 수를 모두 노드화합니다. 12~15번째 줄 for 반복문으로 지정 횟수만큼 evaluate를 호출합니다. evaluate를 한 번 호출할 때마다 선택, 플레이아웃, 확장 확인 처리를 한 세트로 진행하므로 주요 부분은 간단하게 작성할 수 있습니다.

지정 횟수만큼 플레이아웃이 끝나면 이제 시행 횟수가 많은 노드로 이동하도록 행동을 선택하면 됩니다.

코드 5.6.2 MCTS 주요 부분 구현 | 08_MCTS.cpp |

```cpp
01: namespace montecarlo
02: {
03:     class Node {
04:     // 중략
05:     };
06:
07:     // 플레이아웃 횟수를 지정해서 MCTS로 행동을 결정한다.
08:     int mctsAction(const State &state, const int playout_number)
09:     {
10:         Node root_node = Node(state);
11:         root_node.expand();
12:         for (int i = 0; i < playout_number; i++)
13:         {
14:             root_node.evaluate();
15:         }
16:         auto legal_actions = state.legalActions();
17:
```

```
18:        int best_action_searched_number = -1;
19:        int best_action_index = -1;
20:        assert(legal_actions.size() == root_node.child_nodes_.size());
21:        for (int i = 0; i < legal_actions.size(); i++)
22:        {
23:            int n = root_node.child_nodes_[i].n_;
24:            if (n > best_action_searched_number)
25:            {
26:                best_action_index = i;
27:                best_action_searched_number = n;
28:            }
29:        }
30:        return legal_actions[best_action_index];
31:    }
32: }
```

Node 클래스 생성자 구현하기

Node 클래스 생성자를 구현합니다(코드 5.6.3). 방금 확장된 노드는 누적 가치와 시행 횟수를 0으로 초기화합니다.

코드 5.6.3 Node 클래스 생성자 구현 | 08_MCTS.cpp |

```
01: // MCTS 계산에 사용하는 노드
02: class Node
03: {
04: private:
05:     State state_;
06:     double w_;  // 누적 가치
07:
08: public:
09:     std::vector<Node> child_nodes_;
10:     double n_;  // 시행 횟수
11:
12:     Node(const State &state) : state_(state), w_(0), n_(0) {}
13: };
```

노드 평가 구현하기

노드를 평가하는 **evaluate**를 구현합니다(코드 5.6.4). 노드 상황에 따라 세 종류 패턴으로 분기합니다.

- 게임 종료 시

  승패에 따라 평가를 누적 가치에 더하고 누적 가치를 반환합니다.

- 자식 노드가 존재하지 않는 경우

  플레이아웃 결과를 누적 가치에 더하고 누적 가치를 반환합니다. 시행 횟수가 임계치를 넘었다면 자식 노드를 확장합니다.

- 자식 노드가 존재하는 경우

  자식 노드 평가를 누적 가치에 더하고 누적 가치를 반환합니다. 자식 노드 평가는 현재 노드와 플레이어 시점이 반대이므로 44번째 줄처럼 평가를 자신의 시점으로 바꾼다는 점에 주의하기 바랍니다.

코드 5.6.4 평가 구현 | 08_MCTS.cpp |

```cpp
01: // MCTS 계산에 사용하는 노드
02: class Node
03: {
04: public:
05: // 중략
06:     // 노드를 평가한다.
07:     double evaluate()
08:     {
09:         // 게임 종료 시
10:         if (this->state_.isDone())
11:         {
12:             double value = 0.5;
13:             switch (this->state_.getWinningStatus())
14:             {
15:             case (WinningStatus::WIN):
16:                 value = 1.;
17:                 break;
18:             case (WinningStatus::LOSE):
19:                 value = 0.;
20:                 break;
21:             default:
22:                 break;
23:             }
```

```
24:            this->w_ += value;
25:            ++this->n_;
26:            return value;
27:        }
28:        // 자식 노드가 존재하지 않는 경우
29:        if (this->child_nodes_.empty())
30:        {
31:            State state_copy = this->state_;
32:            double value = playout(&state_copy);
33:            this->w_ += value;
34:            ++this->n_;
35:
36:            if (this->n_ == EXPAND_THRESHOLD)
37:                this->expand();
38:
39:            return value;
40:        }
41:        // 자식 노드가 존재하는 경우
42:        else
43:        {
44:            double value = 1. - this->nextChildNode().evaluate();
45:            this->w_ += value;
46:            ++this->n_;
47:            return value;
48:        }
49:    }
50: };
```

확장 구현하기

확장을 구현합니다(코드 5.6.5). 대응하는 국면의 경우의 수를 나열하고, 한 단계 진행해서 child_notes_에 추가합니다.

코드 5.6.5 확장 구현 |08_MCTS.cpp |

```
01: // MCTS 계산에 사용하는 노드
02: class Node
03: {
04: public:
05: // 중략
```

```
06:        // 노드를 확장한다.
07:        void expand()
08:        {
09:            auto legal_actions = this->state_.legalActions();
10:            this->child_nodes_.clear();
11:            for (const auto action : legal_actions)
12:            {
13:                this->child_nodes_.emplace_back(this->state_);
14:                this->child_nodes_.back().state_.advance(action);
15:            }
16:        }
17: };
```

노드 선택 구현하기

노드 선택을 구현합니다(코드 5.6.6).

11~12번째 줄처럼 시행 횟수 0인 노드는 우선적으로 선택합니다. 24~26번째 줄은 UCB1을 계산합니다. 자식 노드의 누적 가치는 현재 노드와 시점이 다르므로 승률 부분 은 시점을 변경하기 위해서 1에서 뺍니다.

코드 5.6.6 선택 구현 | 08_MCTS.cpp |

```
01: // MCTS 계산에 사용하는 노드
02: class Node
03: {
04: public:
05: // 중략
06:        // 어떤 노드를 평가할지 선택한다.
07:        Node &nextChildNode()
08:        {
09:            for (auto &child_node : this->child_nodes_)
10:            {
11:                if (child_node.n_ == 0)
12:                    return child_node;
13:            }
14:            double t = 0;
15:            for (const auto &child_node : this->child_nodes_)
16:            {
17:                t += child_node.n_;
```

```
18:          }
19:          double best_value = -INF;
20:          int best_action_index = -1;
21:          for (int i = 0; i < this->child_nodes_.size(); i++)
22:          {
23:              const auto &child_node = this->child_nodes_[i];
24:              double ucb1_value =
25:                  1. - child_node.w_ / child_node.n_
26:                  + (double)C * std::sqrt(2. * std::log(t) / child_node.n_);
27:              if (ucb1_value > best_value)
28:              {
29:                  best_action_index = i;
30:                  best_value = ucb1_value;
31:              }
32:          }
33:          return this->child_nodes_[best_action_index];
34:      }
35: };
```

이것으로 MCTS 구현이 끝났습니다.

순수 몬테카를로 탐색과 대결하기

플레이아웃 횟수를 3000번으로 설정하고 MCTS와 순수 몬테카를로 탐색을 대결시켜 봅시다(코드 5.6.7, 터미널 5.6.1).

코드 5.6.7 MCTS 대 순수 몬테카를로 탐색 | 08_MCTS.cpp |

```
01: int main()
02: {
03:     using std::cout;
04:     using std::endl;
05:     auto ais = std::array<StringAIPair, 2>{
06:         StringAIPair("mctsAction 3000", [](const State &state)
07:                 { return montecarlo::mctsAction(state, 3000); }),
08:         StringAIPair("primitiveMontecarloAction 3000", [](const State &state)
09:                 { return montecarlo::primitiveMontecarloAction(state, 3000); }),
10:     };
11:     testFirstPlayerWinRate(ais, 100);
```

```
12:     return 0;
13: }
```

터미널 5.6.1 MCTS와 순수 몬테카를로 탐색 대결

```
> wsl
$ cd sample_code/05_AlternateGame/
$ g++ -O3 -std=c++17 -o 08_MCTS 08_MCTS.cpp
$ ./08_MCTS
```

MCTS는 순수 몬테카를로 탐색을 55.75% 승률로 이기는 걸 알 수 있습니다(그림 5.6.1).

그림 5.6.1 MCTS 대 순수 몬테카를로 탐색의 플레이 결과

```
중략
Winning rate of mctsAction 3000 to primitiveMontecarloAction 3000:   0.5575
```

플레이아웃 횟수를 바꿔서 비교하기

순수 몬테카를로 탐색은 플레이아웃 횟수가 늘어나도 결과에 큰 차이점이 없었지만 MCTS는 어떤지 확인해 봅시다. 순수 몬테카를로 탐색으로 실험했을 때와 동일하게 플레이아웃 횟수를 3000번과 30번으로 설정합니다(코드 5.6.8, 터미널 5.6.2).

코드 5.6.8 MCTS 플레이아웃 횟수 차이 비교 | 09_MCTSPlayoutNumber.cpp |

```
01: int main()
02: {
03:     using std::cout;
04:     using std::endl;
05:     auto ais = std::array<StringAIPair, 2>{
06:         StringAIPair("mctsAction 3000", [](const State &state)
07:                         { return montecarlo::mctsAction(state, 3000); }),
08:         StringAIPair("mctsAction 30", [](const State &state)
09:                         { return montecarlo::mctsAction(state, 30); }),
10:     };
11:     testFirstPlayerWinRate(ais, 100);
12:     return 0;
13: }
```

```
> wsl
$ cd sample_code/05_AlternateGame/
$ g++ -O3 -std=c++17 -o 09_MCTSPlayoutNumber 09_MCTSPlayoutNumber.cpp
$ ./09_MCTSPlayoutNumber
```

플레이아웃 횟수 3000번 MCTS는 플레이아웃 횟수 30번 MCTS를 57.5% 승률로 이겼습니다(그림 5.6.2). 순수 몬테카를로 탐색과 다르게 플레이아웃 횟수를 늘렸더니 깊은 노드를 기록하여 선택한 시뮬레이션을 할 수 있습니다. 따라서 플레이아웃 횟수를 늘린 이득을 많이 볼 수 있습니다.

그림 5.6.2 플레이아웃 횟수 3000번 MCTS 대 플레이아웃 횟수 30번 MCTS의 플레이 결과

```
중략
Winning rate of mctsAction 3000 to mctsAction 30:    0.575
```

노드 확장 상태 확인하기

MCTS는 노드를 적절히 확장해서 유효한 노드를 많이 시도하는 것이 중요합니다.

여기서 노드 확장 상황을 확인해 봅시다. 먼저, Node 클래스에 자식 노드를 재귀적으로 확인해서 출력하는 printTree 메서드를 구현합니다(코드 5.6.9). 13~14번째 줄은 트리 구조를 알 수 있도록 확인 중인 노드의 깊이에 따라 __를 출력합니다.

다음으로 mctsAction에서 printTree를 호출하도록 수정합니다. 인수로 bool형 is_print를 사용해서 printTree를 호출하고 싶을 때만 트리를 표시하도록 합니다. 대결 중에 계속해서 트리를 표시하면 동작 속도가 느려지므로 static 변수로 정의한 called_cnt를 사용해서 처음 한 번만 트리를 표시합니다.

코드 5.6.9 노드 확장 상황 표시 기능 구현 | 10_PrintTree.cpp |

```
01: namespace montecarlo
02: {
03:     class Node
04:     {
05:         // 중략
06:         void printTree(const int depth = 1) const
```

```
07:         {
08:             using std::cout;
09:             using std::endl;
10:             for (int i = 0; i < child_nodes_.size(); i++)
11:             {
12:                 const auto &child_node = child_nodes_[i];
13:                 for (int j = 0; j < depth; j++)
14:                     cout << "__";
15:                 cout << " " << i << "(" << child_node.n_ << ")" << endl;
16:                 if (!child_node.child_nodes_.empty())
17:                 {
18:                     child_node.printTree(depth + 1);
19:                 }
20:             }
21:
22:         }
23:     };
24:
25:     // 플레이아웃 횟수를 지정해서 MCTS로 행동을 결정한다.
26:     int mctsAction(const State &state, const int playout_number, const bool is_print)
27:     {
28:         // 중략
29:         {
30:             static bool called_cnt = false;
31:             if (is_print && !called_cnt)
32:             { // 출력한다
33:                 std::cout << __func__ << std::endl;
34:                 root_node.printTree();
35:             }
36:             called_cnt = true;
37:         }
38:     }
39: }
```

일단, 플레이아웃 횟수 30번 MCTS 트리를 표시해 봅시다(코드 5.6.10, 터미널 5.6.3).

코드 5.6.10 플레이아웃 횟수 30번 트리 가시화
|10_PrintTree.cpp|

```
01: int main()
02: {
03:     using std::cout;
04:     using std::endl;
05:     auto state = State(0);
06:     montecarlo::mctsAction(state, 30, true);
07:     return 0;
08: }
```

터미널 5.6.3 트리 가시화(플레이아웃 횟수 30번)

```
> wsl
$ cd sample_code/05_AlternateGame/
$ g++ -O3 -std=c++17 -o 10_PrintTree 10_PrintTree.cpp
$ ./10_PrintTree
```

[그림 5.6.3]와 같은 결과가 출력됩니다. 0(10)은 0번째 수를 10회 시행했다는 뜻입니다. __ 개수가 같으면 서로 동일한 깊이입니다.

그림 5.6.3 MCTS(플레이아웃 횟수 30번) 트리 표시 결과

```
mctsAction
__ 0(10)
____ 0(0)
____ 1(0)
____ 2(0)
__ 1(10)
____ 0(0)
____ 1(0)
____ 2(0)
__ 2(10)
____ 0(0)
____ 1(0)
____ 2(0)
```

플레이아웃 횟수 30번은 세 종류의 경우의 수를 각각 공평하게 10번씩 시도하고 자식 노드를 확장했습니다. 최종적으로 결정된 수는 플레이아웃 횟수가 많은 수이므로 플레이아

웃 횟수 30번 단계에서는 유의미하게 좋은 수는 찾지 못했습니다.

이번에는 플레이아웃 횟수 3000번의 MCTS 트리를 표시해 봅시다(코드 5.6.11, 터미널 5.6.4).

코드 5.6.11 플레이아웃 횟수 3000번 트리 가시화 | 11_PrintTree_3000.cpp |

```
01: int main()
02: {
03:     using std::cout;
04:     using std::endl;
05:     auto state = State(0);
06:     montecarlo::mctsAction(state, 3000, true);
07:     return 0;
08: }
```

터미널 5.6.4 트리 가시화(플레이아웃 횟수 3000번)

```
> wsl
$ cd sample_code/05_AlternateGame/
$ g++ -O3 -std=c++17 -o 11_PrintTree_3000 11_PrintTree_3000.cpp
$ ./11_PrintTree_3000
```

트리가 훨씬 깊은 계층까지 확장되었습니다(그림 5.6.4). 또한 플레이아웃 횟수 30번일 때와 다르게, 첫 노드를 선택하는 국면에서 노드 인덱스 2에 해당하는 패턴(2889회 시도)을 더 많이 시도하고 있습니다. 확장과 선택을 반복함으로써 유망한 수를 선별하는 것을 알 수 있습니다. 어느 한 쪽으로 너무 몰리는 현상이 발생한다면 UCB1 계산에서 사용하는 편향도 상수 C를 올리는 방법 등으로 탐색의 균형을 조절합니다.

그림 5.6.4 MCTS(플레이아웃 횟수 3000번) 트리 표시 결과

```
mctsAction
__ 0(46)
____ 0(7)
____ 1(17)
_____ 0(1)
_____ 1(1)
_____ 2(1)
_____ 3(4)
____ 2(12)
_____ 0(1)
_____ 1(1)
_____ 2(0)
_____ 3(0)
__ 1(65)
____ 0(13)
_____ 0(2)
_____ 1(1)
____ 1(13)
_____ 0(2)
_____ 1(1)
____ 2(29)
_____ 0(8)
_____ 1(11)
_____ 0(1)
_____ 1(0)
__ 2(2889)
____ 0(952)
_____ 0(917)
_____ 0(227)
_____ 1(227)
_____ 2(227)
_____ 3(226)
_____ 1(25)
_____ 0(2)
_____ 1(2)
_____ 2(6)
_____ 3(5)
____ 1(951)
_____ 0(930)
_____ 0(460)
_____ 1(460)
_____ 1(11)
_____ 0(1)
_____ 1(0)
____ 2(976)
_____ 0(941)
_____ 0(466)
_____ 1(465)
_____ 1(25)
_____ 0(13)
_____ 1(2)
```

Thunder 탐색

5.7.1 Thunder 탐색의 특징과 동작: 필자가 발명! 게임판 평가를 이용해서 유리한 노드를 탐색한다!

이번 장에서는 크게 미니맥스 알고리즘 계통과 몬테카를로 탐색 계통으로 나누어 두 종류의 알고리즘을 설명했습니다.

미니맥스 알고리즘은 알파 컷, 베타 컷을 이용한 가지치기 수단은 있지만, 일정 이상의 노드를 탐색하기 전에는 답을 얻을 수 없습니다. 한편, 몬테카를로 탐색 계통은 충분한 양의 플레이아웃이 없으면 노드 평가를 믿을 수 없습니다. 게임판 평가를 직접 만들 필요가 없는 것이 몬테카를로 탐색의 장점이지만, 게임판을 평가하기 쉬운 게임에서도 플레이아웃만 가지고 결정합니다.

따라서 MCTS의 플레이아웃 대신에 게임판 평가를 사용해서 적은 탐색량으로도 어느 정도 신뢰할 수 있는 답을 찾는 방법으로 필자가 고안한 **Thunder 탐색**을 소개합니다.

게임판 평가는 자신이 이길 수 있을지 여부의 지표를 미리 정해서 계산합니다. 예를 들어 교대로 두는 숫자 모으기 미로라면 '자신의 점수 / (자신의 점수 + 상대방의 점수)'를 계산하면 승률을 어느 정도 예측할 수 있습니다. 만약, 게임 규칙에 중간 점수 같은 것이 없는 경우라면 각자 유리한 아이템을 얼마나 가지고 있는가 등으로 대신할 수 있습니다.

평가 방법은 마음대로 정할 수 있지만 승률을 따져야 하므로 다음 조건을 만족하는지 확인해야 합니다.

- 0~1 범위 안에 들어갑니다.
- '1 − 자신의 평가 = 상대방의 평가'를 만족합니다.

그러면 탐색의 흐름을 설명합니다. 우선, 첫 수의 경우의 수에서 도달 가능한 노드를 나열합니다.

▼ Thunder 탐색, 시행 전, 확장

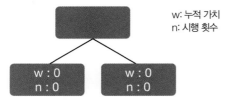

첫 번째 시행에서는 미평가 노드를 선택합니다.

▼ Thunder 탐색, 시행 1, 선택

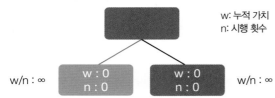

선택한 노드를 평가합니다. MCTS와 다르게 플레이아웃을 하지 않고, 미리 정해진 규칙에 따라 게임판을 평가합니다. 또한 MCTS에서는 지정 횟수 이상 시행한 노드를 확장했는데 Thunder 탐색은 평가한 직후에 반드시 확장합니다.

▼ Thunder 탐색, 시행 1, 평가와 확장

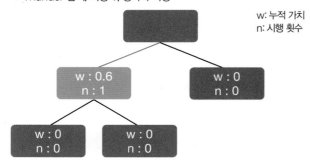

두 번째 시행에서도 미평가 노드가 남아 있으므로 미평가 노드를 선택합니다.

▼ Thunder 탐색, 시행 2, 선택

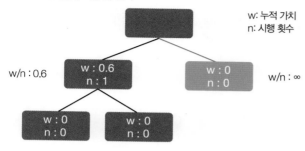

선택한 노드를 평가하고 확장합니다.

▼ Thunder 탐색, 시행 2, 평가와 확장

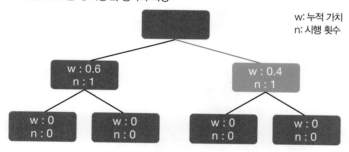

세 번째 시행을 합니다. 두 번째 시행이 끝난 시점에 루트 노드에서 선택 가능한 노드가 전부 평가가 끝났습니다. MCTS는 UCB1으로 노드를 비교하지만, 이번 탐색에서는 승률 $\frac{w}{n}$를 사용해서 비교합니다. 지금은 승률 0.6이 최대이므로 승률 0.6 노드를 선택합니다.

▼ Thunder 탐색, 시행 3, 선택 1

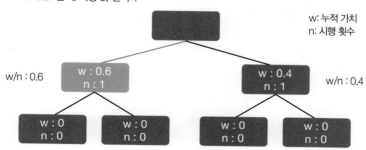

이번에는 자식 노드는 이미 확장된 상태이므로 리프 노드에 도달할 때까지 선택합니다.

▼ Thunder 탐색, 시행 3, 선택 2

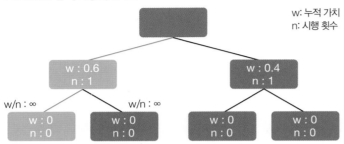

리프 노드를 평가하고 결과를 부모 노드와 해당 경로의 상위 노드에 전파합니다. 이건 MCTS와 동일합니다.

▼ Thunder 탐색, 시행 3, 평가와 역전파

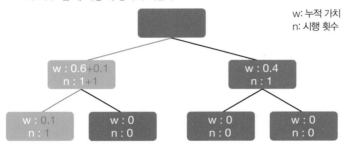

평가한 노드를 확장합니다.

▼ Thunder 탐색, 시행 3, 확장

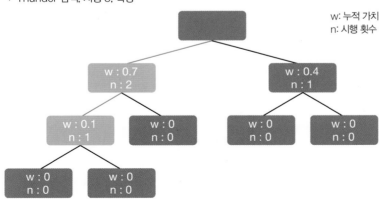

네 번째 시행을 합니다. 세 번째 시행은 왼쪽 노드 쪽이 승률이 높았지만, 이번에는 오른쪽 노드 쪽이 승률이 높으므로 오른쪽 노드를 선택합니다.

▼ Thunder 탐색, 시행 4, 선택

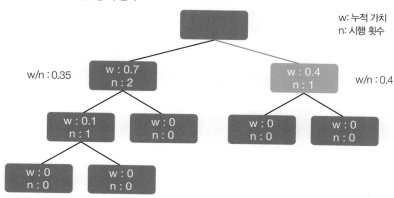

Thunder 탐색은 이런 절차를 반복하는 탐색 방법입니다. MCTS와 다른 점을 정리하면 다음과 같습니다.

- 노드 평가에 플레이아웃을 사용하는 대신에 미리 정해진 규칙으로 평가합니다.
- 선택된 노드는 반드시 확장합니다.
- 노드 선택을 할 때 시행 횟수가 적고 많음을 따지지 않고 승률만 비교합니다.

언뜻 보면 MCTS 장점이었던 승률과 적은 시행 횟수의 균형을 잡는 구조가 빠지니까 자신에게 유리한 시뮬레이션만 하는 것이 아닐까라는 걱정이 듭니다.

Thunder 탐색은 플레이아웃 대신에 그 시점의 리프 노드 평가를 합니다. 즉, 깊이가 홀수인 노드는 자신이 행동한 직후, 깊이가 짝수인 노드는 상대방이 행동한 직후의 평가입니다. 첫 번째 수에서는 자신에게 유리한 행동을 할 것이므로 첫 번째 수의 노드는 점수가 높을 것입니다. 첫 번째에서는 최고 득점을 얻은 노드라도 두 번째 수 이후의 상대방에게 유리한 노드 평가가 역전파되므로 점점 평가가 낮아질 것을 예상할 수 있습니다.

이런 식으로 앞에서 설명한 시행 4처럼 평가가 역전되어서 균형 잡힌 탐색이 가능해집니다. 반대로 두 번째 수의 평가가 낮아지기 쉬운 노드의 평가가 전파되어도 평가가 역전되지 않는다면, 더 좋은 수라고 할 수 있습니다. 따라서 평가가 역전될 때까지는 탐색을 계속해도 됩니다.

▼ Thunder 탐색, 평가의 상승, 하락 정도

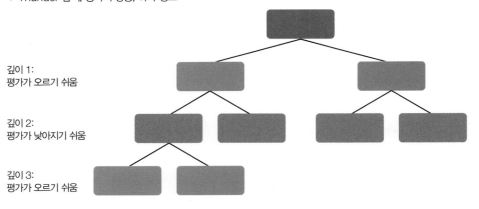

깊이 1:
평가가 오르기 쉬움

깊이 2:
평가가 낮아지기 쉬움

깊이 3:
평가가 오르기 쉬움

5.7.2 Thunder 탐색 구현하기

승률 평가 구현하기

일단, 승률을 평가하는 함수를 구현합니다(코드 5.7.1). 이전에 구현한 getScore 함수는 반환값 범위가 정해져 있지 않아서 승률 평가에 적합하지 않습니다. 따라서 반환값이 0~1 범위가 되도록 double형으로 돌려주는 getScoreRate를 새롭게 구현해 봅니다.

코드 5.7.1 승률 평가 함수 구현 　　　　　　　　　　　　　　　I 12_ThunderSearch.cpp I

```
01: class AlternateMazeState
02: {
03: // 중략
04: public:
05:     // [모든 게임에서 구현]: 현재 플레이어 시점에서 게임판을 평가해서 0~1 값을 돌려준다.
06:     double getScoreRate() const
07:     {
08:         if (characters_[0].game_score_ + characters_[1].game_score_ == 0)
09:             return 0.;
10:         return
11:           ((double)characters_[0].game_score_)
12:         / (double)(characters_[0].game_score_ + characters_[1].game_score_);
13:     }
14: };
```

evaluate 메서드 수정하기

MCTS용으로 구현한 **Node** 클래스를 기반으로 Thunder 탐색용으로 수정합니다.

우선, evaluate 메서드의 두 곳을 수정합니다(코드 5.7.2). 자식 노드를 찾을 수 없는 경우, MCTS는 플레이아웃으로 가치를 평가했지만 30번째 줄처럼 **getScoreRate**로 평가를 대체합니다. 또한 MCTS는 지정 횟수만큼 시행한 것을 확인하면 노드를 확장했지만, Thunder 탐색은 34번째 줄처럼 매번 확장합니다.

코드 5.7.2 evaluate 메서드 수정　　　　　　　　　　　　　　　| 12_ThunderSearch.cpp |

```cpp
01: namespace thunder
02: {
03:     class Node
04:     {
05:     public:
06:         // 중략
07:         // 노드를 평가한다.
08:         double evaluate()
09:         {
10:             if (this->state_.isDone())
11:             {
12:                 double value = 0.5;
13:                 switch (this->state_.getWinningStatus())
14:                 {
15:                 case (WinningStatus::WIN):
16:                     value = 1.;
17:                     break;
18:                 case (WinningStatus::LOSE):
19:                     value = 0.;
20:                     break;
21:                 default:
22:                     break;
23:                 }
24:                 this->w_ += value;
25:                 ++this->n_;
26:                 return value;
27:             }
28:             if (this->child_nodes_.empty())
29:             {
```

```
30:            double value = this->state_.getScoreRate();
31:            this->w_ += value;
32:            ++this->n_;
33:
34:            this->expand();
35:
36:            return value;
37:        }
38:        else
39:        {
40:            double value = 1. - this->nextChildNode().evaluate();
41:            this->w_ += value;
42:            ++this->n_;
43:            return value;
44:        }
45:    }
46:
47:    };
48: }
```

nextChildNode 메서드 수정하기

이어서 nextChildNode 메서드를 수정합니다(코드 5.7.3). 26번째 줄처럼 UCB1 대신에 승률 평가를 사용해서 선택합니다.

코드 5.7.3 nextChildNode 메서드 수정 | 12_ThunderSearch.cpp |

```
01: namespace thunder
02: {
03:     class Node
04:     {
05:     public:
06:         // 중략
07:         // 어떤 노드를 평가할지 선택한다.
08:         Node &nextChildNode()
09:         {
10:             for (auto &child_node : this->child_nodes_)
11:             {
12:                 if (child_node.n_ == 0)
13:                     return child_node;
```

```
14:            }
15:            double t = 0;
16:            for (const auto &child_node : this->child_nodes_)
17:            {
18:                t += child_node.n_;
19:            }
20:            double best_value = -INF;
21:            int best_action_index = -1;
22:            for (int i = 0; i < this->child_nodes_.size(); i++)
23:            {
24:                const auto &child_node = this->child_nodes_[i];
25:
26:                double thunder_value = 1. - child_node.w_ / child_node.n_;
27:                if (thunder_value > best_value)
28:                {
29:                    best_action_index = i;
30:                    best_value = thunder_value;
31:                }
32:            }
33:            return this->child_nodes_[best_action_index];
34:        }
35:
36:    };
37: }
```

MCTS와 대결하기

MCTS와 대결해서 Thunder 탐색이 얼마나 강한지 확인해 봅니다(코드 5.7.4).

1~3번째 줄은 Thunder 탐색의 장점을 살릴 수 있도록 게임판 크기와 종료 턴 수를 늘렸습니다. 종료 턴이 길어질수록 플레이아웃에 시간이 걸리므로 플레이아웃을 피하는 Thunder 탐색의 장점을 살릴 수 있습니다.

참고로 thunderSearchAction 구현은 설명하지 않았지만 Node 수정 이외에는 mctsAction 과 같은 방식으로 구현하면 됩니다.

```
01: constexpr const int H = 10;  // 미로의 높이
02: constexpr const int W = 10;  // 미로의 너비
03: constexpr int END_TURN = 50; // 게임 종료 턴
04:
05: int main()
06: {
07:     using std::cout;
08:     using std::endl;
09:     auto ais = std::array<StringAIPair, 2>{
10:         StringAIPair("thunderSearchAction 300", [](const State &state)
11:                     { return thunder::thunderSearchAction(state, 300); }),
12:         StringAIPair("mctsAction 300", [](const State &state)
13:                     { return montecarlo::mctsAction(state, 300); }),
14:     };
15:     testFirstPlayerWinRate(ais, 100);
16:     return 0;
17: }
```

그렇다면 실행해 봅시다(터미널 5.7.1).

터미널 5.7.1 MCTS와 대결 실행

```
> wsl
$ cd sample_code/05_AlternateGame/
$ g++ -O3 -std=c++17 -o 12_ThunderSearch 12_ThunderSearch.cpp
$ ./12_ThunderSearch
```

Thunder 탐색은 MCTS를 70% 승률로 이기는 것을 알 수 있습니다(그림 5.7.1).

그림 5.7.1 시행 횟수 300번 Thunder 탐색의 MCTS에 대한 승률

```
중략
Winning rate of thunderSearchAction 300 to mctsAction 300:   0.6975
```

제한 시간 구현하기

지금 실험은 Thunder 탐색과 MCTS 시행 횟수를 동일하게 설정해서 비교했습니다. 하지

만 Thunder 탐색의 노드 평가와 MCTS 플레이아웃은 계산 구조가 달라서, 같은 시간 안에 동일한 시행 횟수를 보장할 수 없습니다. 따라서 제한 시간을 두고 Thunder 탐색과 MCTS를 실험해 봅시다.

우선, 각각의 탐색을 제한 시간을 두고 실행하는 코드를 구현합니다(코드 5.7.5). Thunder 탐색을 예로 설명하지만 MCTS도 비슷한 방식으로 수정합니다. 10번째 줄에서 밀리초 단위의 제한 시간 time_threshold를 이용해서 타이머를 설정하고 13~16번째 줄에서 제한 시간이 될 때까지 시행을 반복합니다.

코드 5.7.5 Thunder 탐색과 MCTS 대결　　　　　　　　　　　| 13_ThunderSearchWithTime.cpp |

```cpp
01: namespace thunder
02: {
03:     // 제한 시간(밀리초)을 지정해서 Thunder 탐색으로 행동을 결정한다.
04:     int thunderSearchActionWithTimeThreshold(
05:         const State &state,
06:         const int64_t time_threshold)
07:     {
08:         Node root_node = Node(state);
09:         root_node.expand();
10:         auto time_keeper = TimeKeeper(time_threshold);
11:         for (int cnt = 0;; cnt++)
12:         {
13:             if (time_keeper.isTimeOver())
14:             {
15:                 break;
16:             }
17:             root_node.evaluate();
18:         }
19:         auto legal_actions = state.legalActions();
20:
21:         int best_action_searched_number = -1;
22:         int best_action_index = -1;
23:         assert(legal_actions.size() == root_node.child_nodes_.size());
24:         for (int i = 0; i < legal_actions.size(); i++)
25:         {
26:             int n = root_node.child_nodes_[i].n_;
27:             if (n > best_action_searched_number)
28:             {
```

```
29:                    best_action_index = i;
30:                    best_action_searched_number = n;
31:                }
32:            }
33:        return legal_actions[best_action_index];
34:    }
35: }
```

한 수당 1밀리초의 제한 시간을 둔 MCTS와 대결해서 Thunder 탐색이 얼마나 강한지 확인해 봅시다(코드 5.7.6, 터미널 5.7.2).

코드 5.7.6 1밀리초 제한을 둔 Thunder 탐색과 MCTS 대결 | 13_ThunderSearchWithTime.cpp |

```
01: int main()
02: {
03:     using std::cout;
04:     using std::endl;
05:     auto ais = std::array<StringAIPair, 2>{
06:         StringAIPair("thunderSearchActionWithTimeThreshold 1ms", [](const State
                &state)
07:                        { return thunder::thunderSearchActionWithTimeThreshold(sta
                           te, 1); }),
08:         StringAIPair("mctsActionWithTimeThreshold 1ms", [](const State &state)
09:                        { return montecarlo::mctsActionWithTimeThreshold(state, 1); }),
10:     };
11:     testFirstPlayerWinRate(ais, 100);
12:     return 0;
13: }
```

터미널 5.7.2 프로그램 컴파일과 실행

```
> wsl
$ cd sample_code/05_AlternateGame/
$ g++ -O3 -std=c++17 -o 13_ThunderSearchWithTime 13_ThunderSearchWithTime.cpp
$ ./13_ThunderSearchWithTime
```

Thunder 탐색은 MCTS를 80% 승률로 이기는 것을 알 수 있습니다(그림 5.7.2).

```
중략
Winning rate of thunderSearchActionWithTimeThreshold 1ms to
mctsActionWithTimeThreshold 1ms:    0.8
```

알파-베타 가지치기와 대결하기

이번에는 Thunder 탐색과 알파-베타 가지치기를 대결시켜서 누가 강한지 비교해 봅시다. 제한 시간을 맞추기 위해서 알파-베타 가지치기는 반복 심화합니다(코드 5.7.7, 터미널 5.7.3).

코드 5.7.7 1밀리초 제한 시간의 Thunder 탐색과 알파-베타 가지치기 대결

| 14_ThunderSearchVSAlphaBeta.cpp |

```cpp
01: int main()
02: {
03:     using std::cout;
04:     using std::endl;
05:     auto ais = std::array<StringAIPair, 2>{
06:         StringAIPair("thunderSearchActionWithTimeThreshold 1ms", [](const State
                &state)
07:                     { return thunder::thunderSearchActionWithTimeThreshold(sta
                        te, 1); }),
08:         StringAIPair("iterativeDeepeningAction 1ms", [](const State &state)
09:                     { return iterativeDeepeningAction(state, 1); }),
10:     };
11:     testFirstPlayerWinRate(ais, 100);
12:     return 0;
13: }
```

터미널 5.7.3 프로그램 컴파일과 실행

```
> wsl
$ cd sample_code/05_AlternateGame/
$ g++ -O3 -std=c++17 -o 14_ThunderSearchVSAlphaBeta 14_ThunderSearchVSAlphaBeta.cpp
$ ./14_ThunderSearchVSAlphaBeta
```

Thunder 탐색은 알파−베타 가지치기를 60.25% 승률로 이기는 것을 알 수 있습니다(그림 5.7.3).

그림 5.7.3 1밀리초 제한 시간의 Thunder 탐색의 알파−베타 가지치기에 대한 승률

```
중략
Winning rate of thunderSearchActionWithTimeThreshold 1ms to iterativeDeepeningAction
1ms:  0.6025
```

COLUMN

Thunder 탐색은 어떻게 만들어졌나?

알파제로^{AlphaZero}라는 AI를 알고 있나요? 이는 2017년 12월, 딥마인드에서 발표한 범용 게임 AI입니다. 알파제로는 심층 강화 학습과 게임 트리 탐색을 조합한 방법을 사용해서 당시의 바둑, 체스, 장기와 같은 대표적인 게임 AI의 세계 챔피언을 모두 이겼습니다. 이 책은 탐색이 주제이므로 머신러닝이 큰 역할을 하는 알파제로는 그다지 다루지 않습니다.

그러면 COLUMN의 제목대로 Thunder 탐색은 어떻게 만들어졌는지 설명해 봅니다. 사실은 Thunder 탐색은 알파제로를 보고 아이디어를 얻었습니다.

알파제로의 탐색 알고리즘 기반은 MCTS로, 플레이아웃 대신에 미리 학습한 모델로 가치를 결정합니다. 이때 노드 가치뿐만 아니라 행동에 대해서도 가치를 평가합니다. 노드 선택에는 UCB1이 아니라 다음과 같은 아크 평가값을 사용합니다.

$$\text{아크 평가값} = \frac{w}{n} + C * p * \frac{\sqrt{t}}{1+n}$$

※ w = 학습으로 평가한 노드 가치의 총합
p = 학습으로 평가한 행동 가치

식에서 사용하는 누적 가치 w 계산에 이용하는 노드 가치와 행동 가치 p를 각각 심층 강화 학습으로 결정하는 구조입니다. 세세한 부분을 제외하면 알파제로는 이것만으로 세계 최강 수준의 AI를 구현했다는 말이 됩니다.

여기서 강화 학습으로 평가하는 부분 대신에 규칙을 활용해서 만든 평가로 바꾸면, 학습 없이도 간편하게 알파제로를 재현할 수 있지 않을까라는 생각이 들었습니다. 행동 가치 p는 규칙으로 평가하기 어렵지만, 노드 가치는 게임 지식이 있으면 어느 정도 평가 가능합니다. 따라서 행동 가치 p는 사용하지 않고 UCB1 식의 w를 규칙으로 만든 평가로 교체한 실험적인 평가값을 고안했습니다.

$$\text{실험적인 평가값} = \frac{w_{rule}}{n} + C\sqrt{\frac{2ln(t)}{n}}$$

※ $wrule$ = 규칙으로 평가한 가치의 총합

이 실험적인 평가값도 어느 정도 성과는 있었지만, 상수 C를 바꿔가며 실험해 본 결과, C 값이 낮으면 낮을수록 승률이 올랐습니다. 또한 $C = 0$, 즉 누적 가치 평균만으로 평가할 때 승률이 최대가 되는 걸 알았습니다. 최종적으로 선정한 평가값은 다음과 같습니다.

$$\text{최종 평가값} = \frac{w_{rule}}{n}$$ ※ $wrule$ = 규칙으로 평가한 가치의 총합

이런 과정으로 만들어진 Thunder 탐색법을 이 장에서 소개했습니다.

게임 트리 탐색을 사용해서 AI를 개발하다 보면 기존 방법을 이용하는 것보다 더 좋은 방법이 있을 때가 많습니다. MCTS의 일반적인 플레이아웃은 시간이 너무 걸려서 쓰지 못할 상황일 때 Thunder 탐색은 좋은 방법이 됩니다. 꼭 Thunder 탐색이 아니라도 예를 들어 지정한 깊이까지 플레이아웃하고 승부가 나지 않으면 평가를 0.5로 하는 식으로 조금 변경하면 일반 MCTS에도 적용 가능합니다. Chokudai 탐색에서는 처음부터 너비 1로 하는 건 쓸모가 없으므로 점점 너비를 좁혀가는 방식으로 바꿔 생각해 보는 방법도 있습니다.

여러분도 게임 특성에 맞는 방법을 찾아 새로운 발상을 더한 다양한 게임 AI를 개발해서 훨씬 발전한 탐색을 해보기 바랍니다.

제 **6** 장

동시에 두는
2인 게임에서 사용하고 싶은
탐색 알고리즘

5장에서는 두 명이 교대로 두는 게임을 설명했습니다. 순서가 교대로 돌아
온다면 상대방 행동을 확인하고 나서 자신의 행동을 검토할 수 있습니다. 그
렇다면 상대방과 자신이 동시에 두는 상황에서는 무엇을 고려해야 하는지
확인해 봅시다.

예제 게임: 동시에 두는 숫자 모으기 미로 게임

6.1.1 동시에 두는 숫자 모으기 미로 게임

이 장에서는 플레이어 두 명이 동시에 행동해서 대결하는 게임에 사용하는 알고리즘을 소개합니다. 설명을 위해서 교대로 두는 숫자 모으기 미로 게임을 2인 플레이어용으로 확장한 게임을 만들어 봅니다(표 6.1.1).

표 6.1.1 동시에 두는 숫자 모으기 미로 게임 규칙

	설명
플레이어 목적	게임이 종료할 때까지 높은 기록 점수를 얻습니다. 게임 종료 시점의 기록 점수가 서로 같다면 무승부입니다.
플레이어 수	2인
플레이어의 행동 타이밍	대결 상대와 동시에 행동합니다.
플레이어가 가능한 행동	각 턴마다 자신의 캐릭터를 상하좌우 네 방향 중 하나로 1칸 이동시킵니다. 가만히 있거나 게임판 밖으로 이동하는 건 불가능합니다.
게임 종료 조건	정해진 턴 수를 넘깁니다.
기타	캐릭터는 게임판 중심칸을 끼고 가로 방향으로 좌우 대칭이 되게 배치합니다. 바닥의 점수도 좌우 대칭으로 배치합니다. 캐릭터가 이동한 위치에 점수가 있으면 해당 점수를 자신의 기록 점수에 더하고 그 장소에 있던 점수는 사라집니다. 플레이어가 동시에 같은 칸으로 이동하면 바닥의 점수는 양쪽 모두에게 더해집니다.

▼ 동시에 두는 숫자 모으기 미로의 초기 상태

A 0	5	4	5
B 0	A	7	B
	9	6	9

다음 그림은 이런 초기 상태의 게임판에서 플레이하는 예입니다. 두 번째 수에서 플레이어 A와 B는 동일한 칸으로 동시에 이동해서 바닥의 점수 4점을 서로 획득합니다.

▼ 동시에 두는 숫자 모으기 미로의 동작 예

6.1.2 동시에 두는 숫자 모으기 미로 구현하기

[표 6.1.2]에 있는 메서드를 가진 클래스를 만듭니다.

표 6.1.2 동시에 두는 숫자 모으기 미로의 메서드

메서드	설명
simultaneousMazeState(const int seed)	시드를 지정해서 미로를 작성합니다.
bool isDone()	게임 종료 판정을 합니다.
void advance(const int action0, const int action1)	플레이어 두 명의 action을 지정해서 게임을 1턴 진행합니다.
std::vector<int> legalActions(const int player_id)	지정한 플레이어의 가능한 행동을 모두 획득합니다.
std::string toString()	현재 게임 상황을 문자열로 작성합니다.

생성자 구현하기

우선, 생성자를 구현해 봅니다(코드 6.1.1).

플레이어마다 좌표와 점수를 가지고 있으므로 구조체 Character가 필요합니다. 교대로 두는 숫자 모으기 미로에서 사용한 것과 동일하게 구현합니다. 교대로 두는 2인 게임에서는 선공, 후공을 서로 바꿔가며 두 번 대결해서 공평성을 보장했지만, 동시에 두는 게임은 대칭된 게임판을 사용해서 한 번의 대결로 공평성을 보장합니다. 38, 39번째 줄은 바닥의 점수를 좌우 대칭 위치에 복사해서 게임판을 만듭니다.

```cpp
01: constexpr const int H = 3;  // 미로의 높이
02: constexpr const int W = 3;  // 미로의 너비
03: constexpr int END_TURN = 4; // 게임 종료 턴
04:
05: class SimultaneousMazeState
06: {
07: private:
08: // 중략
09:     std::vector<std::vector<int>> points_;  // 바닥의 점수는 1~9 중 하나
10:     int turn_;                              // 현재 턴
11:     std::vector<Character> characters_;
12:
13: public:
14:     SimultaneousMazeState(const int seed) : points_(H, std::vector<int>(W)),
15:                                             turn_(0),
16:                                             characters_(
17:                                                 {Character(H / 2, (W / 2) - 1),
18:                                                  Character(H / 2, (W / 2) + 1)}
19:                                             )
20:     {
21:         auto mt_for_construct = std::mt19937(seed);
22:
23:         for (int y = 0; y < H; y++)
24:             for (int x = 0; x < W / 2 + 1; x++)
25:             {
26:                 int ty = y;
27:                 int tx = x;
28:                 int point = mt_for_construct() % 10;
29:                 if (characters_[0].y_ == y && characters_[0].x_ == x)
30:                 {
31:                     continue;
32:                 }
33:                 if (characters_[1].y_ == y && characters_[1].x_ == x)
34:                 {
35:                     continue;
36:                 }
37:                 this->points_[ty][tx] = point;
38:                 tx = W - 1 - x;
39:                 this->points_[ty][tx] = point;
```

```
40:            }
41:        }
42: };
```

advance와 legalActions 구현하기

이번에는 advance와 legalActions를 구현합니다(코드 6.1.2).

isDone은 교대로 두는 2인 게임과 똑같이 구현하면 되고 toString도 약간만 변경하면 되므로 설명을 생략합니다. advance는 두 명의 플레이어 행동을 입력받을 수 있도록 2개의 인수를 사용합니다.

6~16번째 줄과 17~27번째 줄에서 플레이어별로 행동을 처리합니다. 교대로 두는 2인 게임은 게임판의 시점을 바꾸는 처리가 있었지만, 이번에는 동시에 두기 때문에 해당 처리는 필요 없습니다.

교대로 두는 2인 게임의 legalActions는 현재 차례가 돌아온 플레이어의 모든 경우의 수를 획득했습니다. 이번에는 동시에 두기 때문에 어느 쪽 플레이어의 경우의 수를 획득할지 지정합니다.

코드 6.1.2 동시에 두는 숫자 모으기 미로의 기본 메서드 | 00_SimultaneousMazeState.cpp |

```
01: class SimultaneousMazeState
02: {
03:     // [모든 게임에서 구현]: 지정한 action으로 게임을 1턴 진행한다.
04:     void advance(const int action0, const int action1)
05:     {
06:         {
07:             auto &character = this->characters_[0];
08:             const auto &action = action0;
09:             character.x_ += dx[action];
10:             character.y_ += dy[action];
11:             const auto point = this->points_[character.y_][character.x_];
12:             if (point > 0)
13:             {
14:                 character.game_score_ += point;
15:             }
16:         }
17:         {
```

```
18:            auto &character = this->characters_[1];
19:            const auto &action = action1;
20:            character.x_ += dx[action];
21:            character.y_ += dy[action];
22:            const auto point = this->points_[character.y_][character.x_];
23:            if (point > 0)
24:            {
25:                character.game_score_ += point;
26:            }
27:        }
28:
29:        for (const auto &character : this->characters_)
30:        {
31:            this->points_[character.y_][character.x_] = 0;
32:        }
33:        this->turn_++;
34:    }
35:
36:    // [모든 게임에서 구현] : 지정한 플레이어가 가능한 행동을 모두 획득한다.
37:    std::vector<int> legalActions(const int player_id) const
38:    {
39:        std::vector<int> actions;
40:        const auto &character = this->characters_[player_id];
41:        for (int action = 0; action < 4; action++)
42:        {
43:            int ty = character.y_ + dy[action];
44:            int tx = character.x_ + dx[action];
45:            if (ty >= 0 && ty < H && tx >= 0 && tx < W)
46:            {
47:                actions.emplace_back(action);
48:            }
49:        }
50:        return actions;
51:    }
52: };
```

미로를 푸는 AI 작성하기

동시에 두는 숫자 모으기 미로의 기본 기능이 갖춰졌으므로 동시에 두는 숫자 모으기 미로를 푸는 간단한 AI를 만들어 봅시다(코드 6.1.3). 지정한 플레이어 ID의 행동을 무작위로 선택하도록 구현합니다.

코드 6.1.3 무작위로 행동을 선택하는 AI

| 00_SimultaneousMazeState.cpp |

```
01: using State = SimultaneousMazeState;
02:
03: // 지정한 플레이어 행동을 무작위로 결정한다.
04: int randomAction(const State &state, const int player_id)
05: {
06:     auto legal_actions = state.legalActions(player_id);
07:     return legal_actions[mt_for_action() % (legal_actions.size())];
08: }
```

그러면 동시에 두는 숫자 모으기 미로를 실행하는 프로그램을 구현합니다(코드 6.1.4).

코드 6.1.4 게임 실행

| 00_SimultaneousMazeState.cpp |

```
01: void playGame(
02:     const std::array<StringAIPair, 2> &ais, const int seed)
03: {
04:     using std::cout;
05:     using std::endl;
06:
07:     auto state = State(seed);
08:     cout << state.toString() << endl;
09:
10:     while (!state.isDone())
11:     {
12:         std::vector<int> actions = {ais[0].second(state, 0), ais[1].second(state,
            1)};
13:         cout << "actions " << dstr[actions[0]] << " " << dstr[actions[1]] << endl;
14:         state.advance(actions[0], actions[1]);
15:         cout << state.toString() << endl;
16:     }
17: }
18:
19: int main()
20: {
21:     auto ais = std::array<StringAIPair, 2>{
22:
```

```
23:        StringAIPair("randomAction", [](const State &state, const int player_id)
24:                    { return randomAction(state, player_id); }),
25:        StringAIPair("randomAction", [](const State &state, const int player_id)
26:                    { return randomAction(state, player_id); }),
27:    };
28:
29:    playGame(ais, /*게임판 초기화 시드*/ 0);
30:
31:    return 0;
32: }
```

[터미널 6.1.1]처럼 프로그램을 실행하고 [그림 6.1.1]으로 결과를 살펴봅니다.

터미널 6.1.1 무작위 행동으로 플레이

```
> wsl
$ cd sample_code/06_SimultaneousGame/
$ g++ -O3 -std=c++17 -o 00_SimultaneousMazeState 00_SimultaneousMazeState.cpp
$ ./00_SimultaneousMazeState
```

그림 6.1.1 무작위 행동의 플레이 결과

```
turn:  0                            .94
score(0):       0                   A.B
score(1):       0                   393
494
A.B                                 actions DOWN LEFT
393                                 turn:  3
                                    score(0):       7
actions UP LEFT                     score(1):       0
turn:  1                            .94
score(0):       4                   .B.
score(1):       0                   A93
A94
.B.                                 actions UP UP
393                                 turn:  4
                                    score(0):       7
actions DOWN RIGHT                  score(1):       9
turn:  2                            .B4
score(0):       4                   A..
score(1):       0                   .93
```

출력을 그림으로 표현하면 다음과 같습니다.

▼ 무작위 행동의 플레이 결과

교대로 두는 게임용 알고리즘 적용

6.2.1 순수 몬테카를로 탐색 구현하기

동시에 두는 게임에 특화된 알고리즘을 설명하기 전에, 5장에서 소개한 알고리즘을 적용해서 동작을 확인해 봅시다.

승패 상황을 나타내는 enum형 정의하기

우선 순수 몬테카를로 탐색부터 시작합니다. 순수 몬테카를로 탐색은 상대방 행동을 고려할 필요가 없기 때문에 게임에서 교대로 두거나 동시에 두거나 큰 차이가 없습니다. 일단, 승패 상황을 나타내는 enum형을 정의합니다(코드 6.2.1). 교대로 두는 게임과 다르게 누가 이겼는지 승패를 표시합니다.

코드 6.2.1 승패 상태 | 01_PrimitiveMontecarlo.cpp |

```
01: enum WinningStatus
02: {
03:     FIRST,  // 플레이어 0이 승리
04:     SECOND, // 플레이어 1이 승리
05:     DRAW,
06:     NONE,
07: };
```

승패 정보 판정 메서드 구현하기

다음으로 승패 정보를 판정하는 메서드를 만듭니다(코드 6.2.2).

```
01: class SimultaneousMazeState
02: {
03: private:
04: public:
05:     // 중략
06:     // [모든 게임에서 구현] : 승패 정보를 획득한다.
07:     WinningStatus getWinningStatus() const
08:     {
09:         if (isDone())
10:         {
11:             if (characters_[0].game_score_ > characters_[1].game_score_)
12:                 return WinningStatus::FIRST;
13:             else if (characters_[0].game_score_ < characters_[1].game_score_)
14:                 return WinningStatus::SECOND;
15:             else
16:                 return WinningStatus::DRAW;
17:         }
18:         else
19:         {
20:             return WinningStatus::NONE;
21:         }
22:     }
23: };
```

순수 몬테카를로 탐색 구현하기

순수 몬테카를로 탐색을 구현합니다(코드 6.2.3).

playout 함수는 교대로 두는 게임용 구현과 마찬가지로 플레이어 0 시점의 승패를 점수화합니다. 교대로 두는 게임용 구현에서는 시점을 advance에서 전환했지만 동시에 두는 게임용은 시점 전환이 없습니다. 따라서 36~47번째 줄처럼 첫 수에서만 자신이 어느쪽 플레이어인지 고려해서 advance 인수를 바꿉니다.

playout 함수 결과가 플레이어 0 시점이므로 49~50번째 줄에서 조건 분기를 통해 자신의 승패로 바꿉니다.

```
01: namespace montecarlo
02: {
03:     // 플레이어 0 시점에서 평가
04:     double playout(State *state)
05:     { // const&를 사용하면 재귀중에 깊은 복사가 필요하므로
06:         // 속도를 위해 포인터를 사용한다(const가 아닌 참조도 가능).
07:         switch (state->getWinningStatus())
08:         {
09:         case (WinningStatus::FIRST):
10:             return 1.;
11:         case (WinningStatus::SECOND):
12:             return 0.;
13:         case (WinningStatus::DRAW):
14:             return 0.5;
15:         default:
16:             state->advance(randomAction(*state, 0), randomAction(*state, 1));
17:             return playout(state);
18:         }
19:     }
20:     // 플레이아웃 횟수를 지정해서 순수 몬테카를로 탐색으로 지정한 플레이어의 행동을 결정한다.
21:     int primitiveMontecarloAction(
22:         const State &state,
23:         const int player_id,
24:         const int playout_number)
25:     {
26:         auto my_legal_actions = state.legalActions(player_id);
27:         auto opp_legal_actions = state.legalActions((player_id + 1) % 2);
28:         double best_value = -INF;
29:         int best_action_index = -1;
30:         for (int i = 0; i < my_legal_actions.size(); i++)
31:         {
32:             double value = 0;
33:             for (int j = 0; j < playout_number; j++)
34:             {
35:                 State next_state = state;
36:                 if (player_id == 0)
37:                 {
38:                     next_state.advance(
39:                         my_legal_actions[i],
```

```
40:                         opp_legal_actions[mt_for_action() % opp_legal_actions.
                            size()]);
41:                 }
42:                 else
43:                 {
44:                     next_state.advance(
45:                         opp_legal_actions[mt_for_action() % opp_legal_actions.
                            size()],
46:                         my_legal_actions[i]);
47:                 }
48:                 double player0_win_rate = playout(&next_state);
49:                 double win_rate =
50:                   (player_id == 0 ? player0_win_rate : 1. - player0_win_rate);
51:             value += win_rate;
52:         }
53:         if (value > best_value)
54:         {
55:             best_action_index = i;
56:             best_value = value;
57:         }
58:     }
59:     return my_legal_actions[best_action_index];
60:   }
61: };
62: using ::montecarlo::primitiveMontecarloAction;
```

승률 계산하기

게임을 플레이해서 승률을 계산합니다(코드 6.2.4, 터미널 6.2.1). 교대로 두는 게임 구현과 큰 차이가 없으므로 플레이어 0의 승률 계산을 위해 기록 점수를 계산하는 SimultaneousMazeState::getFirstPlayerScoreForWinRate와 인덱스 0번의 AI 승률을 계산하는 testFirstPlayerWinRate 구현 설명은 생략합니다.

1~3번째 줄은 방식 간의 성능 차이를 알아보기 쉽도록 게임판 크기와 종료 턴 수를 조절합니다.

```cpp
01: constexpr const int H = 5;     // 미로의 높이
02: constexpr const int W = 5;     // 미로의 너비
03: constexpr int END_TURN = 20;   // 게임 종료 턴
04:
05: int main()
06: {
07:     auto ais = std::array<StringAIPair, 2>{
08:
09:         StringAIPair("primitiveMontecarloAction",
10:             [](const State &state, const int player_id)
11:                     { return primitiveMontecarloAction(state, player_id, 1000);
                        }),
12:         StringAIPair("randomAction", [](const State &state, const int player_id)
13:                     { return randomAction(state, player_id); }),
14:     };
15:
16:     testFirstPlayerWinRate(ais, 500);
17:
18:     return 0;
19: }
```

터미널 6.2.1 순수 몬테카를로 탐색과 무작위 행동의 대결

```
> wsl
$ cd sample_code/06_SimultaneousGame/
$ g++ -O3 -std=c++17 -o 01_PrimitiveMontecarlo 01_PrimitiveMontecarlo.cpp
$ ./01_PrimitiveMontecarlo
```

실행 결과를 보면 순수 몬테카를로 탐색은 무작위 행동을 99.8% 승률로 이깁니다(그림 6.2.1). 순수 몬테카를로 탐색은 동시에 두는 게임에서도 충분한 효과를 기대할 수 있습니다.

그림 6.2.1 순수 몬테카를로 탐색 대 무작위 행동의 플레이 결과

```
Winning rate of primitiveMontecarloAction to randomAction:   0.998
```

6.2.2 MCTS 구현하기

순수 몬테카를로 탐색이 동시에 두는 게임에서도 유용하다는 것을 알았습니다. 그렇다면 MCTS는 어떨까요?

MCTS는 순서가 차례로 돌아온다는 전제로 탐색을 진행하므로, 교대로 두는 게임 시뮬레이션을 위한 클래스를 별도로 준비합니다(코드 6.2.5). 기본적으로 교대로 두는 숫자 모으기 미로를 기반으로 구현하지만 SimultaneousMazeState에서 상황을 이어 받도록 조금 수정합니다.

동시에 두는 게임은 자신과 상대방 이렇게 2명의 행동을 1턴에 하기 때문에 교대로 순서가 바뀌는 것처럼 시뮬레이션할 때 5, 16번째 줄처럼 턴 수를 2배로 계산합니다. 17~20번째 줄처럼 지정한 플레이어가 플레이어 0이 되도록 시점을 교체합니다.

코드 6.2.5 교대로 두는 시뮬레이션 구현 | 02_MCTSSimulation.cpp |

```cpp
01: class AlternateMazeState
02: {
03: private:
04:     // 동시에 두는 게임의 1턴은 교대로 두는 게임의 2턴 분량
05:     static constexpr const int END_TURN_ = END_TURN * 2;
06:     static constexpr const int dx[4] = {1, -1, 0, 0};
07:     static constexpr const int dy[4] = {0, 0, 1, -1};
08:     std::vector<std::vector<int>> points_;  // 바닥의 점수는 1~9 중 하나
09:     int turn_;                              // 현재 턴
10:     using Character = SimultaneousMazeState::Character;
11:     std::vector<Character> characters_;
12:
13: public:
14:     AlternateMazeState(const SimultaneousMazeState &base_state, const int player_
        id)
15:         : points_(base_state.points_),
16:         turn_(base_state.turn_ * 2), // 동시에 두는 게임의 1턴은 교대로 두는 게임의 2턴 분량
17:         characters_(
18:           player_id == 0 ?
19:           base_state.characters_ :
20:             std::vector<Character>{base_state.characters_[1], base_state.characters_
            [0]})
```

```
21:    {
22:    }
23:
24:    // [모든 게임에서 구현] : 승패 정보를 획득한다.
25:    WinningStatus getWinningStatus() const
26:    {
27:        if (isDone())
28:        {
29:            if (characters_[0].game_score_ > characters_[1].game_score_)
30:                return WinningStatus::FIRST; // WIN
31:            else if (characters_[0].game_score_ < characters_[1].game_score_)
32:                return WinningStatus::SECOND; // LOSE
33:            else
34:                return WinningStatus::DRAW;
35:        }
36:        else
37:        {
38:            return WinningStatus::NONE;
39:        }
40:    }
41:
42:    // [모든 게임에서 구현] : 게임 종료 판정
43:    bool isDone(); // 구현은 예제 코드 참조
44:
45:    // [모든 게임에서 구현] :
46:    // 지정한 action으로 게임을 1턴 진행하고 다음 플레이어 시점의 게임판으로 만든다.
47:    void advance(const int action); // 구현은 예제 코드 참조
48:
49:    // [모든 게임에서 구현] : 현재 플레이어가 가능한 행동을 모두 획득한다.
50:    std::vector<int> legalActions(); // 구현은 예제 코드 참조
51: };
52: using AlternateState = AlternateMazeState;
```

MCTS 계산용 Node 클래스 구현하기

MCTS 계산에 사용하는 **Node** 클래스를 구현합니다. 이쪽도 교대로 두는 게임에서 구현한 내용과 기본적으로 동일합니다(코드 6.2.6).

동시에 두는 게임이라서 enum 정의를 FIRST, SECOND로 표현합니다. AlternateState 생성자 호출할 때 플레이어 0 시점이므로 WinningStatus::FIRST를 승리, WinningStatus

::SECOND를 패배로 처리합니다.

코드 6.2.6 MCTS 계산용 Node 클래스 구현　　　　　　　　　　　　| 02_MCTSSimulation.cpp |

```cpp
01: namespace altanate_motecalo
02: {
03:     // 무작위로 플레이아웃해서 승패 점수를 계산한다.
04:     double playout(AlternateState *state)
05:     {
06:         switch (state->getWinningStatus())
07:         {
08:         case (WinningStatus::FIRST): // WIN
09:             return 1.;
10:         case (WinningStatus::SECOND): // LOSE
11:             return 0.;
12:         case (WinningStatus::DRAW):
13:             return 0.5;
14:         default:
15:             state->advance(randomAction(*state));
16:             return 1. - playout(state);
17:         }
18:     }
19:     constexpr const double C = 1.;            // UCB1 계산에 사용하는 상수
20:     constexpr const int EXPAND_THRESHOLD = 10; // 노드를 확장하는 임계치
21:
22:     // MCTS 계산에 사용하는 노드
23:     class Node
24:     {
25:     private:
26:         AlternateState state_;
27:         double w_;
28:
29:     public:
30:         std::vector<Node> child_nodes;
31:         double n_;
32:
33:         // 노드를 평가한다.
34:         double evaluate()
35:         {
36:             if (this->state_.isDone())
37:             {
```

```
38:              double value = 0.5;
39:              switch (this->state_.getWinningStatus())
40:              {
41:              case (WinningStatus::FIRST):
42:                  value = 1.;
43:                  break;
44:              case (WinningStatus::SECOND):
45:                  value = 0.;
46:                  break;
47:              default:
48:                  break;
49:              }
50:              this->w_ += value;
51:              ++this->n_;
52:              return value;
53:          }
54:          // 중략
55:      }
56:      // 중략
57:  };
58: }
```

MCTS 구현하기

MCTS을 구현해 봅니다(코드 6.2.7). SimultaneousState에서 플레이어를 지정해서 AlternateState로 변환한 후에 탐색을 시작한다는 점에 주의해야 합니다.

코드 6.2.7 MCTS 구현 | 02_MCTSSimulation.cpp |

```
01: // 플레이아웃 횟수를 지정해서 MCTS로 행동을 결정한다.
02: namespace altanate_motecalo
03: {
04:     int mctsAction(
05:         const State &base_state,
06:         const int player_id,
07:         const int playout_number)
08:     {
09:         auto state = AlternateState(base_state, player_id);
10:         Node root_node = Node(state);
11:         root_node.expand();
```

```
12:                for (int i = 0; i < playout_number; i++)
13:                {
14:                    root_node.evaluate();
15:                }
16:                auto legal_actions = state.legalActions();
17:
18:                int best_action_searched_number = -1;
19:                int best_action_index = -1;
20:                assert(legal_actions.size() == root_node.child_nodes.size());
21:                for (int i = 0; i < legal_actions.size(); i++)
22:                {
23:                    int n = root_node.child_nodes[i].n_;
24:                    if (n > best_action_searched_number)
25:                    {
26:                        best_action_index = i;
27:                        best_action_searched_number = n;
28:                    }
29:                }
30:                return legal_actions[best_action_index];
31:        }
32: }
33: using altanate_motecalo::mctsAction;
```

승률 계산하기

그러면 순수 몬테카를로 탐색과 대결해 봅시다(코드 6.2.8, 터미널 6.2.2).

코드 6.2.8 MCTS 호출 | 02_MCTSSimulation.cpp |

```
01: int main()
02: {
03:     auto ais = std::array<StringAIPair, 2>{
04:         StringAIPair("mctsAction", [](const State &state, const int player_id)
05:                      { return mctsAction(state, player_id, 1000); }),
06:         StringAIPair("primitiveMontecarloAction",
07:                      [](const State &state, const int player_id)
08:                      { return primitiveMontecarloAction(state, player_id, 1000);
                         }),
09:     };
10:
```

```
11:     testFirstPlayerWinRate(ais, 500);
12:
13:     return 0;
14: }
```

터미널 6.2.2 MCTS와 순수 몬테카를로 탐색의 대결

```
> wsl
$ cd sample_code/06_SimultaneousGame/
$ g++ -O3 -std=c++17 -o 02_MCTSSimulation 02_MCTSSimulation.cpp
$ ./02_MCTSSimulation
```

실행 결과를 보면 MCTS는 순수 몬테카를로 탐색을 51.6% 승률로 이겼습니다(그림 6.2.2). 이기긴 했지만 큰 차이는 없다는 걸 알 수 있습니다.

그림 6.2.2 MCTS 대 순수 몬테카를로 탐색의 플레이 결과

```
Winning rate of mctsAction to primitiveMontecarloAction:    0.516
```

DUCT(Decoupled Upper Confidence Tree)

6.3.1 DUCT의 특징과 동작: 동시에 두는 게임이라면 바로 이거!

이전 절에서는 MCTS를 교대로 두는 게임으로 시뮬레이션해서 동시에 두는 게임에 적용하는 방법을 설명했습니다. 하지만 교대로 두는 게임에서 확인한 결과와 비교하면 MCTS의 원시 몬테카를로 탐색에 대한 승률이 그다지 높지 않습니다. 왜 그럴까요?

우선, 다음과 같은 초기 게임판을 생각해 봅시다.

▼ 동시에 두는 숫자 모으기 미로의 초기 상태

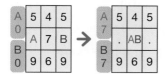

원래라면 동시에 두는 숫자 모으기 미로는 A와 B가 동시에 중앙으로 이동하면 양쪽에 점수 7점을 더하고, 바닥의 7이 사라집니다.

▼ 동시에 두는 게임의 올바른 동작

이 동작이 MCTS처럼 교대로 두는 게임용 알고리즘으로 탐색할 때 어떻게 되는지 생각해 봅시다.

이런 상황이면 A가 중앙에 있는 7점을 획득한 후, 바닥에 있던 7점이 사라지고 그후에 B가 중앙으로 이동합니다. 바닥의 점수가 사라진 타이밍이 어긋나서 동시에 두는 게임의 원래의 동작과 점수 차이가 납니다.

▼ 교대로 두는 게임으로 시뮬레이션하는 예

이런 이유로 교대로 두는 게임용 알고리즘을 그대로 동시에 두는 게임에 적용하면 부정확한 시뮬레이션 때문에 영향을 받습니다.

앞의 예를 보고 '교대로 두는 게임으로 시뮬레이션할 때, 짝수 턴일 때만 점수 획득과 제거를 하면 되지 않을까?'라는 생각이 들지도 모릅니다. 지금 본 예라면 틀린 말이 아니지만, 이런 방법으로 시뮬레이션 문제점을 회피할 수 없는 게임도 존재합니다. 또한 부정확한 시뮬레이션 뿐만 아니라 상대방 행동을 미리 알고 있는지 여부도 탐색에 영향을 줍니다.

따라서 양쪽이 동시에 두는 규칙을 정확하게 시뮬레이션하는 탐색 방법으로 **DUCT**Decoupled Upper Confidence Tree (**분리 신뢰 상한 트리**)를 소개합니다.

DUCT 동작

우선, 게임 트리를 구성하고 확장과 선택을 반복하는 점은 MCTS와 같습니다.

가장 큰 차이점은 자신과 상대방 행동이 동시에 이루어지므로 하나의 노드가 양쪽 정보를 모두 가지고 있다는 점입니다. 전체 모습을 보면 다음 그림처럼 자신의 경우의 수와 상대방의 경우의 수에서 하나씩 조합한 모든 패턴에 관련된 정보를 가지고 각 조합에서 자식 노드를 확장합니다.

▼ DUCT 트리 구조

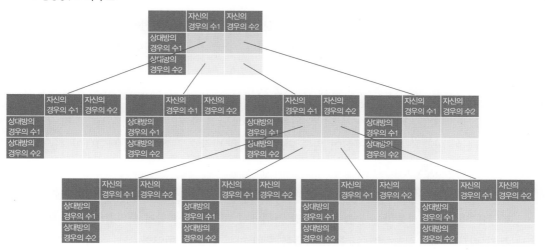

어떤 노드가 가진 정보를 자세히 살펴봅시다. 앞에서 본 초기 게임판 상태에서 자신이 플레이어 A라고 합시다. 자신은 오른쪽, 아래쪽, 위쪽으로 이동할 수 있고 상대방은 왼쪽, 아래쪽, 위쪽으로 이동할 수 있는 상태입니다. 자신과 상대방의 경우의 수를 조합한 모든 패턴 관련 기록은 다음과 같은 표 형식으로 정리할 수 있습니다.

▼ DUCT 누적 가치 표 1

	자신이 오른쪽 이동	자신이 아래쪽 이동	자신이 위쪽 이동	상대방 선택용 합계	
상대방이 왼쪽 이동	w: 8.5 n: 9	w: 6 n: 10	w: 7 n: 10	w: 21.5 n: 29	1 − w/n: 0.26 UCB1: 0.82
상대방이 아래쪽 이동	w: 7 n: 15	w: 15.5 n: 20	w: 6 n: 8	w: 28.5 n: 43	1 − w/n: 0.34 UCB1: 0.80
상대방이 위쪽 이동	w: 4 n: 10	w: 8 n: 15	w: 8 n: 9	w: 20 n: 34	1 − w/n: 0.41 UCB1: 0.94
자신의 선택용 합계	w: 19.5 n: 34	w: 29.5 n: 45	w: 21 n: 27		
	w/n: 0.57 UCB1: 1.10	w/n: 0.66 UCB1: 1.11	w/n: 0.78 UCB1: 1.37		

선택에 대해서 생각해 봅시다.

MCTS에서 선택은 대상 노드에 대응하는 해당 차례의 플레이어만 선택하면 되지만, 지금은 자신과 상대방의 행동을 모두 선택해야 합니다. 앞에서 본 그림처럼 각 노드의 누적 가치와 시행 횟수가 기록되었다고 합시다.

'자신이 오른쪽 이동'의 누적 가치와 시행 횟수는 '나: 오른쪽, 상대방: 왼쪽', '나: 오른쪽, 상대방: 아래쪽', '나: 오른쪽, 상대방: 위쪽'의 세 노드의 합계인 'w: 19.5, n: 34'가 됩니다. '자신이 아래쪽 이동', '자신이 위쪽 이동'도 같은 방식으로 계산해서 UCB1이 최대가 되는 행동을 선택하면 됩니다.

상대방의 행동 선택도 마찬가지로 각 행동의 합계로 계산합니다. 이때, 상대방 행동의 UCB1 계산에서 사용하는 승률은 상대방 시점에서 계산한다는 점에 주의합니다. 숫자 모으기 미로는 제로섬$^{zero-sum}$(한 쪽이 이득을 보면 다른 한쪽이 동일한 양의 손해를 봄) 게임이므로 한쪽 플레이어의 누적 가치를 알게 되면 다른 쪽 플레이어의 누적 가치도 계산(표에서는 $1.0 - w/n$)으로 구할 수 있습니다. 이번 게임에서는 자신의 행동 중에서 UCB1 값이 최대인 위쪽 이동, 상대방 행동 중에서 UCB1 값이 최대인 위쪽 이동을 선택합니다.

확장은 일반 MCTS와 동일합니다. 확장 임계치를 10이라고 하면 '자신이 위쪽 이동, 상대방이 위쪽 이동' 조합의 시행 횟수가 9 + 1 = 10이 되므로 이 노드를 확장하면 됩니다.

▼ 둘 다 위쪽으로 이동한 게임판

A 5	A	4	B
	.	7	.
B 5	9	6	9

'자신이 위쪽 이동, 상대방이 위쪽 이동'하고 난 후의 게임판은 위의 그림처럼 됩니다. 자신은 오른쪽과 아래쪽, 상대방은 왼쪽과 아래쪽으로 이동 가능합니다. 따라서 확장한 노드는 다음처럼 기록합니다.

▼ DUCT 누적 가치 표 1

	자신이 오른쪽 이동	자신이 아래쪽 이동	합계	
상대방이 왼쪽 이동	w: 0 n: 0	w: 0 n: 0	w: 0 n: 0	1 − w/n: UCB1:
상대방이 아래쪽 이동	w: 0 n: 0	w: 0 n: 0	w: 0 n: 0	1 − w/n: UCB1:
합계	w: 0 n: 0	w: 0 n: 0		
	w/n: UCB1:	w/n: UCB1:		

이러한 순서로 선택과 확장을 반복해서 최종적으로 시행 횟수가 가장 많았던 노드에 도달하는 행동을 선택합니다.

지금 살펴본 2개의 표처럼 어떤 게임판에서 자신의 경우의 수가 N, 상대방의 경우의 수가 M이라고 하면 대응하는 노드에서 확장된 노드 개수는 N×M개입니다. 따라서 신뢰할 수 있는 정확도 수준의 승률을 계산할 때까지 수많은 시행 횟수가 필요합니다.

게임의 특성에 따라서는 동시에 두는 게임에서도 DUCT보다 MCTS가 승률이 높다는 보고가 있습니다. 어느 정도로 시행 횟수를 확보할 수 있는가, 동시에 두는 게임의 게임성에 따른 영향 범위 정도 등을 고려해서 알고리즘을 선택하는 것이 좋습니다.

6.3.2 DUCT 구현하기

우선, MCTS와 마찬가지로 상수를 설정합니다(코드 6.3.1).

코드 6.3.1 상수 설정 | 03_DUCT.cpp |

```
01: constexpr const double C = 1.;          // UCB1 계산에 사용하는 상수
02: constexpr const int EXPAND_THRESHOLD = 10; // 노드를 확장하는 임계치
```

[표 6.3.1]과 같은 메서드를 가진 **Node** 클래스를 작성합니다.

표 6.3.1 MCTS 계산에 사용하는 Node 클래스 메서드

메서드	설명
Node(const State &state)	생성자
void evaluate()	노드에서 리프 노드까지 평가해서 선택하고 플레이아웃할 때까지 과정을 한 세트 진행합니다.
void expand()	노드를 확장합니다.
Node &nextChildNode()	어떤 노드를 평가할지 선택합니다.

DUCT 주요 부분 구현하기

주요 부분부터 설명합니다(코드 6.3.2).

첫 번째 수를 확장해서 지정 횟수만큼 **evaluate**를 호출하는 부분까지는 MCTS와 동일한 절차입니다. DUCT는 자신의 행동과 상대방의 행동을 표로 가지고 있으므로 최종적인 행동을 선택할 때, 자신이 표의 세로 방향인가 가로 방향인가에 따라 코드를 바꿔야 합니다. 39~57번째 줄에서는 **player_id**가 1일 때의 자신의 최대 시행 횟수가 되는 행동을 선택합니다. 노드의 인덱스를 **player_id**가 0일 때와 동일한 **[i][j]**를 사용하고 있지만, 이중 for 반복문에서 i와 j 위치가 바뀌어서 외부가 j의 for문이므로 주의하기 바랍니다.

코드 6.3.2 DUCT 주요 부분 구현　　　　　　　　　　　　　　| 03_DUCT.cpp |

```cpp
01: namespace montecarlo
02: {
03:     class Node{
04:     // 중략
05:     };
06:
07:     // 플레이아웃 횟수를 지정해서 DUCT로 지정한 플레이어의 행동을 결정한다.
08:     int ductAction(const State &state, const int player_id, const int playout_
        number)
09:     {
10:         Node root_node = Node(state);
11:         root_node.expand();
12:         for (int i = 0; i < playout_number; i++)
13:         {
14:             root_node.evaluate();
15:         }
16:         auto legal_actions = state.legalActions(player_id);
```

```
17:        int i_size = root_node.child_nodeses_.size();
18:        int j_size = root_node.child_nodeses_[0].size();
19:
20:        if (player_id == 0)
21:        {
22:            int best_action_searched_number = -1;
23:            int best_action_index = -1;
24:            for (int i = 0; i < i_size; i++)
25:            {
26:                int n = 0;
27:                for (int j = 0; j < j_size; j++)
28:                {
29:                    n += root_node.child_nodeses_[i][j].n_;
30:                }
31:                if (n > best_action_searched_number)
32:                {
33:                    best_action_index = i;
34:                    best_action_searched_number = n;
35:                }
36:            }
37:            return legal_actions[best_action_index];
38:        }
39:        else
40:        {
41:            int best_action_searched_number = -1;
42:            int best_j = -1;
43:            for (int j = 0; j < j_size; j++)
44:            {
45:                int n = 0;
46:                for (int i = 0; i < i_size; i++)
47:                {
48:                    n += root_node.child_nodeses_[i][j].n_;
49:                }
50:                if (n > best_action_searched_number)
51:                {
52:                    best_j = j;
53:                    best_action_searched_number = n;
54:                }
55:            }
56:            return legal_actions[best_j];
```

```
57:        }
58:    }
59: }
```

Node 클래스 생성자 구현은 MCTS와 거의 같으므로 생략합니다.

노드를 평가하는 evaluate 구현하기

노드를 평가하는 **evaluate** 구현은 교대로 두는 게임일 때와 다르게 현재 플레이어라는
정보가 없습니다. 따라서 **플레이어 0 시점으로 평가**하도록 구현합니다(코드 6.3.3). 33번
째 줄의 평가를 계산하는 부분은 MCTS 구현에서는 시점 변경 때문에 1에서 평가값을 뺐
지만 이번에는 시점 변경 처리가 필요없으므로 주의하기 바랍니다.

코드 6.3.3 Node 클래스의 evaluate 메서드 구현 | 03_DUCT.cpp |

```cpp
01: // DUCT 계산에 사용하는 노드
02: class Node
03: {
04: public:
05: // 중략
06:     // 플레이어 0 시점에서 노드를 평가한다.
07:     double evaluate()
08:     {
09:         if (this->state_.isDone())
10:         {
11:             double value = 0.5;
12:             switch (this->state_.getWinningStatus())
13:             {
14:             case (WinningStatus::FIRST):
15:                 value = 1.;
16:                 break;
17:             case (WinningStatus::SECOND):
18:                 value = 0.;
19:                 break;
20:             default:
21:                 break;
22:             }
23:             this->w_ += value;
24:             ++this->n_;
```

```
25:            return value;
26:        }
27:        if (this->child_nodeses_.empty())
28:        {
29:            // 중략
30:        }
31:        else
32:        {
33:            double value = this->nextChildNode().evaluate();
34:            this->w_ += value;
35:            ++this->n_;
36:            return value;
37:        }
38:    }
39: };
```

확장 구현하기

확장을 구현합시다(코드 6.3.4).

MCTS에서는 현재 플레이어 시점의 경우의 수 노드를 확장하기 때문에 1차원 배열로 구현했습니다. 이번에는 양쪽 플레이어의 경우의 수 조합을 확장하므로 5번째 줄처럼 2차원 배열을 사용합니다. 이후는 14~24번째 줄처럼 양쪽의 경우의 수마다 for 반복문을 중첩해서 대응하는 노드를 확장하면 됩니다. 다음 그림처럼 2차원 배열과 반복문이 대응합니다.

▼ 확장 구현 이미지

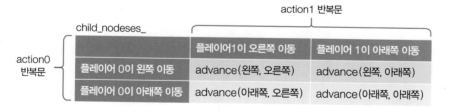

```
01: // DUCT 계산에 사용하는 노드
02: class Node
03: {
04: public:
05:     std::vector<std::vector<Node>> child_nodeses_;
06:
07: // 중략
08:     // 노드를 확장한다.
09:     void expand()
10:     {
11:         auto legal_actions0 = this->state_.legalActions(0);
12:         auto legal_actions1 = this->state_.legalActions(1);
13:         this->child_nodeses_.clear();
14:         for (const auto &action0 : legal_actions0)
15:         {
16:             this->child_nodeses_.emplace_back();
17:             auto &target_nodes = this->child_nodeses_.back();
18:             for (const auto &action1 : legal_actions1)
19:             {
20:                 target_nodes.emplace_back(this->state_);
21:                 auto &target_node = target_nodes.back();
22:                 target_node.state_.advance(action0, action1);
23:             }
24:         }
25:     }
26: };
```

노드 선택 구현하기

노드 선택을 구현합니다(코드 6.3.5). 코드가 꽤 길어서 전반부는 생략합니다.

11번째 줄처럼 플레이어 0과 플레이어 1, 각자 선택한 수를 저장하는 변수를 만듭니다. 15~34번째 줄에서 플레이어 0의 수를, 37~55번째 줄에서 플레이어 1의 수를 선택합니다. 21~26번째 줄처럼 수 하나 분량의 누적 가치와 시행 횟수를 계산하기 위해서는 상대방의 행동 모든 패턴 분량의 가치와 시행 횟수를 더해야 합니다.

플레이어 1의 수를 계산할 때는 38번째 줄과 42번째 줄처럼 for 반복문 인덱스를 서로 맞바꿉니다. 앞에서 설명한 **evaluate**는 플레이어 0 시점에서 평가하기 때문에 48번째 줄처럼 평가를 반전시키는 점에 주의하기 바랍니다.

코드 6.3.5 선택 구현 | 03_DUCT.cpp |

```cpp
01: // DUCT 계산에 사용하는 노드
02: class Node
03: {
04: public:
05: // 중략
06:     // 어떤 노드를 평가할지 선택한다.
07:     Node &nextChildNode()
08:     {
09:         // 중략
10:
11:         int best_is[] = {-1, -1};
12:
13:         // 플레이어 0의 행동 선택
14:         // 어느 쪽 플레이어인지 관계없이 여기서는 플레이어 0의 행동
15:         double best_value = -INF;
16:         for (int i = 0; i < this->child_nodeses_.size(); i++)
17:         {
18:             const auto &childe_nodes = this->child_nodeses_[i];
19:             double w = 0;
20:             double n = 0;
21:             for (int j = 0; j < childe_nodes.size(); j++)
22:             {
23:                 const auto &child_node = childe_nodes[j];
24:                 w += child_node.w_;
25:                 n += child_node.n_;
26:             }
27:
28:             double ucb1_value = w / n + (double)C * std::sqrt(2. * std::log(t) / n);
29:             if (ucb1_value > best_value)
30:             {
31:                 best_is[0] = i;
32:                 best_value = ucb1_value;
33:             }
34:         }
35:         // 플레이어 1의 행동 선택
36:         // 어느 쪽 플레이어인지 관계없이 여기서는 플레이어 1의 행동
```

```
37:          best_value = -INF;
38:          for (int j = 0; j < this->child_nodeses_[0].size(); j++)
39:          {
40:              double w = 0;
41:              double n = 0;
42:              for (int i = 0; i < this->child_nodeses_.size(); i++)
43:              {
44:                  const auto &child_node = child_nodeses_[i][j];
45:                  w += child_node.w_;
46:                  n += child_node.n_;
47:              }
48:              w = 1. - w; // 상대방 쪽의 행동 선택 차례이므로 평가를 반전시켜야 함
49:              double ucb1_value = w / n + (double)C * std::sqrt(2. * std::log(t) / n);
50:              if (ucb1_value > best_value)
51:              {
52:                  best_is[1] = j;
53:                  best_value = ucb1_value;
54:              }
55:          }
56:
57:          return this->child_nodeses_[best_is[0]][best_is[1]];
58:      }
59: };
```

MCTS와 대결하기

그러면 MCTS와 대결해 봅시다(코드 6.3.6, 터미널 6.3.1).

코드 6.3.6 DUCT 호출 | 03_DUCT.cpp |

```
01: int main()
02: {
03:     auto ais = std::array<StringAIPair, 2>{
04:         StringAIPair("ductAction", [](const State &state, const int player_id)
05:                     { return ductAction(state, player_id, 1000); }),
06:         StringAIPair("mctsAction", [](const State &state, const int player_id)
07:                     { return mctsAction(state, player_id, 1000); }),
08:     };
09:
10:     testFirstPlayerWinRate(ais, 500);
```

```
11:
12:     return 0;
13: }
```

터미널 6.3.1 DUCT와 MCTS 대결 실행

```
> wsl
$ cd sample_code/06_SimultaneousGame/
$ g++ -O3 -std=c++17 -o 03_DUCT 03_DUCT.cpp
$ ./03_DUCT
```

실행 결과를 살펴보면 DUCT가 MCTS를 56% 승률로 이겼습니다(그림 6.3.1).

그림 6.3.1 DUCT 대 MCTS의 플레이 결과

```
Winning rate of ductAction to mctsAction:   0.56
```

제 7 장

더 좋은 탐색을 하는 기법

지금까지 게임에 따라 종류별로 사용할 수 있는 알고리즘을 설명했습니다. 7장에서는 지금까지 배운 알고리즘을 더 효과적으로 활용하는 방법을 소개합니다. 컨텍스트가 있는 1인 게임을 예로 들어서 특히 빔 탐색 계통 기법을 많이 소개하지만 아이디어 자체는 다른 알고리즘에서도 적용 가능합니다.

예제 게임: 벽이 있는 숫자 모으기 미로 게임

7.1.1 벽이 있는 숫자 모으기 미로 게임

이번 장에서는 3장에서 소개한 알고리즘을 기반으로 소개합니다. 3장에서 설명에 사용한 숫자 모으기 미로는 너무나 간단해서 응용 기법 설명에는 어울리지 않으므로 규칙을 추가합니다. 이번에는 벽(그림에서 #에 해당) 개념을 추가합니다(표 7.1.1).

표 7.1.1 벽이 있는 숫자 모으기 미로 게임 규칙

	설명
플레이어 목적	게임이 종료할 때까지 높은 기록 점수를 얻습니다.
플레이어 수	1인
플레이어의 행동 타이밍	1턴에 1회
플레이어가 가능한 행동	각 턴마다 캐릭터(@)를 상하좌우의 네 방향 중 어느 하나로 1칸 이동시킵니다. 가만히 있거나 벽이 있는 칸 또는 게임판 밖으로 이동시키는 것은 불가능합니다.
게임 종료 조건	정해진 턴 수를 넘깁니다.
기타	캐릭터는 무작위로 초기 장소에 배치됩니다. 벽은 모든 바닥이 서로 연결되도록 무작위로 배치됩니다. 캐릭터가 이동한 위치에 점수가 있으면 해당 점수를 기록 점수에 더하고 그 장소에 있던 점수는 사라집니다.

벽이 있는 숫자 모으기 미로의 초기 상태는 다음과 같습니다.

▼ 벽이 있는 숫자 모으기 미로의 초기 상태

Score:0				
2	5	.	1	.
#	#	5	#	#
9	7	6	.	.
2	#	@	#	#
.	#	4	9	3

벽이 있는 칸에는 캐릭터가 들어갈 수 없습니다.

▼ 가능한 경우의 수

2	5	.	1	.
#	#	5	#	#
9	7	OK .	.	.
2	#	@	#	#
.	#	9 OK	9	3

▼ 허용되지 않은 수

2	5	.	1	.
#	#	5	#	#
9	7	6	.	.
NG 2	#	@	#	NG
.	#	4	9	3

다음은 벽이 있는 숫자 모으기 미로 게임의 동작 예시입니다. 벽이 있는 칸에 들어갈 수 없는 것 이외에는 3장에서 본 숫자 모으기 미로와 규칙이 다르지 않습니다.

▼ 벽이 있는 숫자 모으기 미로의 동작 예

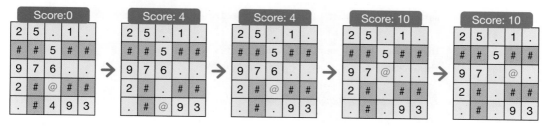

7.1.2 벽이 있는 숫자 모으기 미로 구현하기

생성자 구현하기

벽이 있는 숫자 모으기 미로의 생성자를 구현합니다(코드 7.1.1).

5번째 줄에서는 벽의 위치를 나타내는 배열 walls_를 정의합니다. walls_[y][x]가 1이면 좌표 (y, x)에 벽이 있고, 0이라면 벽이 없다는 뜻입니다.

벽 생성에는 미로 생성 알고리즘의 기둥 쓰러뜨리기 알고리즘[1]을 이용합니다. 이 책 주제인 탐색 알고리즘 범위를 벗어나므로 자세한 설명은 생략하지만, 기둥 쓰러뜨리기 알고리즘을 이용하면 연결되지 않은 바닥이 생기지 않도록 벽을 생성할 수 있습니다.

코드 7.1.1 벽이 있는 숫자 모으기 미로의 생성자 | 00_WallMazeState.cpp |

```cpp
01: class WallMazeState
02: {
03: private:
04:     // 중략
05:     int points_[H][W] = {};
06: public:
07:     // 중략
08:     ScoreType evaluated_score_ = 0; // 탐색을 통해 확인한 점수
09:     int first_action_ = -1;          // 탐색 트리의 루트 노드에서 처음으로 선택한 행동
10:
11:     WallMazeState(const int seed)
12:     {
13:         auto mt_for_construct = std::mt19937(seed); // 게임판 구성용 난수 생성기 초기화
14:
15:         this->character_.y_ = mt_for_construct() % H;
16:         this->character_.x_ = mt_for_construct() % W;
17:
18:         // 기둥 쓰러뜨리기 알고리즘으로 생성한다.
19:         for (int y = 1; y < H; y += 2)
20:             for (int x = 1; x < W; x += 2)
21:             {
```

----

1   **역자주**_ 게임판 위에 몇 개의 기둥이 줄을 맞춰 세워져 있다고 가정하고 그 기둥을 하나씩 무작위 방향으로 쓰러뜨리면서 미로를 만드는 방법입니다. 제일 윗줄 기둥 이외에는 위쪽 방향으로 쓰러뜨리면 안 되고, 미로 해답이 하나만 존재하려면 이미 기둥이 쓰러진 방향으로 더 이상 쓰러뜨리면 안 된다는 규칙만 지키면 간단히 미로를 만들 수 있는 알고리즘입니다.

```
22:                    int ty = y;
23:                    int tx = x;
24:                    // 이때 (ty,tx)는 1칸씩 건너뛴 위치
25:                    if (ty == character_.y_ && tx == character_.x_)
26:                    {
27:                        continue;
28:                    }
29:                    this->walls_[ty][tx] = 1;
30:                    int direction_size = 3;  // (오른쪽, 왼쪽, 아래쪽) 방향의 근접한 칸을 벽 후보로
                       한다.
31:                    if (y == 1)
32:                    {
33:                        direction_size = 4;  // 첫 행만 위쪽 방향의 근접한 칸도 벽 후보에 들어간다.
34:                    }
35:                    int direction = mt_for_construct() % direction_size;
36:                    ty += dy[direction];
37:                    tx += dx[direction];
38:                    // 이때 (ty,tx)는 1칸씩 건너뛴 위치에서 무작위로 이동한 인접한 위치
39:                    if (ty == character_.y_ && tx == character_.x_)
40:                    {
41:                        continue;
42:                    }
43:                    this->walls_[ty][tx] = 1;
44:                }
45:
46:        for (int y = 0; y < H; y++)
47:            for (int x = 0; x < W; x++)
48:            {
49:                if (y == character_.y_ && x == character_.x_)
50:                {
51:                    continue;
52:                }
53:
54:                this->points_[y][x] = mt_for_construct() % 10;
55:            }
56:    }
57: }
```

경우의 수 구하기

경우의 수를 구하는 legalActions를 수정합니다(코드 7.1.2).

이동할 곳이 통과 가능한지를 확인하는 13번째 줄에서 벽이 없는 것을 확인하기 위해서 this->walls_[ty][tx] == 0 조건을 추가합니다.

코드 7.1.2 벽이 있는 숫자 모으기 미로의 lgalActions 수정 | 00_WallMazeState.cpp |

```cpp
01: class WallMazeState
02: {
03: public:
04:     // 중략
05:     // [모든 게임에서 구현] : 현재 상황에서 플레이어가 가능한 행동을 모두 획득한다.
06:     std::vector<int> legalActions() const
07:     {
08:         std::vector<int> actions;
09:         for (int action = 0; action < 4; action++)
10:         {
11:             int ty = this->character_.y_ + dy[action];
12:             int tx = this->character_.x_ + dx[action];
13:             if (ty >= 0 && ty < H && tx >= 0 && tx < W && this->walls_[ty][tx] == 0)
14:             {
15:                 actions.emplace_back(action);
16:             }
17:         }
18:         return actions;
19:     }
20: };
```

toString도 수정이 필요하지만 중요한 내용은 아니므로 자세한 내용은 예제 코드를 참조하기 바랍니다.

게임 실행하기

그러면 게임을 실행해 봅시다(코드 7.1.3, 터미널 7.1.1).

코드 7.1.3 게임 실행 | 00_WallMazeState.cpp |

```cpp
01: // 시드를 지정해서 게임 상황을 표시하면서 AI가 플레이한다.
02: int main()
03: {
04:     playGame(/*게임판 초기화 시드*/ 2);
```

```
05:     return 0;
06: }
```

터미널 7.1.1 게임 실행

```
> wsl
$ cd sample_code/07_Advanced/
$ g++ -O3 -std=c++17 -o 00_WallMazeState 00_WallMazeState.cpp
$ ./00_WallMazeState
```

실행 결과는 [그림 7.1.1]처럼 됩니다.

그림 7.1.1 무작위 행동의 플레이 결과

```
turn:    0                          ##5##
score:   0                          976..
25.1.                               2#@##
##5##                               .#.93
976..
2#@##                               turn:    3
.#493                               score:   10
                                    25.1.
turn:    1                          ##5##
score:   4                          97@..
25.1.                               2#.##
##5##                               .#.93
976..
2#.##                               turn:    4
.#@93                               score:   10
                                    25.1.
turn:    2                          ##5##
score:   4                          97.@.
25.1.                               2#.##
                                    .#.93
```

이 결과를 그림으로 그려보면 다음과 같습니다.

▼ 벽이 있는 숫자 모으기 미로의 동작 예

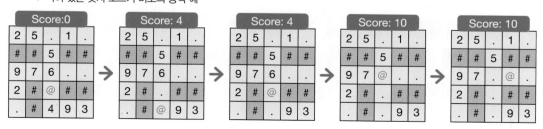

7.2

평가 함수 설계하기

7.2.1 실제 기록 점수 이외의 후보 점수 추가하기

다음처럼 벽을 제외한 인접한 칸의 점수가 모두 같은 게임판에서 게임 종료까지 2턴 남았다고 합시다.

▼ 벽을 제외한 인접한 칸의 점수가 모두 같은 게임판

남은 2턴의 최적해는 위쪽, 오른쪽으로 이동해서 2점을 얻는 것입니다.

▼ 2턴의 최적해

만약 1턴째에 아래쪽 이동을 했다면 인접한 칸에 점수가 없으므로 2턴째의 2점 달성은 불가능합니다.

▼ 1턴째 아래쪽 이동을 선택한 경우의 게임판

3장처럼 실제 기록 점수를 평가로 삼아 그리디 알고리즘을 적용한 경우를 생각해 봅시다. 여기서는 아래쪽으로 이동해도, 위쪽으로 이동해도 1턴 후의 기록 점수는 같으므로 먼저 발견한 아래쪽 이동을 선택하게 됩니다.[2]

▼ 그리디 알고리즘에서 경우의 수의 기록 점수 차이가 없는 예

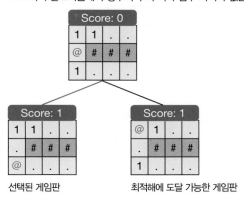

빔 탐색이나 Chokudai 탐색과 같은 경우, 지금과 같이 간단한 예에서는 최적해인 위쪽 이동을 선택할 수 있겠지만, 훨씬 복잡한 경우라면 좋은 답을 찾지 못할 수도 있습니다.

따라서 실제 기록 점수 이외에도 게임판의 좋고 나쁨을 판단할 수 있는 지표를 탐색용 평가에 추가해 봅시다. 벽이 있는 숫자 모으기 미로에서는 '점수가 있는 바닥을 향한 최단 경로'를 평가에 이용합니다.

하늘색으로 칠한 칸은 점수가 있는 바닥까지의 최단 경로입니다. 왼쪽 게임판은 점수가 있는 바닥까지의 거리가 2, 오른쪽 게임판은 1입니다.

▼ 캐릭터에서 가장 가까운 점수까지의 거리

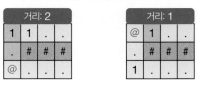

이런 정보를 평가에 어떻게 반영할지 생각해 봅시다. 점수가 있는 바닥까지의 거리는 짧은 편이 좋습니다. 따라서 실제 기록 점수에서 점수까지의 최단 거리를 뺀 값을 평가값으

---

2 그리디 알고리즘에서 경우의 수의 점수가 모두 같을 때 먼저 찾은 쪽을 선택할지, 나중에 찾은 쪽을 선택할지는 구현 방법에 달려 있습니다. 이 책에서 사용한 구현 방식은 먼저 찾은 쪽을 선택합니다.

로 해서 그리디 알고리즘으로 탐색해 봅시다.

$$eval = score - distance$$

왼쪽 게임판은 eval = 1 − 2 = −1, 오른쪽 게임판은 eval = 1 − 1 = 0이 되어서 이번에는 오른쪽 게임판이 평가값이 높아졌습니다.

▼ eval = score − distance로 그리디 알고리즘을 적용한 예

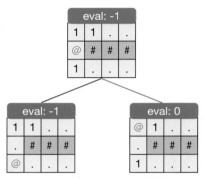

최적해에 도달 가능한 게임판

다음 턴도 이런 평가값을 그리디 알고리즘에 적용해서 진행해 봅시다.

왼쪽 게임판은 eval = 2 − 3 = −1, 오른쪽 게임판은 eval = 1 − 1 = 0이라서 오른쪽 게임판을 선택합니다. 실제로는 왼쪽 게임판이 최적해이므로 이런 평가값 방침은 최적해에 도달할 수 없습니다.

▼ eval = score − distance로 2턴째의 그리디 알고리즘을 적용한 예

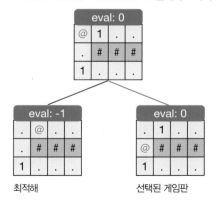

최적해   선택된 게임판

이것은 실제 기록 점수와 거리를 동일한 중요도로 평가하기 때문에 생긴 문제입니다. 점수를 향한 최단 거리는 게임판을 평가하는 데 유용한 지표이긴 하지만, 게임 목적인 실제 기록 점수 쪽이 더 중요합니다.

따라서 실제 기록 점수가 최단 거리보다 10배 중요하다는 평가 방식을 바꿔 봅시다.

$$eval = score \times 10 - distance$$

1턴째 선택은 이전과 마찬가지로 최적해에 도달 가능한 수가 선택됩니다.

▼ eval = score×10 − distance로 그리디 알고리즘을 적용한 예

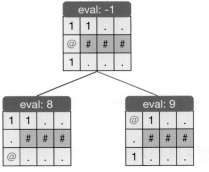

최적해에 도달 가능한 게임판

2턴째는 왼쪽 게임판이 eval = 20 − 3 = 17, 오른쪽 게임판이 eval = 10 − 1 = 9가 되므로 최적해를 얻을 수 있는 왼쪽 게임판이 선택됩니다.

▼ eval = score×10 − distance로 2턴째의 그리디 알고리즘을 적용한 예

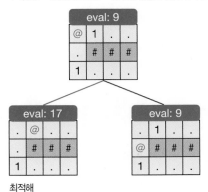

최적해

실제 기록 점수만으로 평가값을 만들면 좋은 답을 찾기 어려운 상황이더라도 게임 특성을 고려한 평가 방법을 도입하여 더욱 효율적으로 좋은 답을 찾아낼 수 있습니다. 지금 다루는 예제는 무척 단순한 경우이지만 복잡한 게임에서는 다음과 같이 여러 요소를 동시에 평가해서 더 좋은 탐색을 할 수 있는 경우가 있습니다.

$$eval = score + \alpha x + \beta y + \gamma z + ...$$

α, β, γ는 예제에서 score에 10을 곱했던 것처럼 중요도를 뜻하는 값입니다.

x, y, z는 게임 고유의 상황을 나타내는 값으로 앞의 예에서는 점수까지의 거리에 해당합니다. 여기서 설정한 값은 거리뿐만 아니라, 플레이어가 들어갈 수 있는 영역의 면적 크기, 2칸 이내에 있는 점수 등 상황을 평가하는 데 유용한 정보라면 뭐든지 설정하면 됩니다. 이 값은 플레이어에게 유리하면 중요도를 플러스, 불리하면 중요도를 마이너스로 설정하여 평가값 전체를 플레이어에게 긍정적인 평가로 다룰 수 있습니다.

게임에 따라 어떤 식으로 평가를 하면 더 좋은 기록 점수를 얻을 수 있을지 생각해 봅시다.

7.2.2 실제 기록 점수 이외의 보조 기록 점수를 추가하는 방법 구현하기

실제 기록 점수로 빔 탐색하는 경우의 기록 점수 확인하기

보조 기록 점수를 구현해보기 전에 실제 기록 점수에 빔 탐색을 적용한 경우의 평균 기록 점수를 확인해 봅시다(코드 7.2.1, 터미널 7.2.1). 기록 점수 차이를 알아보기 쉽도록 게임판 크기와 종료 턴 수를 조금 조절합니다.

코드 7.2.1 실제 기록 점수를 사용한 빔 탐색 실험 　　　　　　　　　　　　| 01_GameScore.cpp |

```cpp
01: constexpr const int H = 7;    // 미로의 높이
02: constexpr const int W = 7;    // 미로의 너비
03: constexpr int END_TURN = 49; // 게임 종료 턴
04:
05: int main()
06: {
07:     int beamwidth = 100;
08:     int beamdepth = END_TURN;
09:     const auto &ai = StringAIPair("beamSearchAction", [&](const State &state)
```

```
10:                                        { return beamSearchAction(state, beamwidth,
                                             beamdepth); });
11:     testAiScore(ai, /*게임 횟수*/ 100);
12:     return 0;
13: }
```

터미널 7.2.1 실제 기록 점수로 빔 탐색 실행

```
> wsl
$ cd sample_code/07_Advanced/
$ g++ -O3 -std=c++17 -o 01_GameScore 01_GameScore.cpp
$ ./01_GameScore
```

실행 결과는 [그림 7.2.1]처럼 됩니다. 결과값인 125.24는 보조 점수를 도입한 결과와 비교할 때 사용합니다.

그림 7.2.1 실제 기록 점수로 빔 탐색한 결과

```
Score of beamSearchAction:   125.24
```

보조 점수 추가하기

그러면 이제 본론으로 넘어가서 보조 기록 점수 추가를 구현해 봅니다. 우선, 캐릭터에서 가장 가까운 점수가 있는 바닥까지의 거리를 구하는 함수를 구현합니다.

가장 가깝다는 건 어떻게 구현할까요? 게임판에는 점수가 있는 바닥이 여러 개 존재하므로 어느 쪽이 가장 가까운지 생각해 봐야 합니다. 또한, 캐릭터 이동을 방해하는 벽도 존재하므로 단순히 맨해튼 거리Manhatan distance나 유클리드 거리Euclidean distance를 사용해서 계산한 값은 지금 구하고자 하는 거리와 조금 다릅니다.

따라서 이번에는 벽이 존재하는 거리 계산에 **너비 우선 탐색**Breadth First Search이라고 하는 알고리즘을 이용합니다. 예를 들어 다음과 같은 두 개의 점수가 있는 게임판을 생각해 봅시다. 설명을 위해 점수는 숫자가 아니라 P로 표시합니다.

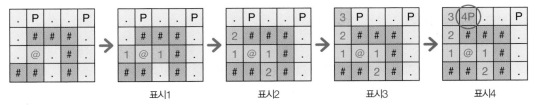

▼ 벽으로 막힌 반대쪽에 점수가 있는 게임판

이때 캐릭터 위치에서 인접한 벽이 아닌 모든 칸에 1이라고 표시합니다(표시1). 이것은 캐릭터 위치에서 1칸 이동하면 도달할 수 있다는 것을 뜻합니다.

이후 1이란 표시를 남긴 칸에 인접하고 아직 표시가 없는 칸에 2라는 표시를 남깁니다(표시2). 이와 같은 절차를 점수(P)에 표시가 달릴 때까지 반복합니다. 예제에서 처음으로 점수에 표시가 남는 건 4였습니다. 따라서 4가 점수까지의 최단 거리가 됩니다.

이렇게 인접하는 장소를 넓혀가면서 가까운 순서대로 탐색하는 방법을 너비 우선 탐색이라고 부릅니다. 지금은 최단 거리를 구하는 데 이용했지만 캐릭터가 지정한 걸음 횟수 이내로 갈 수 있는 위치의 면적이나 점수 총합을 구할 때 등 다양한 용도로 너비 우선 탐색을 사용합니다.

▼ 너비 우선 탐색으로 최단 거리를 계산하는 흐름

탐색 중인 칸의 캐릭터와의 거리와 좌표를 기록하기 위해서 기록용 구조체를 구현합니다(코드 7.2.2). 캐릭터 위치에서 탐색을 시작하도록 좌표용 구조체 Coord를 인수로 받는 생성자도 구현합니다.

코드 7.2.2 좌표와 거리 기록용 구조체 구현　　　　　　　　　　　　| 02_DistanceScore.cpp |

```
01: struct DistanceCoord
02: {
03:     int y_;
04:     int x_;
05:     int distance_;
```

```
06:        DistanceCoord() : y_(0), x_(0), distance_(0) {}
07:        DistanceCoord(const int y, const int x, const int distance) :
08:                             y_(y), x_(x), distance_(distance) {}
09:        DistanceCoord(const Coord &coord) : y_(coord.y_), x_(coord.x_), distance_(0) {}
10: };
```

 POINT 너비 우선 탐색과 비슷한 용도로 사용하는 기법에는 5장에서 소개한 깊이 우선 탐색^{Depth First Search}이 있습니다. 너비 우선 탐색과는 탐색 순서가 서로 다릅니다. 자세한 설명은 생략하지만 깊이 우선 탐색으로 예제의 점수를 찾는 처리를 구현하면 처음으로 찾은 점수가 가장 가까운 점수가 아닐 수도 있습니다. 이번에는 최단 거리를 구하고 싶으므로 너비 우선 탐색을 선택했습니다.

너비 우선 탐색 구현하기

너비 우선 탐색을 구현합니다(코드 7.2.3).

8~9번째 줄에서 캐릭터 좌표를 DistanceCoord형인 deque에 넣습니다. 이것을 처음으로 13번째 줄을 실행할 때 tmp_cod에 캐릭터 좌표를 대입합니다. 여기에 21~31번째 줄에서 벽이 아닌 인접한 칸을 추가합니다. 이때 tmp_cod.distance_ + 1을 거리로 지정해서 다음 탐색에서는 현재 탐색 중인 칸에서 거리가 한 칸 차이나는 칸을 탐색한다고 저장해 둡니다.

que는 std::deque<DistanceCoord>형이므로 DistanceCoord형 객체를 추가해서 사용하는데 29번째 줄의 emplace_back 인수는 ty, tx, tmp_cod.distance_ + 1로 세 개인데 DistanceCoord형이 아닙니다. C++의 std::deque나 기타 컬렉션 클래스는 emplace로 시작하는 메서드로 생성자 호출과 동시에 객체 추가를 할 수 있습니다. 이번에는 que.emplace_back(ty, tx, tmp_cord.distance_ + 1)을 사용해서 que.push_back(DistanceCoord(ty, tx, tmp_cod.distance_ + 1))와 동일한 처리를 빠르게 실현합니다.

추가된 칸은 13번째 줄 처리에서 오래된 순서대로 꺼내므로 캐릭터에 가까운 순서대로 처리가 진행됩니다. 탐색이 끝난 칸은 2회 이상 탐색하지 않도록 19번째 줄에서 체크합니다.

이번 예제의 목적은 가장 가까운 점수까지의 거리를 계산하는 것이므로 15~18번째 줄에서 도달 판정한 다음 거리를 반환하고 종료합니다.

```cpp
01: class WallMazeState
02: {
03: // 중략
04: private:
05:     // 너비 우선 탐색으로 가장 가까운 점수가 있는 바닥까지 거리를 계산한다.
06:     int getDistanceToNearestPoint()
07:     {
08:         auto que = std::deque<DistanceCoord>();
09:         que.emplace_back(this->character_);
10:         std::vector<std::vector<bool>> check(H, std::vector<bool>(W, false));
11:         while (!que.empty())
12:         {
13:             const auto &tmp_cod = que.front();
14:             que.pop_front();
15:             if (this->points_[tmp_cod.y_][tmp_cod.x_] > 0)
16:             {
17:                 return tmp_cod.distance_;
18:             }
19:             check[tmp_cod.y_][tmp_cod.x_] = true;
20:
21:             for (int action = 0; action < 4; action++)
22:             {
23:                 int ty = tmp_cod.y_ + dy[action];
24:                 int tx = tmp_cod.x_ + dx[action];
25:
26:                 if (ty >= 0 && ty < H && tx >= 0 && tx < W
27:                   && !this->walls_[ty][tx] && !check[ty][tx])
28:                 {
29:                     que.emplace_back(ty, tx, tmp_cod.distance_ + 1);
30:                 }
31:             }
32:         }
33:         return H * W;
34:     }
35:
36: };
```

거리 정보를 평가에 반영하기

거리 정보를 평가에 반영해 봅니다(코드 7.2.4). 이번 게임은 게임판 크기가 H×W라서 어떤 경로를 따라가더라도 어떤 두 점 사이의 거리가 H×W를 넘지 않습니다. 이런 점을 이용해서 실제 기록 점수 **game_score_** 가중치를 H * W로 줘서 점수까지의 거리보다 반드시 실제 기록 점수 쪽을 우선해서 평가합니다.

코드 7.2.4 거리 정보를 평가에 반영하는 구현 | 02_DistanceScore.cpp |

```
01: class WallMazeState
02: {
03: // 중략
04: public:
05:     // [모든 게임에서 구현] : 탐색용으로 게임판을 평가한다.
06:     void evaluateScore()
07:     {
08:         // 평가에 거리 정보를 더한다.
09:         this->evaluated_score_ =
10:             this->game_score_ * H * W - getDistanceToNearestPoint();
11:     }
12: };
```

그러면 실제 기록 점수로 실험했을 때와 동일한 설정으로 실험해 봅시다(터미널 7.2.2).

터미널 7.2.2 평가에 거리 정보를 더한 빔 탐색 실행

```
> wsl
$ cd sample_code/07_Advanced/
$ g++ -O3 -std=c++17 -o 02_DistanceScore 02_DistanceScore.cpp
$ ./02_DistanceScore
```

실행 결과는 [그림 7.2.2]처럼 132.75가 됩니다. 실제 기록 점수만 가지고 실험한 경우는 평균 점수가 125.24였으므로 개선되었다는 것을 알 수 있습니다.

그림 7.2.2 평가에 거리 정보를 더해서 빔 탐색한 결과

```
Score of beamSearchAction:    132.75
```

다양성 확보 방침

7.3.1 동일 게임판 제거하기

지금까지 좋은 탐색을 하기 위해선 다양성이 필요하다고 앞서 몇 번 언급했습니다. 이 절에서는 다양성을 확보하는 여러 방법을 소개합니다. 예를 들어 다음과 같은 게임판을 생각해 봅시다.

▼ 금방 똑같은 국면이 등장하는 게임판

이 게임판에서 2턴 후의 모든 게임판을 생각해 봅시다. 오른쪽에서 왼쪽 이동 후의 게임판과 아래쪽에서 위쪽 이동 후의 게임판은 기록 점수와 캐릭터 위치, 바닥의 점수가 모두 동일합니다.

▼ 똑같은 국면의 예

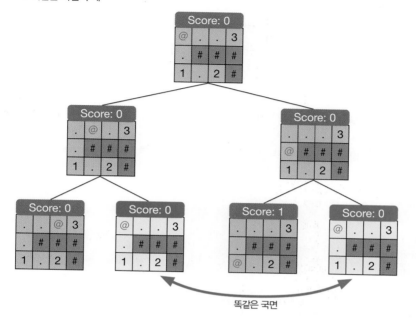

똑같은 국면

이런 중복된 게임판은 하나만 빼고 나머지는 모두 탐색 대상에서 제외합니다. 이런 처리를 동일 게임판 제거라고 부릅니다.

의미없이 동일한 게임판 탐색에 낭비되었을 자원을 다른 게임판 탐색에 사용할 수 있기 때문에 보다 다양성이 있는 탐색을 할 수 있습니다.

7.3.2 동일 게임판 제거 구현하기

해시 사용하기

빔 탐색 구현을 수정해서 동일 게임판 제거를 이용할 수 있도록 합시다(코드 7.3.1).

동일 게임판 제거를 구현할 때 **해시**hash를 사용합니다. 해시는 입력된 데이터를 정해진 방법으로 계산해서 얻은 값입니다. 나중에 자세히 설명하지만 게임판과 해시값은 거의 1대 1로 대응하기 때문에 해시를 기록해 두면 해당 게임판을 탐색했는지 여부를 바로 조사할 수 있습니다.

9번째 줄에서 과거에 이용한 게임판의 해시를 기록하는 집합을 준비합니다. 29번째 줄은 탐색 큐에 추가하는 것이 확정된 게임판의 해시를 기록합니다.

깊이 1 이상의 탐색 시 25~28번째 줄에서 탐색 큐에 추가하려는 게임판이 이미 탐색이 끝났거나 탐색 예정이라면 해당 게임판을 탐색하지 않도록 합니다.

코드 7.3.1 동일 게임판 제거 기능이 있는 빔 탐색 구현 | 03_ZobristHash.cpp |

```cpp
01: #include <unordered_set>
02: // 빔 너비와 깊이를 지정해서 빔 탐색으로 행동을 결정한다.
03: int beamSearchAction(const State &state, const int beam_width, const int beam_
    depth)
04: {
05:     std::priority_queue<State> now_beam;
06:     State best_state;
07:
08:     now_beam.push(state);
09:     auto hash_check = std::unordered_set<uint64_t>();
10:
11:     for (int t = 0; t < beam_depth; t++)
12:     {
13:         std::priority_queue<State> next_beam;
14:         for (int i = 0; i < beam_width; i++)
15:         {
16:             if (now_beam.empty())
17:                 break;
18:             State now_state = now_beam.top();
19:             now_beam.pop();
20:             auto legal_actions = now_state.legalActions();
21:             for (const auto &action : legal_actions)
22:             {
23:                 State next_state = now_state;
24:                 next_state.advance(action);
25:                 if (t >= 1 && hash_check.count(next_state.hash_) > 0)
26:                 {
27:                     continue;
28:                 }
29:                 hash_check.emplace(next_state.hash_);
30:                 next_state.evaluateScore();
31:                 if (t == 0)
32:                     next_state.first_action_ = action;
33:                 next_beam.push(next_state);
```

```
34:            }
35:        }
36:
37:        now_beam = next_beam;
38:        best_state = now_beam.top();
39:
40:        if (best_state.isDone())
41:        {
42:            break;
43:        }
44:    }
45:    return best_state.first_action_;
46: }
```

해시란 무엇인가

이번에는 해시가 무엇인지 자세히 설명하겠습니다. 서로 다른 게임판이 최대한 서로 다른 값이 되는 성질을 가진 해시를 설계할 수 있다면 '해시가 다르다 = 동일한 게임판이 아니다'와 같은 뜻이 됩니다. 이런 관계성을 이용하면 해시 집합을 기록해서 동일한 게임판을 제거할 수 있습니다. 벽이 있는 숫자 모으기 미로에서 본 것처럼 칸으로 나뉜 게임판에 물건이 배치되는 게임에는 **조브리스트 해싱**Zobrist hashing이라는 해시 계산 알고리즘을 자주 사용합니다.

서로 다른 입력 데이터인데 동일한 해시값이 계산 결과로 출력되는 것을 충돌이라고 합니다. 예를 들어 64비트로 제한된 범위의 해시를 사용하면 한정된 용량 때문에 입력 패턴이 많아질수록 충돌이 없는 해시를 계산하기 어려워집니다.

간단한 입력을 위해서 벽이 있는 숫자 모으기 미로에서는 벽 정보나 턴 수처럼 게임 진행이 되어도 변하지 않거나 큰 의미가 없는 정보는 해시 계산에 이용하지 않습니다.

해시 계산에는 아래와 같은 정보를 입력합니다.

- 캐릭터 좌표
- 점수의 값과 좌표

단순한 설명을 위해 2×2 게임판을 8비트 해시값으로 표현하는 경우를 생각해 봅시다. 우선, 아무 것도 없는 상태를 0b0000_0000라는 해시값으로 표현합시다. 머리 글자 0b는 2진수를 뜻하고 0b0000_0000는 10진수로 0에 해당합니다.

▼ 기본이 되는 해시값

0b0000_0000

다음으로 게임판을 구성하는 요소마다 각 좌표에 존재하는 상태를 무작위 값으로 표현합니다. 예를 들어, 캐릭터 좌표 (y, x)가 (0, 0)일 때를 0b1110_1011, (1, 0)은 0b0011_1100와 같은 서로 중복되지 않은 값으로 초기화합니다.

▼ 캐릭터 위치마다 할당한 무작위 값

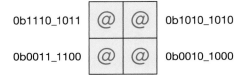

점수도 같은 방법으로 초기화합니다.

▼ 1점 바닥의 위치마다 할당한 무작위 값

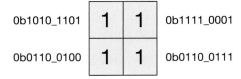

▼ 2점 바닥의 위치마다 할당한 무작위 값

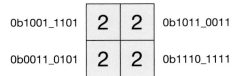

이것으로 준비는 끝났습니다.

다음과 같은 게임판의 해시값을 구해 봅시다.

▼ 해시값을 구하고 싶은 게임판

조브리스트 해싱을 사용한 해시값은 0b0000_0000와 각 요소에 할당한 무작위 값 모두를 XOR(배타적 논리합)해서 구합니다. 이 게임판이라면 다음과 같은 두 개의 무작위 값을 0b0000_0000와 XOR합니다.

- (0, 0)에 캐릭터가 있음: 0b1110_1011
- (1, 1)에 1점이 있음: 0b0110_0111

식으로 표현하면 다음과 같이 해당 게임판의 해시값 0b1000_1100을 구할 수 있습니다.

$$hash = 0b0000\_0000 \oplus 0b1110\_1011 \oplus 0b0110\_0111$$
$$= 0b1000\_1100$$

※ $\oplus$는 XOR을 뜻하는 기호

그러면 게임을 진행했을 때의 해시 계산을 생각해 봅시다. 캐릭터가 오른쪽으로 한 칸 이동했습니다.

▼ 캐릭터를 오른쪽으로 이동한 게임판

상황을 정리하면 다음과 같은 상태입니다.

- (0, 1)에 캐릭터가 있음: 0b1010_1010
- (1, 1)에 1점이 있음: 0b0110_0111

방금 전과 똑같은 방법으로 계산하면 이 게임판의 해시값은 0b1100_1101이 됩니다. 하지만 게임 상황을 갱신할 때는 **이런 방법은 사용하지 않습니다.**

$$hash = 0b0000\_0000 \oplus 0b1010\_1010 \oplus 0b0110\_0111$$
$$= 0b1100\_1101$$

게임 상황이 갱신될 때는 갱신 전의 게임판의 해시값을 바탕으로 값의 차이만 갱신해서 빠르게 새로운 해시값을 계산할 수 있습니다.

XOR은 자기 자신과 XOR하면 모든 비트열이 0이 되는 성질이 있습니다. 예를 들어 x라는 비트열이 있다면 $x \oplus x = 0$이 됩니다. 이런 성질을 이용해서 기존 해시값과 (0, 0)에 캐릭터가 있다는 것을 뜻하는 값 0b1110_1011을 XOR해서 기존 해시값에서 캐릭터 좌표 정보를 제거할 수 있습니다. 그런 다음에 (0, 1)에 캐릭터가 있다는 것을 뜻하는 값 0b1010_1010을 XOR하면 캐릭터 좌표를 새로운 위치로 갱신한 상태의 해시값을 계산할 수 있습니다.

▼ 게임판 갱신과 해시 갱신

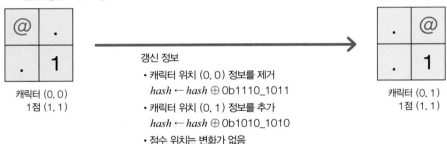

다음 식에서 새로운 캐릭터 위치 정보를 추가하기 위해서 0b1010_1010을 XOR합니다. 그러면 결과는 0b1100_1101이 됩니다. 이 값은 갱신 정보를 사용하지 않고 처음부터 계

기존 해시값 0b1000_1100에서 새로운 해시로 갱신하는 과정을 순서대로 따라가면서 확인해 봅시다. 우선, 캐릭터 위치 정보를 제거하기 위해서 0b1110_1011을 XOR합니다. 그러면 결과는 0b0110_0111이 됩니다. 이건 '(1, 1)에 1점이 있다'를 뜻하는 값과 일치합니다.

$$hash = 0b1000\_1100 \oplus 0b1110\_1011$$
$$= 0b0110\_0111$$

다음 식에서 새로운 캐릭터 위치 정보를 추가하기 위해서 0b1010_1010을 XOR합니다. 그러면 결과는 0b1100_1101이 됩니다. 이 값은 갱신 정보를 사용하지 않고 처음부터 계

산한 해시값과 일치합니다.

$$hash = 0b1010\_1010 \oplus 0b0110\_0111$$
$$= 0b1100\_1101$$

지금의 설명에서는 2×2 게임판을 사용하므로 갱신 정보 차이만 XOR해서 빨라진다는 느낌이 별로 없을 수도 있습니다. 차이점만 갱신하는 방법을 이용하지 않으면, 높이가 H이고 너비 W인 커다란 $H \times W$ 게임판은 약 $H \times W$번의 XOR해야 해시값을 계산할 수 있습니다. 반면에 차이점만 갱신한다면 캐릭터 정보 이동에 2회, 점수를 삭제한다면 +1회, 최대 3회 연산하면 해시값을 계산할 수 있습니다. 탐색 정확도에는 속도가 무척 큰 영향을 미치므로 속도가 빠른 차이점 갱신 방법을 도입합시다.

게임판을 구성하는 요소마다 무작위 값 설정하기

그러면 다시 구현으로 돌아갑시다. 게임판을 구성하는 요소마다 무작위 값을 설정합니다 (코드 7.3.2).

5번째 줄은 바닥의 점수 좌표마다 무작위 값을 지정하기 위해서, 6번째 줄은 캐릭터 좌표마다 지정하기 위해서 배열을 준비합니다. 점수가 value인 바닥이 좌표 (y, x)에 존재하는 상태를 points[y][x][value], 캐릭터가 좌표 (y, x)에 있는 상태를 character[y][x]로 나타낼 수 있습니다.

점수는 9종류이므로 점수 값을 저장할 배열 크기는 9개(인덱스 0~8)로 충분하지만 구현이 편리하도록 배열 크기를 하나 더 늘려서(인덱스 0~9) 점수를 그대로 인덱스로 사용할 수 있도록 합니다(0점은 비워 둡니다). 12번째 줄도 같은 이유로 반복문 변수를 1에서 10 사이로 지정합니다.

코드 7.3.2 조브리스트 해싱 준비의 구현 | 03_ZobristHash.cpp |

```
01: namespace zobrist_hash
02: {
03:     std::mt19937 mt_init_hash(0);
04:     // 벽 위치는 고정이므로 해시 관리하지 않음
05:     uint64_t points[H][W][9 + 1] = {}; // 숫자 그대로 이용할 수 있도록 1을 더함
06:     uint64_t character[H][W] = {};
07:     void init()
08:     {
```

```
09:            for (int y = 0; y < H; y++)
10:                for (int x = 0; x < W; x++)
11:                {
12:                    for (int p = 1; p < 9 + 1; p++)
13:                    {
14:                        points[y][x][p] = mt_init_hash();
15:                    }
16:                    character[y][x] = mt_init_hash();
17:                }
18:        }
19:
20: }
```

게임 시작할 때 해시값 계산하기

게임이 시작된 타이밍에 해시값을 계산하는 함수 **init_hash**를 구현합니다(코드 7.3.3).
갱신하는 타이밍이 아니므로 게임판 전체를 확인해서 캐릭터와 점수의 좌표에 대응하는
무작위 값과 해시의 XOR을 구합니다.

코드 7.3.3 최초 해시값 계산 구현 | 03_ZobristHash.cpp |

```
01: class WallMazeState
02: {
03: // 중략
04: private:
05:     void init_hash()
06:     {
07:         hash_ = 0;
08:         hash_ ^= zobrist_hash::character[character_.y_][character_.x_];
09:         for (int y = 0; y < H; y++)
10:             for (int x = 0; x < W; x++)
11:             {
12:                 auto point = points_[y][x];
13:                 if (point > 0)
14:                 {
15:                     hash_ ^= zobrist_hash::points[y][x][point];
16:                 }
17:             }
18:     }
19:
```

```
20: public:
21:     uint64_t hash_ = 0;              // 동일 게임판 판정에 사용하는 해시
22:
23:     WallMazeState(const int seed)
24:     {
25:         // 중략
26:         this->init_hash();
27:     }
28: };
```

게임이 변경되면 해시값 갱신하기

이제 게임이 변경되었을 때 해시값을 갱신하는 구현을 합시다(코드 7.3.4).

8, 13번째 줄은 캐릭터 위치 정보를 해시에 반영합니다. 코드 자체는 모두 같지만 9~10번째 줄에서 캐릭터 위치가 이동하므로 이동 전에는 해시에서 삭제, 이동 후에는 해시에 추가하는 처리를 합니다. 17번째 줄은 점수가 없어진 것을 해시에 반영합니다. 이동한 바닥에 점수가 존재하지 않으면 갱신이 필요 없으므로 점수가 있을 때만 해당 처리를 실행합니다.

코드 7.3.4 해시 갱신 구현 | 03_ZobristHash.cpp |

```
01: class WallMazeState
02: {
03: // 중략
04: public:
05:     void advance(const int action)
06:     {
07:         // 현재 캐릭터 위치 정보를 제거
08:         hash_ ^= zobrist_hash::character[character_.y_][character_.x_];
09:         this->character_.x_ += dx[action];
10:         this->character_.y_ += dy[action];
11:         auto &point = this->points_[this->character_.y_][this->character_.x_];
12:         // 이동할 캐릭터 위치 정보를 추가
13:         hash_ ^= zobrist_hash::character[character_.y_][character_.x_];
14:         if (point > 0)
15:         {
16:             // 점수가 없어진 것을 해시에 반영
17:             hash_ ^= zobrist_hash::points[character_.y_][character_.x_][point];
```

```
18:            this->game_score_ += point;
19:            point = 0;
20:        }
21:        this->turn_++;
22:    }
23: };
```

동일한 게임판 제거해서 빔 탐색 실행하기

그러면 동일한 게임판의 제거 기능을 추가한 구현으로 실험해 봅시다(코드 7.3.5, 터미널 7.3.1). 3번째 줄처럼 최초에 한 번만 해시에서 사용할 무작위 값을 초기화합니다.

코드 7.3.5 해시 초기화 호출 | 03_ZobristHash.cpp |

```
01: int main()
02: {
03:     zobrist_hash::init(); // 반드시 시작할 때 호출한다.
04:     int beamwidth = 100;
05:     int beamdepth = END_TURN;
06:     const auto &ai = StringAIPair("beamSearchAction", [&](const State &state)
07:                                   { return beamSearchAction(state, beamwidth,
                                        beamdepth); });
08:     testAiScore(ai, /*게임 횟수*/ 100);
09:     return 0;
10: }
```

터미널 7.3.1 동일한 게임판 제거해서 빔 탐색 실행

```
> wsl
$ cd sample_code/07_Advanced/
$ g++ -O3 -std=c++17 -o 03_ZobristHash 03_ZobristHash.cpp
$ ./03_ZobristHash
```

실행 결과는 [그림 7.3.1]처럼 135.98이 됩니다. 동일한 게임판을 제거하지 않고 실험했을 때 평균 점수가 132.75였으므로 점수가 개선된 것을 알 수 있습니다.

그림 7.3.1 동일한 게임판 제거해서 빔 탐색한 결과

```
Score of beamSearchAction:    135.98
```

7.4

고속화

7.4.1 다수의 비트열로 게임판 표현하기

탐색을 사용하는 상황에서 계산 시간은 한정적입니다. 같은 계산 시간이라면 계산 처리가 빠를수록 더 많이 탐색할 수 있어서 정확도가 높아집니다. 따라서 이 절에서는 계산 처리 시간을 줄일 수 있는 고속화 기법을 소개합니다.

지금까지 점수 거리 계산에서 너비 우선 탐색을 이용했습니다. 이러한 거리 계산 처리는 게임판을 **비트보드**bitboard 표현 방식으로 바꾸면 고속화할 수 있습니다.

비트보드는 특수한 비트열 자료 구조로, 각 비트가 게임판 공간이나 게임 구성 요소를 표현합니다. 비트는 0과 1의 값밖에 없으므로 이번에는 다음처럼 역할마다 비트보드를 나눠서 대상이 해당 위치에 존재하면 1, 존재하지 않으면 0을 할당합니다.

- 캐릭터
- 점수
- 벽

간단한 설명을 위해서 높이 1의 게임판을 비트보드로 표현하는 방법을 생각해 봅시다. 이때 캐릭터에서 점수까지 거리는 2입니다.

▼ 높이 1 게임판을 비트보드로 나타내기

기본 게임판

0b00100	0b10001	0b01000
캐릭터 위치	점수 위치	벽 위치

비트열은 오른쪽 시프트로 모든 비트를 오른쪽으로, 왼쪽 시프트로 모든 비트를 왼쪽으로 옮길 수 있습니다. 이런 성질을 이용해서 캐릭터 위치 이동을 표현해 봅시다.

캐릭터 위치의 비트열, 해당 비트열을 오른쪽 시프트한 결과, 해당 비트열을 왼쪽 시프트한 결과, 이렇게 세 값을 OR(논리합)을 구하면 캐릭터가 1칸 이내에 움직일 수 있는 범위를 알 수 있습니다.

▼ 캐릭터 이동 범위를 계산하기

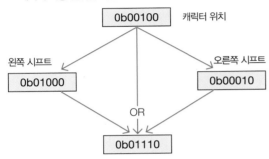

이 값과 벽의 반전 비트와 AND(논리곱)를 하면 벽이 있는 칸으로는 이동할 수 없는 규칙을 적용한 캐릭터 이동 범위를 계산할 수 있습니다.

▼ 벽 충돌 판정을 하면서 캐릭터 이동 범위를 계산하기

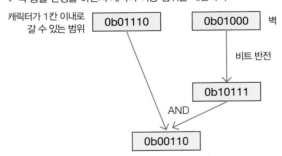

캐릭터가 갈 수 있는 범위와 점수의 AND를 구하면 캐릭터가 획득 가능한 점수를 알 수 있습니다. 다음과 같은 경우는 값이 1인 비트가 없으므로 1칸 이동으로 얻을 수 있는 점수가 없다는 뜻이 됩니다(1칸 안에 도달 가능한 점수를 계산하기 그림 참조).

▼ 1칸 안에 도달 가능한 점수를 계산하기

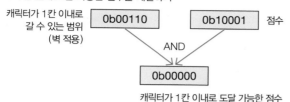

캐릭터가 1칸 이내로 도달 가능한 점수

여기까지의 과정을 1세트로 해서 같은 과정을 반복합니다.

▼ 캐릭터가 2칸 이내로 갈 수 있는 범위 계산

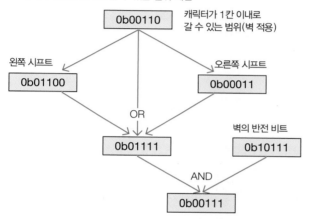

캐릭터가 2칸 이내로 갈 수 있는 범위(벽 적용)

2칸 이내로 갈 수 있는 범위와 점수의 AND를 구하면 1이 되는 비트가 있습니다. 즉, 캐릭터에서 가장 가까운 점수까지의 거리는 2라고 원하던 값을 구할 수 있습니다.

▼ 2칸 이내로 도달 가능한 점수를 계산하기

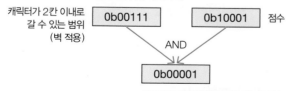

캐릭터가 2칸 이내로 도달 가능한 점수

그러면 지금까지 높이 1의 게임판으로 설명했는데 높이가 2 이상인 게임판에서는 어떻게 될까요? 높이가 4이고, 너비 5인 게임판을 비트보드로 표현해 봅시다.

행마다 비트열로 나타내므로 높이만큼, 4개의 비트열이 있으면 게임판 전체를 표현할 수 있습니다.

▼ 높이가 있는 게임판을 비트보드로 표현하기

기본 게임판

{0b00000,
0b00000,
0b01000,
0b00000}

캐릭터 위치

{0b01001,
0b00000,
0b00000,
0b00000}

점수 위치

{0b00000,
0b01110,
0b00010,
0b01010}

벽 위치

높이 개념이 추가되어도 캐릭터 이동 범위를 확장 → 벽 충돌 부분 제거 → 점수 도달 확인, 이런 세 가지 처리를 반복한다는 점은 변함이 없습니다. 하지만 다수의 비트열을 사용하기 때문에 상하 이동은 단순한 시프트 연산으로 표현할 수 없습니다.

따라서 높이를 H라고 했을 때 H−1회 반복해서 게임판을 이동시켜서 OR을 구하면 상하 이동을 표현할 수 있습니다. 구현할 때 위쪽 이동은 위에서부터 순서대로 다음 비트열과 겹치고, 아래쪽 이동은 아래쪽에서 순서대로 이전 비트열과 겹치면 쓸데없는 계산 낭비 없이 반영할 수 있습니다(그림에서 ①, ②, ③ 순서).

▼ 상하 이동

이동 전   위쪽 이동 후   이동 전   아래쪽 이동 후

7.4.2 다수의 비트열로 게임판 표현 구현하기

고속화하기 전의 처리 시간 측정하기

이 절의 목적은 처리 고속화이므로 비교를 위해 고속화하기 전의 처리 속도가 어느 정도

인지 측정해 봅니다(코드 7.4.1, 터미널 7.4.1).

여러 종류의 게임판을 대상으로 탐색 처리 시간을 측정합니다. 이때 생성자 호출처럼 탐색과 관계없는 부분은 측정 대상에서 제외합니다. 탐색 처리 1회만 가지고 측정하면 너무 짧은 시간이므로 하나의 게임판을 여러 번 동일한 처리를 반복해서 측정합니다.

코드 7.4.1 탐색 처리 시간 측정 | 04_TestSpeed.cpp |

```cpp
01: // game_number 종류의 게임판을
02: // per_game_number회 처리하는데 걸린 평균 시간(밀리초)을 측정해서 표시한다.
03: void testAiSpeed(
04:     const StringAIPair &ai,
05:     const int game_number,
06:     const int per_game_number)
07: {
08:     using std::cout;
09:     using std::endl;
10:     using std::chrono::duration_cast;
11:     using std::chrono::milliseconds;
12:     std::mt19937 mt_for_construct(0);
13:     std::chrono::high_resolution_clock::time_point diff_sum;
14:     for (int i = 0; i < game_number; i++)
15:     {
16:         auto state = State(mt_for_construct());
17:         auto start_time = std::chrono::high_resolution_clock::now();
18:         for (int j = 0; j < per_game_number; j++)
19:         {
20:             ai.second(state);
21:         }
22:         auto diff = std::chrono::high_resolution_clock::now() - start_time;
23:         diff_sum += diff;
24:     }
25:     double time_mean =
26:         duration_cast<milliseconds>(diff_sum.time_since_epoch()).count()
27:         / (double)(game_number);
28:     cout << "Time of " << ai.first << ":\t" << time_mean << "ms" << endl;
29: }
30:
31: int main()
32: {
```

```
33:     zobrist_hash::init(); // 반드시 시작할 때 호출한다.
34:     int beamwidth = 100;
35:     int beamdepth = END_TURN;
36:     const auto &ai = StringAIPair("beamSearchAction", [&](const State &state)
37:                                     { return beamSearchAction(state, beamwidth,
                                            beamdepth); });
38:     testAiScore(ai, /*게임 횟수*/ 100);
39:     testAiSpeed(ai, /*게임 횟수*/ 100, 10);
40:     return 0;
41: }
```

터미널 7.4.1 고속화하기 전의 처리 시간 측정

```
> wsl
$ cd sample_code/07_Advanced/
$ g++ -O3 -std=c++17 -o 04_TestSpeed 04_TestSpeed.cpp
$ ./04_TestSpeed
```

실행 결과는 [그림 7.4.1]과 같습니다. 고속화를 적용해서 탐색 내용의 변화없이 속도가 얼마나 빨라지는지 확인해 봅니다. 고속화를 해도 점수는 그대로 135.98이지만 처리 시간이 41.6밀리초보다 줄어드는지 확인합니다.

그림 7.4.1 고속화하기 전의 측정 결과

```
Score of beamSearchAction:    135.98
Time of beamSearchAction:     41.6ms
```

비트 연산 구현하기

이제 비트 연산을 구현해 봅시다(코드 7.4.2). C++은 std::bitset<W>로 크기 W의 비트열을 만들 수 있습니다. std::bitset 내부는 unit64_t형으로 구현되어 있으므로 다른 언어라면 부호가 없는 64비트 정수형을 사용하면 됩니다.

우선 지정한 좌표 (y, x)에 대한 비트 유무 확인, 비트 설정, 비트 제거 메서드를 구현합니다.

```cpp
01: #include <bitset>
02: namespace multi_bitset
03: {
04:     // H개의 크기 W인 bitset으로 H*W의 2차원 배열을 표현한다.
05:     class Mat
06:     {
07:     private:
08:         // 복사 연산을 할 고정 길이 배열은 std::array를 사용
09:         std::array<std::bitset<W>, H> bits_ = std::array<std::bitset<W>, H>();
10:     public:
11:         Mat(){};
12:         Mat(const std::array<std::bitset<W>, H> &mat) : bits_(mat){};
13:
14:         // 지정한 위치에 비트가 있는가 확인한다.
15:         bool get(int y, int x) const
16:         {
17:             return bits_[y][x];
18:         }
19:
20:         // 지정한 위치에 비트를 설정한다.
21:         void set(int y, int x)
22:         {
23:             bits_[y].set(x);
24:         }
25:         // 지정한 위치에 비트를 제거한다.
26:         void del(int y, int x)
27:         {
28:             bits_[y].reset(x);
29:         }
30:     };
31: }
```

상하좌우 이동 구현하기

위쪽, 아래쪽, 왼쪽, 오른쪽의 각 방향별로 한 칸 이동한 결과를 반영한 비트보드를 반환하는 메서드인 up_mat, down_mat, left_mat, right_mat를 구현합니다(코드 7.4.3). 앞에서 설명한 것처럼 up_mat, down_mat는 반복문으로 판을 이동시켜서 구현하고 left_mat, right_mat는 1행씩 시프트 연산을 모든 행에 적용해서 구현합니다.

```
01: namespace multi_bitset
02: {
03:     // H개의 크기 W인 bitset으로 H*W의 2차원 배열을 표현한다.
04:     class Mat
05:     {
06:     private:
07:         Mat up_mat() const
08:         {
09:             Mat ret_mat = *this;
10:             for (int y = 0; y < H - 1; y++)
11:             {
12:                 ret_mat.bits_[y] |= ret_mat.bits_[y + 1];
13:             }
14:             return ret_mat;
15:         }
16:         Mat down_mat() const
17:         {
18:             Mat ret_mat = *this;
19:             for (int y = H - 1; y >= 1; y--)
20:             {
21:                 ret_mat.bits_[y] |= ret_mat.bits_[y - 1];
22:             }
23:             return ret_mat;
24:         }
25:         Mat left_mat() const
26:         {
27:             Mat ret_mat = *this;
28:             for (int y = 0; y < H; y++)
29:             {
30:                 ret_mat.bits_[y] >>= 1;
31:             }
32:             return ret_mat;
33:         }
34:         Mat right_mat() const
35:         {
36:             Mat ret_mat = *this;
37:             for (int y = 0; y < H; y++)
38:             {
39:                 ret_mat.bits_[y] <<= 1;
```

```
40:            }
41:            return ret_mat;
42:        }
43:    };
44: }
```

거리 계산에 필요한 비트 연산 구현하기

거리 계산에 필요한 비트 연산을 구현합니다(코드 7.4.4). AND 연산이나 OR 연산처럼 일반적인 연산 단위가 아니라 효율적으로 a&=~b처럼 여러 연산을 한꺼번에 묶어서 필요한 단위로 구현합니다.

코드 7.4.4 거리 계산에 필요한 비트 연산 구현 | 05_MultiBitSet.cpp |

```
01: namespace multi_bitset
02: {
03:     class Mat
04:     {
05:         // 모든 비트를 네 방향으로 넓힌다.
06:         void expand()
07:         {
08:             Mat up = up_mat();
09:             Mat down = down_mat();
10:             Mat left = left_mat();
11:             Mat right = right_mat();
12:             for (int y = 0; y < H; y++)
13:             {
14:                 this->bits_[y] |= up.bits_[y];
15:                 this->bits_[y] |= down.bits_[y];
16:                 this->bits_[y] |= left.bits_[y];
17:                 this->bits_[y] |= right.bits_[y];
18:             }
19:         }
20:
21:         // *this&=~mat // not 연산과 따로 처리하면 효율이 좋지 않으므로 하나의 연산으로 합침
22:         void andeq_not(const Mat &mat)
23:         {
24:             for (int y = 0; y < H; y++)
25:             {
```

```
26:                  this->bits_[y] &= ~mat.bits_[y];
27:              }
28:          }
29:
30:          // *this == mat
31:          bool is_equal(const Mat &mat) const
32:          {
33:              for (int y = 0; y < H; y++)
34:              {
35:                  if (this->bits_[y] != mat.bits_[y])
36:                      return false;
37:              }
38:              return true;
39:          }
40:          // *this와 mat에서 중복된 비트가 하나라도 존재하는가
41:          bool is_any_equal(const Mat &mat) const
42:          {
43:              for (int y = 0; y < H; y++)
44:              {
45:                  if ((this->bits_[y] & mat.bits_[y]).any())
46:                      return true;
47:              }
48:              return false;
49:          }
50:      };
51: }
```

탐색용 클래스 구현하기

탐색을 고속화하기 위해서 클래스 구조를 변경하지만 탐색 이외의 처리는 동일한 조건에서 비교합니다. 이미 구현한 WallMazeState 클래스와 별도로 탐색용 클래스 MazeState ByBitSet을 구현합시다(코드 7.4.5).

MazeStateByBitSet에서 데이터를 참조해야 하므로 3~7번째 줄처럼 WallMazeState의 일부 멤버 변수를 public으로 변경합니다.

공평한 실습 환경을 위해서 난수를 사용한 생성자는 WallMazeState에 맡기고 MazeState ByBitSet 생성자는 초기화가 끝난 WallMazeState에서 복사하는 형태로 구현합니다.

바닥의 점수는 9종류가 있고 비트열로 표현하기에는 정보량이 많습니다. 따라서 14, 15

번째 줄처럼 2차원 배열과 비트열로 따로 저장합니다.

코드 7.4.5 2차원 배열을 Mat로 변경한 클래스 구현 | 05_MultiBitSet.cpp |

```cpp
01: class WallMazeState
02: {
03: public:
04:     // MazeStateByBitSet에서 참조할 수 있도록 public으로 만듦
05:     int points_[H][W] = {};
06:     int turn_ = 0;
07:     int walls_[H][W] = {};
08: };
09:
10: using multi_bitset::Mat;
11: class MazeStateByBitSet
12: {
13: private:
14:     int points_[H][W] = {};          // 바닥의 점수는 1~9 중 하나
15:     Mat whole_point_mat_ = Mat();    // 바닥에 점수가 있는 위치를 1로 나타냄
16:     int turn_ = 0;                   // 현재 턴
17:     Mat walls_ = Mat();              // 벽이 있는 위치를 1로 나타냄
18:     Coord character_ = Coord();
19: public:
20:     MazeStateByBitSet() {}
21:
22:     // h*w 크기의 미로를 생성한다.
23:     MazeStateByBitSet(const WallMazeState &state) :
24:       turn_(state.turn_),
25:       character_(state.character_.y_, state.character_.x_),
26:       game_score_(state.game_score_)
27:     {
28:         for (int y = 0; y < H; y++)
29:             for (int x = 0; x < W; x++)
30:             {
31:                 if (state.walls_[y][x])
32:                 {
33:                     this->walls_.set(y, x);
34:                 }
35:                 if (state.points_[y][x])
36:                 {
37:                     this->points_[y][x] = state.points_[y][x];
```

```
38:                    this->whole_point_mat_.set(y, x);
39:                }
40:            }
41:        init_hash();
42:    }
43: };
```

비트 연산으로 거리 계산 구현하기

가장 가까운 점수가 있는 바닥까지의 거리를 계산하는 메서드를 비트 연산으로 구현합니다(코드 7.4.6).

코드 7.4.6 비트 연산으로 거리 계산 구현　　　　　　　　　　　　　　| 05_MultiBitSet.cpp |

```
01: class MazeStateByBitSet
02: {
03: private:
04:     // 비트 연산으로 가장 가까운 점수가 있는 바닥까지 거리를 계산한다.
05:     int getDistanceToNearestPoint()
06:     {
07:
08:         auto now = Mat();
09:         now.set(this->character_.y_, this->character_.x_);
10:         for (int depth = 0;; ++depth)
11:         {
12:             if (now.is_any_equal(this->whole_point_mat_))  // 점수에 도달했는지 확인
13:             {
14:                 return depth;
15:             }
16:
17:             auto next = now;
18:             next.expand();                // 이동 범위를 한 칸 넓힌다
19:             next.andeq_not(this->walls_);  // 벽과 충돌 판정으로 제거한다
20:             if (next.is_equal(now))        // 이동 범위가 변함이 없으면 끝낸다
21:             {
22:                 break;
23:             }
24:             now = next;
25:         }
26:
```

```
27:        return H * W;
28:    }
29: };
```

다수의 비트열을 이용한 고속화 실행하기

기록 점수와 실행 속도를 테스트하는 코드를 수정합니다(코드 7.4.7).

MazeStateByBitSet은 WallMazeState를 인수로 받는 생성자를 호출해서 데이터를 복
사합니다. 15번째 줄처럼 실행 속도 계산에 생성자 생성 처리가 포함되지 않도록 먼저
MazeStateByBitSet 처리를 끝냅니다.

코드 7.4.7 테스트 코드 수정 | 05_MultiBitSet.cpp |

```
01: void testAiScore(const StringAIPair &ai, const int game_number)
02: {
03: // 중략
04:             state.advance(ai.second(MazeStateByBitSet(state)));
05: // 중략
06: }
07:
08: void testAiSpeed(
09:     const StringAIPair &ai,
10:     const int game_number,
11:     const int per_game_number)
12: {
13:     // 중략
14:         auto state = State(mt_for_construct());
15:         auto state_bit = MazeStateByBitSet(state);
16:         auto start_time = std::chrono::high_resolution_clock::now();
17:         for (int j = 0; j < per_game_number; j++)
18:         {
19:             ai.second(state_bit);
20:         }
21:         auto diff = std::chrono::high_resolution_clock::now() - start_time;
22:     // 중략
23: }
```

그러면 실행해 봅시다(터미널 7.4.2).

```
> wsl
$ cd sample_code/07_Advanced/
$ g++ -O3 -std=c++17 -o 05_MultiBitSet 05_MultiBitSet.cpp
$ ./05_MultiBitSet
```

실행 결과는 [그림 7.4.2]와 같습니다. 기록 점수는 고속화 이전과 동일하게 135.98이고 처리 시간은 25.5밀리초가 되었습니다. 고속화하기 전에는 41.6밀리초이었으므로 상당히 빨라졌다는 걸 알 수 있습니다.

그림 7.4.2 여러 개의 비트열을 이용한 고속화 측정 결과

```
Score of beamSearchAction:    135.98
Time of beamSearchAction:     25.5ms
```

7.4.3 단일 비트열로 게임판 표현하기

지금까지는 간단한 설명을 위해서 여러 개의 비트열로 게임판을 표현하는 방법을 설명했지만, 비트열을 하나만 써서 표현하면 좀 더 빠르게 만들 수 있습니다.

너비 W인 게임판이라면 W 비트마다 쪼개서 행을 표현합니다. 다음 그림은 보기 좋게 W 비트마다 줄바꿈을 했지만 이것을 모두 하나의 변수로 표현합니다.

▼ 게임판을 단일 비트열로 나타내기

기본 게임판

```
0b00000        0b01001        0b00000
 00000          00000          01110
 01000          00000          00010
 00000          00000          01010
```

캐릭터 위치   점수 위치   벽 위치

다수의 비트열을 사용할 때는 상하 이동에 반복문을 사용했지만, 단일 비트열은 W 비트 만큼 옮기면 상하 이동을 표현할 수 있습니다. 예를 들어 너비 5인 게임판은 5비트만큼 옮기면 됩니다.

1칸 이내로 갈 수 있는 범위는 다음처럼 1비트 왼쪽 시프트, 1비트 오른쪽 시프트, 5비트 왼쪽 시프트, 5비트 오른쪽 시프트한 결과와 자신을 OR로 계산하면 구할 수 있을 것 같습니다.

▼ 캐릭터 이동 범위를 단일 비트열로 계산하기

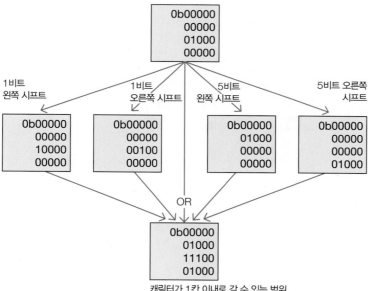

사실 이런 방식은 올바른 캐릭터 이동을 계산할 수 없습니다.

예를 들어, 지금 이 상태에서 다시 한 번 1비트 왼쪽 시프트해 봅시다. 아래 그림에서 보면 세 번째 행의 왼쪽 끝에 있던 비트가 옆으로 옮겨져서 윗행의 오른쪽 끝으로 이동한 상태가 됩니다.

▼ 1비트 왼쪽 시프트로 다른 줄에 비트가 반영된 예

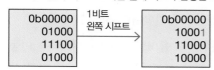

게임판에서는 왼쪽 끝까지 갔으면 더이상 왼쪽으로 이동할 수 없습니다. 왼쪽 시프트를 하는 건 캐릭터가 왼쪽으로 이동하면 어떻게 되는지 알고 싶기 때문이므로 왼쪽 가장자리에 있던 비트는 확인 대상이 아닙니다.

따라서 게임판 왼쪽 가장자리에 해당하는 비트는 0, 그외는 1인 비트보드를 준비해서 원래 게임판과 AND 연산을 합니다. 이렇게 하면 왼쪽 가장자리의 비트가 없어져서(0이 됨) 왼쪽 시프트를 해도 다른 행으로 넘어가지 않습니다. 이렇게 여러 비트를 일괄적으로 0이나 1로 설정하려고 사용하는 비트열을 **비트마스크**bitmask(또는 마스크비트)라고 부릅니다.

▼ 비트마스크로 오류 방지

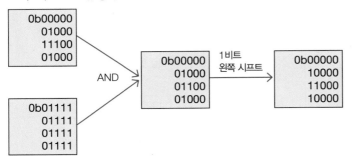

오른쪽 이동도 단순히 1비트 오른쪽 시프트하면 다음 행으로 넘어갑니다. 게임판 오른쪽 가장자리를 뜻하는 비트를 0, 그외는 1로 만든 비트마스크를 이용해서 왼쪽 이동과 동일한 처리를 하면 됩니다.

▼ 오른쪽 이동용 비트마스크

```
0b11110
  11110
  11110
  11110
```

7.4.4 단일 비트열을 사용한 게임판 표현 구현하기

단일 비트열로 게임판을 표현할 때 사용하는 비트 연산을 구현합니다(코드 7.4.8).

상하 이동은 12번째 줄, 18번째 줄처럼 시프트하는 비트수를 W로 설정합니다. 좌우 이동은 24번째 줄, 30번째 줄처럼 마스크를 씌운 후에 1비트 시프트합니다. 어느 쪽 방향 이동이라도 H개의 비트열로 게임판을 표현할 때 H회 반복 처리하던 부분이 없어지므로 고속화가 가능합니다.

get, set, del, expand, andeq_not, is_equal, is_any_equal도 수정이 필요하지만 자세한 내용은 예제 코드를 참조하기 바랍니다.

코드 7.4.8 단일 비트열로 비트 연산 구현

| 06_SingleBitSet.cpp |

```
01: namespace single_bitset
02: {
03:     // bitset 하나로 H*W의 2차원 배열을 표현한다.
04:     class Mat
05:     {
06:     private:
07:         std::bitset<H *W> bits_ = std::bitset<H * W>();
08:
09:         Mat up_mat() const
10:         {
11:             Mat ret_mat = *this;
12:             ret_mat.bits_ >>= W;
13:             return ret_mat;
14:         }
15:         Mat down_mat() const
16:         {
17:             Mat ret_mat = *this;
18:             ret_mat.bits_ <<= W;
19:             return ret_mat;
20:         }
21:         Mat left_mat() const
22:         {
23:             Mat ret_mat = *this;
24:             ret_mat.bits_ |= (ret_mat.bits_ & left_mask) >> 1;
25:             return ret_mat;
26:         }
27:         Mat right_mat() const
28:         {
29:             Mat ret_mat = *this;
30:             ret_mat.bits_ |= (ret_mat.bits_ & right_mask) << 1;
31:             return ret_mat;
32:         }
```

```
33:     };
34: }
35: using single_bitset::Mat;
```

비트마스크를 미리 계산하기

left_mat과 right_mat에서 사용하는 마스크 left_mask, right_mask는 미리 계산해서
전역 변수 영역에 저장해 둡니다(코드 7.4.9).

몇 가지 구현 방법이 있지만 예제에서는 비트를 0으로 만들고 싶은 부분을 먼저 비트를 1
로 설정해서 비트 반전으로 마스크를 만드는 방법을 사용합니다. 이런 준비 작업은 처리
시간에 큰 영향을 주지 않으므로 자신이 이해하기 쉬운 방법으로 구현하면 됩니다.

코드 7.4.9 비트마스크 계산 | 06_SingleBitSet.cpp |

```cpp
01: namespace single_bitset
02: {
03:     std::bitset<H * W> initLeftMask()
04:     {
05:         std::bitset<H *W> mask = std::bitset<H * W>();
06:         for (int y = 0; y < H; ++y)
07:         {
08:             mask |= (std::bitset<H * W>(1) << (y * W));
09:         }
10:         mask = ~mask;
11:         return mask;
12:     }
13:     std::bitset<H * W> initRightMask()
14:     {
15:         std::bitset<H *W> mask = std::bitset<H * W>();
16:         for (int y = 0; y < H; ++y)
17:         {
18:             mask |= (std::bitset<H * W>(1) << (y * W + W - 1));
19:         }
20:         mask = ~mask;
21:         return mask;
22:     }
23:
24:     std::bitset<H *W> left_mask = initLeftMask();
```

```
25:        std::bitset<H *W> right_mask = initRightMask();
26: }
```

비트보드로 게임판을 표현하는 Mat 클래스의 구현이 끝나면 벽이 있는 숫자 모으기 미로
의 클래스 주요 부분은 별다른 수정이 필요없습니다.

단일 비트열을 사용한 고속화 실행하기

그러면 실행해 봅시다(터미널 7.4.3).

터미널 7.4.3 단일 비트열을 사용한 고속화 실행

```
> wsl
$ cd sample_code/07_Advanced/
$ g++ -O3 -std=c++17 -o 06_SingleBitSet 06_SingleBitSet.cpp
$ ./06_SingleBitSet
```

실행 결과는 [그림 7.4.3]과 같습니다. 점수는 고속화하기 전과 동일하게 135.98이고 처
리 시간은 22.37밀리초가 되었습니다. 다수의 비트열을 사용한 경우는 25.5밀리초였으므
로 처리 시간이 개선된 것을 알 수 있습니다.

그림 7.4.3 단일 비트열을 사용한 고속화 측정 결과

```
Score of beamSearchAction:   135.98
Time of beamSearchAction:    22.37ms
```

7.4.5 복사 횟수 제어하기

지금까지 빔 탐색은 우선순위 큐를 사용해서 구현했습니다. 우선순위 큐에 직접 클래스를
push하면 비교 연산 결과에 따라 객체 복사가 여러 번 발생합니다.

예를 들어, 임의의 정수로만 구성된 간단한 클래스를 100회 push하는 실험을 해봅시다
(코드 7.4.10, 터미널 7.4.4). 10~14번째 줄은 연산자 오버로딩Operator Overloading으로 자신
이 만든 클래스에서 연산자 처리 내용을 지정합니다. 이번에는 복사 연산이 호출된 횟수
를 기록하는 처리를 추가합니다.

main 함수에서는 무작위 값으로 초기화한 State 클래스를 priority_queue에 100회 push하고, 마지막으로 복사 연산이 호출된 횟수를 출력합니다.

코드 7.4.10 객체 복사 횟수 측정 | 07_CopyCount.cpp |

```cpp
01: int operator_count = 0;
02:
03: class State
04: {
05:
06: public:
07:     int value_;
08:
09:     State(const int value = 0) : value_(value) {}
10:     void operator=(const State &state)
11:     {
12:         this->value_ = state.value_;
13:         ++operator_count;   // 전역 영역에 복사 연산이 호출된 횟수를 기록한다.
14:     }
15: };
16: bool operator<(const State &state1, const State &state2)
17: {
18:     return state1.value_ < state2.value_;
19: }
20: int main()
21: {
22:     using std::cout;
23:     using std ::endl;
24:     std::mt19937 mt(0);
25:     std::priority_queue<State> queue;
26:     for (int i = 0; i < 100; i++)
27:     {
28:         queue.push(State(mt() % 100));
29:     }
30:     cout << "operator is called " << operator_count << " times" << endl;
31:     return 0;
32: }
```

```
> wsl
$ cd sample_code/07_Advanced/
$ g++ -O3 -std=c++17 -o 07_CopyCount 07_CopyCount.cpp
$ ./07_CopyCount
```

100회 push하는 데 복사 연산이 203번 호출되었습니다(그림 7.4.4). 우선순위 큐를 이용하는데 복사 연산 횟수는 무시할 수 없는 수준입니다.

그림 7.4.4 복사 연산이 호출된 횟수 측정 결과

```
operator is called 203 times
```

복사 연산은 객체 크기가 커질수록 처리 시간이 길어집니다. `MazeStateByBitSet` 객체는 다 합치면 약 252바이트 정도가 되므로 복사 연산에 걸리는 처리 시간도 무시할 수 없습니다(표 7.4.1).

표 7.4.1 MazeStateByBitSet의 대략적인 데이터 크기

멤버 변수 데이터형	변수당 크기(바이트)	개수
int[H][W]	$4 \times 7 \times 7 = 196$	1
Mat, Coord, ScoreType, unit64_t	8	5
int	4	4
합계	252 ※ 패딩 처리 등으로 264가 되는 경우가 있음	–

따라서 우선순위 큐에 저장할 대상을 객체 자체가 아니라 객체를 가리키는 포인터로 바꾸면 복사 연산이 빨라집니다. C++이라면 64비트 OS의 포인터는 8바이트이므로 복사 연산도 상당히 빨라집니다.

▼ 객체 포인터와 본체 크기

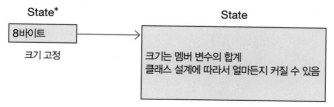

State형 객체의 포인터를 가진 클래스 StatePtr를 어떻게 설계할지 생각해 봅시다.

StatePtr는 복사 비용을 가능한 줄이고 싶으므로 포인터 이외의 멤버 변수가 없습니다. State 클래스에는 자신을 참조하는 StatePtr가 몇 개 존재하는지 카운트하는 변수 ref_count_를 추가합니다.

▼ 참조 카운트 방식으로 객체 참조하기

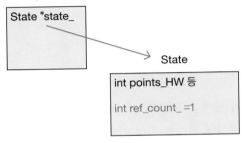

참조하는 StatePtr형 객체를 복사합니다. 이때 실제로 복사되는 건 포인터 뿐으로 State 형의 데이터 크기에 관계없이 일정한 비용으로 복사할 수 있습니다. 참조 대상 State형 객체에는 참조하는 곳이 늘었다는 것을 ref_count_에 기록합니다.

▼ 참조 카운트 방식으로 참조 복사하기

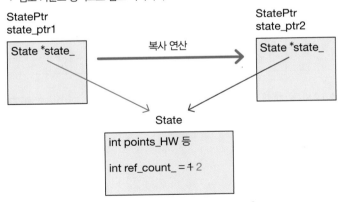

참조하는 StatePtr형 객체를 제거할 때는 참조 대상 State형 객체에 참조하는 곳이 줄었다는 것을 ref_count_에 기록합니다.

▼ 참조 카운트 방식으로 참조 제거하기

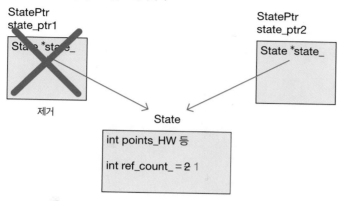

참조하는 StatePtr형 객체를 또 한 번 제거합시다. 참조하는 곳(포인터)이 모두 없어졌으므로 참조 대상인 State형 객체도 삭제합니다. 이때 State형의 크기에 따라 삭제하는 처리 비용이 들겠지만 지금까지 얼마나 많은 곳에서 참조했던지 관계없이 State형 객체 삭제는 한 번으로 끝나는 장점이 있습니다.

▼ 참조하는 곳이 없어졌으면 삭제하기

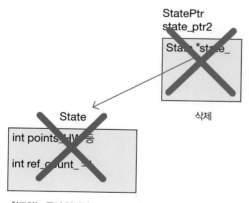

참조하는 곳이 없어졌으므로 삭제

이렇게 참조 횟수를 기록하면서 메모리를 관리하는 방식을 **참조 카운트 방식**^{reference counting}이라고 부릅니다.

7.4.6 참조 카운트 방식으로 복사 횟수 제어 구현하기

일단, 참조 대상이 되는 클래스에 참조 카운트 처리를 추가합니다(코드 7.4.11). 참조 카운트를 줄이는 release에서는 참조 카운트가 1일 때 자기 자신도 파기합니다.

코드 7.4.11 참조 대상 클래스의 카운트 구현 I 08_ReferenceCount.cpp I

```cpp
01: class MazeStateByBitSet
02: {
03: private:
04:     int ref_count_ = 0; // 참조 카운트
05: public:
06:     // 참조 카운트를 초기화한다.
07:     void init()
08:     {
09:         ref_count_ = 1;
10:     }
11:     // 참조 카운트를 늘린다.
12:     void addRef()
13:     {
14:         ++ref_count_;
15:     }
16:     // 참조 카운트를 줄인다. 참조가 모두 없어졌으면 파기한다.
17:     void release()
18:     {
19:         if (ref_count_ == 1)
20:         {
21:             delete (this);
22:         }
23:         else
24:         {
25:             --ref_count_;
26:         }
27:     }
28: };
29: using State = MazeStateByBitSet;
```

참조 클래스 구현하기

State 클래스를 참조하는 클래스 StatePtr을 구현합니다(코드 7.4.12).

StatePtr(const State &state)는 최초로 State형 객체를 참조할 때 사용하는 생성자이므로 init를 호출하고, StatePtr(const StatePtr &state_ptr)는 인수에 지정한 StatePtr가 이미 참조하는 객체가 존재하므로 addRef를 호출합니다.

operator=(const StatePtr &state_ptr)은 StatePtr(const StatePtr &state_ptr)와 사용법이 비슷해 보이지만 operator=은 자신이 이미 참조하고 있는 객체의 참조 카운트를 빼야 한다는 점을 잊지 말기 바랍니다.

코드 7.4.12 참조 클래스 구현 | 08_ReferenceCount.cpp |

```cpp
01: class StatePtr
02: {
03: public:
04:     State *state;
05:     StatePtr(const State &state)
06:     {
07:         this->state = new State();
08:         *this->state = state;
09:         this->state->init();
10:     }
11:     StatePtr(const StatePtr &state_ptr)
12:     {
13:         this->state = state_ptr.state;
14:         this->state->addRef();
15:     }
16:     void operator=(const StatePtr &state_ptr)
17:     {
18:         this->state->release();
19:         this->state = state_ptr.state;
20:         this->state->addRef();
21:     }
22:     ~StatePtr()
23:     {
24:         this->state->release();
25:     }
26: };
```

```
27: bool operator<(const StatePtr &state_ptr1, const StatePtr &state_ptr2)
28: {
29:     return (*state_ptr1.state) < (*state_ptr2.state);
30: }
```

빔 탐색을 참조 카운트 방식에 대응하기

빔 탐색을 StatePtr에 대응해 봅시다(코드 7.4.13).

코드에서 강조한 부분은 지금까지 사용하던 빔 탐색과 달라진 점입니다. 6번째 줄, 31번째 줄은 push가 아니라 emplace를 사용해서 State형 객체를 인수로 직접 작성합니다.

코드 7.4.13 빔 탐색을 참조 카운트 방식에 대응 | 08_ReferenceCount.cpp |

```
01: int beamSearchAction(const State &state, const int beam_width, const int beam_
    depth)
02: {
03:     std::priority_queue<StatePtr> now_beam;
04:     State best_state;
05:
06:     now_beam.emplace(state);
07:     auto hash_check = std::unordered_set<uint64_t>();
08:
09:     for (int t = 0; t < beam_depth; t++)
10:     {
11:         std::priority_queue<StatePtr> next_beam;
12:         for (int i = 0; i < beam_width; i++)
13:         {
14:             if (now_beam.empty())
15:                 break;
16:             State now_state = *now_beam.top().state;
17:             now_beam.pop();
18:             auto legal_actions = now_state.legalActions();
19:             for (const auto &action : legal_actions)
20:             {
21:                 State next_state = now_state;
22:                 next_state.advance(action);
23:                 if (t >= 1 && hash_check.count(next_state.hash_) > 0)
24:                 {
25:                     continue;
26:                 }
```

```
27:                    hash_check.emplace(next_state.hash_);
28:                    next_state.evaluateScore();
29:                    if (t == 0)
30:                        next_state.first_action_ = action;
31:                    next_beam.emplace(next_state);
32:                }
33:            }
34:
35:        now_beam = next_beam;
36:        best_state = *now_beam.top().state;
37:
38:        if (best_state.isDone())
39:        {
40:            break;
41:        }
42:    }
43:    return best_state.first_action_;
44: }
```

참조 카운트 방식을 사용한 고속화 실행하기

그러면 실행해 봅시다(터미널 7.4.5).

터미널 7.4.5 참조 카운트 방식을 사용한 고속화 실행

```
> wsl
$ cd sample_code/07_Advanced/
$ g++ -O3 -std=c++17 -o 08_ReferenceCount 08_ReferenceCount.cpp
$ ./08_ReferenceCount
```

실행 결과는 [그림 7.4.5]처럼 출력되었습니다.

점수는 고속화하기 전과 동일한 135.98이고 처리 시간은 15.42밀리초가 되었습니다. 복사 횟수를 제어하지 않았을 때는 22.37밀리초였으니 처리 시간이 개선된 것을 알 수 있습니다.

그림 7.4.5 참조 카운트 방식을 이용한 고속화 측정 결과

```
Score of beamSearchAction:    135.98
Time of beamSearchAction:     15.42ms
```

제 **8** 장

실제 게임에 응용하기

지금까지 이 책에서 만든 숫자 모으기 미로 게임을 확장하며 알고리즘을 설명했습니다. 8장에서는 실제로 존재하는 게임에 탐색 알고리즘을 적용해서 AI를 강하게 만드는 과정을 설명합니다.

8.1

커넥트 포 게임을 플레이하는 AI 구현하기

8.1.1 커넥트 포 게임

이번 장에서는 커넥트 포$^{Connect\ Four1}$ 게임을 소개합니다(표 8.1.1).

▼ 커넥트 포

표 8.1.1 커넥트 포 게임 규칙

	설명
플레이어 목적	자신의 돌을 세로, 가로, 대각선 중 어느 방향으로 연속해서 4개를 모읍니다. 승패가 나지 않은 채로 더이상 돌을 놓을 곳이 없어지면 무승부입니다.
플레이어 수	2인
플레이어의 행동 타이밍	대결 상대와 교대로 둡니다.
플레이어가 가능한 행동	자신의 차례가 되면 돌을 놓습니다. 돌은 제일 윗칸까지 아직 차지 않은 열에 놓을 수 있습니다. 돌은 선택한 열의 비어 있는 제일 아래에 배치됩니다.
게임 종료 조건	누군가가 승리 조건을 만족하거나 돌을 더이상 놓을 수 없으면 끝납니다.
기타	게임판 크기는 높이 6, 너비 7

---

1 **역자주_** 가로, 세로, 대각선으로 같은 색의 알을 4개 늘어놓으면 승리하는 사목 게임의 일종입니다.

다음은 커넥트 포 게임판 예시입니다.

▼ 커넥트 포 게임판 예시

자기 차례가 된 플레이어는 7개의 열 중에서 아직 가득 차지 않은 칸의 제일 아래에 돌을 놓을 수 있습니다. 돌로 가득 찬 곳에는 더 이상 놓을 수 없습니다. 다음과 같은 게임판이라면 하늘색 칸이 경우의 수가 됩니다.

▼ 경우의 수 예시

승리 조건은 가로, 세로, 대각선 방향 중 어느 방향이든지 자신의 돌을 4개 연속해서 모으면 됩니다.

▼ 승리 패턴

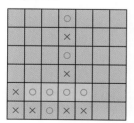

가로 방향

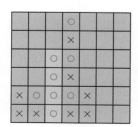

세로 방향

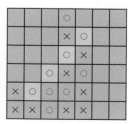

대각선 방향

8.1.2 커넥트 포 구현하기

이 책에서 소개하는 예제 코드는 다양한 탐색 알고리즘을 다룹니다. 3장~6장에서 소개한 예제 코드는 **[모든 게임에서 구현]** 주석이 달린 메서드를 양식에 맞게 변경한 자신만의 State 클래스를 만들어서 탐색 부분의 구현을 변경할 필요 없이 탐색 알고리즘에 적용할 수 있습니다(7장처럼 응용 기법을 사용하면 탐색 부분도 조금 수정이 필요합니다).

커넥트 포는 순서가 교대로 돌아오는 2인 게임이므로 5장에서 소개한 알고리즘이 유용합니다. 이번에는 MCTS를 적용해 봅시다.

기본 메서드 구현하기

기본 메서드를 구현합니다(코드 8.1.1).

커넥트 포는 초기 게임판의 무작위 배치 등이 필요하지 않아서 생성자에는 **seed** 인수가 없습니다. **isDone**과 **getWinningStatus**는 **winning_status_**로 판별합니다. **winning_status_** 갱신은 **advance**에서 처리합니다.

게임판은 자신의 돌과 상대방 돌의 존재 여부를 0과 1로 표시하는 **my_board_**와 **enermy_board_**로 표현합니다. 세로 방향은 높이를 뜻하므로 0이 가장 낮은 위치, H−1이 가장 높은 위치가 됩니다. 숫자 모으기 미로와 방향이 서로 반대이므로 주의하기 바랍니다.

legalActions는 모든 열을 대상으로 위에서부터 차례대로 돌 존재의 유무를 확인해서 비어 있는 칸이 있다면 해당 열을 경우의 수에 추가합니다. 각 열의 돌은 바닥부터 채워 나가므로 비어 있는 칸을 찾고 싶다면 위에서부터 순서대로 확인하는 쪽이 조금 더 빠릅니다. 더욱 빠르게 찾는 방법도 있지만 이정도로 충분하므로 여기서는 설명을 생략합니다.

코드 8.1.1 커넥트 포 기본 메서드 구현　　　　　　　　　　　　　| 00_ConnectFour.cpp |

```cpp
01: constexpr const int H = 6; // 미로의 높이
02: constexpr const int W = 7; // 미로의 너비
03:
04: class ConnectFourState
05: {
06: private:
07:     bool is_first_ = true; // 선공 여부
08:     int my_board_[H][W] = {};
```

```
09:        int enemy_board_[H][W] = {};
10:        WinningStatus winning_status_ = WinningStatus::NONE;
11:
12: public:
13:        ConnectFourState()
14:        {
15:        }
16:
17:        // [모든 게임에서 구현] : 게임 종료 판정
18:        bool isDone() const
19:        {
20:            return winning_status_ != WinningStatus::NONE;
21:        }
22:
23:        // [모든 게임에서 구현] : 승패 정보를 획득한다.
24:        WinningStatus getWinningStatus() const
25:        {
26:            return this->winning_status_;
27:        }
28:
29:        // [모든 게임에서 구현] : 현재 플레이어가 가능한 행동을 모두 획득한다.
30:        std::vector<int> legalActions() const
31:        {
32:            std::vector<int> actions;
33:            for (int x = 0; x < W; x++)
34:                for (int y = H - 1; y >= 0; y--)
35:                {
36:                    if (my_board_[y][x] == 0 && enemy_board_[y][x] == 0)
37:                    {
38:                        actions.emplace_back(x);
39:                        break;
40:                    }
41:                }
42:            return actions;
43:        }
44: };
```

플레이어 행동을 반영하는 메서드 구현하기

플레이어 행동을 반영하는 메서드 **advance**를 구현합니다. 코드가 길어서 하나의 메서드로 쪼개서 설명합니다(코드 8.1.2).

action은 선택한 열의 x 좌표를 지정합니다. 지정한 열에 배치 가능한 돌의 y 좌표를 계산해서 배치합니다. `legalActions`와는 다르게 y 좌표를 0에서부터 순서대로 돌이 없는 칸을 찾습니다. action은 legalActions에서 찾은 경우의 수를 사용하면 돌을 놓을 수 있는 칸이 반드시 존재합니다. 따라서 실수하진 않았는지 **assert** 등으로 확인해 보는 것도 좋습니다.

코드 8.1.2 돌 배치 구현　　　　　　　　　　　　　　　　　　　　| 00_ConnectFour.cpp |

```
01: class ConnectFourState
02: {
03: private:
04:     // [모든 게임에서 구현] :
05:     // 지정한 action으로 게임을 1턴 진행하고 다음 플레이어 시점의 게임판으로 만든다.
06:     void advance(const int action)
07:     {
08:         std::pair<int, int> coordinate;
09:         for (int y = 0; y < H; y++)
10:         {
11:             if (this->my_board_[y][action] == 0 && this->enemy_board_[y][action]
                == 0)
12:             {
13:                 this->my_board_[y][action] = 1;
14:                 coordinate = std::pair<int, int>(y, action);
15:                 break;
16:             }
17:         }
18:         // 중략
19:     }
20: };
```

돌을 배치했으면 승패 판정을 해서 `winning_status_`를 갱신합니다.

우선 가로 방향을 확인합니다(코드 8.1.3). 상수 **dx**에 저장된 이동 방향의 x 성분에 따라 너비 우선 탐색을 해서 자신의 돌이 4개 연속으로 이어지는지 확인합니다. 이때 새로 둔 돌은 무조건 자신의 돌이므로 상대방 돌은 신경 쓸 필요가 없습니다.

코드 8.1.3 가로 방향 연속 판정 구현

```cpp
01: class ConnectFourState
02: {
03: private:
04:     static constexpr const int dx[2] = {1, -1};              // 이동 방향의 x성분
05:
06:     // [모든 게임에서 구현]:
07:     // 지정한 action으로 게임을 1턴 진행하고 다음 플레이어 시점의 게임판으로 만든다.
08:     void advance(const int action)
09:     {
10:         // 중략
11:         { // 가로 방향으로 연속인가 판정한다.
12:
13:             auto que = std::deque<std::pair<int, int>>();
14:             que.emplace_back(coordinate);
15:             std::vector<std::vector<bool>> check(H, std::vector<bool>(W, false));
16:             int count = 0;
17:             while (!que.empty())
18:             {
19:                 const auto &tmp_cod = que.front();
20:                 que.pop_front();
21:                 ++count;
22:                 if (count >= 4)
23:                 {
24:                     // 자신의 돌이 연속이면 상대방의 패배
25:                     this->winning_status_ = WinningStatus::LOSE;
26:                     break;
27:                 }
28:                 check[tmp_cod.first][tmp_cod.second] = true;
29:
30:                 for (int action = 0; action < 2; action++)
31:                 {
32:                     int ty = tmp_cod.first;
33:                     int tx = tmp_cod.second + dx[action];
34:
35:                     if (ty >= 0 && ty < H && tx >= 0 && tx < W
36:                         && my_board_[ty][tx] == 1 && !check[ty][tx])
37:                     {
```

```
38:                          que.emplace_back(ty, tx);
39:                      }
40:                  }
41:              }
42:          }
43:          // 중략
44:      }
45:
46: };
```

대각선 방향의 연속 판정도 가로 방향과 같은 방법으로 너비 우선 탐색으로 계산합니다
(코드 8.1.4).

코드 8.1.4 대각선 방향 연속 판정 구현 | 00_ConnectFour.cpp |

```
01: class ConnectFourState
02: {
03: private:
04:     static constexpr const int dy_right_up[2] = {1, -1}; // "/"대각선 방향의 x성분
05:     static constexpr const int dy_left_up[2] = {-1, 1};  // "\" 대각선 방향의 x성분
06:     void advance(const int action)
07:     {
08:         // 중략
09:         if (!isDone())
10:         { // "/"방향으로 연속인가 판정한다.
11:             // 중략
12:                     int ty = tmp_cod.first + dy_right_up[action];
13:                     int tx = tmp_cod.second + dx[action];
14:             // 중략
15:         }
16:
17:         if (!isDone())
18:         { // "\"방향으로 연속인가 판정한다.
19:             // 중략
20:                     int ty = tmp_cod.first + dy_left_up[action];
21:                     int tx = tmp_cod.second + dx[action];
22:             // 중략
23:         }
24:         // 중략
```

```
25:     }
26: };
```

세로 방향 연속 판정을 할 때 새롭게 배치된 돌보다 위에 있는 돌은 존재하지 않습니다. 따라서 큐에 넣고 빼는 과정이 필요한 너비 우선 탐색 대신에 단순한 반복문으로 연속 판정을 합니다(코드 8.1.5). 32~37번째 줄은 시점을 상대방으로 변경하고 무승부 판정을 합니다.

아직 이긴 쪽이 없지만 더이상 경우의 수가 없으면 게임판이 꽉 찬 상태(게임 끝)이므로 무승부가 됩니다.

코드 8.1.5 세로 방향 연속 판정과 무승부 판정 구현 | 00_ConnectFour.cpp |

```cpp
01: class ConnectFourState
02: {
03: private:
04:     void advance(const int action)
05:     {
06:         // 중략
07:         if (!isDone())
08:         { // 세로 방향으로 연속인가 판정한다.
09:
10:             int ty = coordinate.first;
11:             int tx = coordinate.second;
12:             bool is_win = true;
13:             for (int i = 0; i < 4; i++)
14:             {
15:                 bool is_mine =
16:                     (ty >= 0 && ty < H && tx >= 0 && tx < W && my_board_[ty][tx] ==
                        1);
17:
18:                 if (!is_mine)
19:                 {
20:                     is_win = false;
21:                     break;
22:                 }
23:                 --ty;
24:             }
```

```
25:            if (is_win)
26:            {
27:                // 자신의 돌이 연속이면 상대방의 패배
28:                this->winning_status_ = WinningStatus::LOSE;
29:            }
30:        }
31:
32:        std::swap(my_board_, enemy_board_);
33:        is_first_ = !is_first_;
34:        if (this->winning_status_ == WinningStatus::NONE && legalActions().size()
            == 0)
35:        {
36:            this->winning_status_ = WinningStatus::DRAW;
37:        }
38:    }
39: };
```

게임판 출력하기

게임판을 출력해 봅시다(코드 8.1.6).

게임판을 출력할 때 누가 선공이고 후공인지에 따라 자신과 상대방의 돌 표시 방법이 바뀝니다. 예제 코드에서는 선공의 돌을 x로 표시하고 후공의 돌을 o로 표시합니다. 따라서 자신이 선공일 때 자신의 돌은 x가 되고, 반대로 자신이 후공일 때 자신의 돌은 o가 됩니다(표 8.1.2).

표 8.1.2 공격 순서와 돌 표시의 관계

		돌 두는 순서	
		선공	후공
돌의 종류	자신의 돌	×	○
	상대방의 돌	○	×

코드 8.1.6 커넥트 포 출력 구현　　　　　　　　　　　　　　　　　| 00_ConnectFour.cpp |

```
01: class ConnectFourState
02: {
03:     // [필수는 아니지만 구현하면 편리] : 현재 게임 상황을 문자열로 만든다.
04:     std::string toString() const
```

```
05:     {
06:         std::stringstream ss("");
07:         ss << "is_first:\t" << this->is_first_ << "\n";
08:         for (int y = H - 1; y >= 0; y--)
09:         {
10:             for (int x = 0; x < W; x++)
11:             {
12:                 char c = '.';
13:                 if (my_board_[y][x] == 1)
14:                 {
15:                     c = (is_first_ ? 'x' : 'o');
16:                 }
17:                 else if (enemy_board_[y][x] == 1)
18:                 {
19:                     c = (is_first_ ? 'o' : 'x');
20:                 }
21:                 ss << c;
22:             }
23:             ss << "\n";
24:         }
25:
26:         return ss.str();
27:     }
28: };
```

무작위 행동으로 실행하기

그러면 실행해 봅시다(코드 8.1.7, 터미널 8.1.1). playGame 구현은 3장과 크게 다르지 않으므로 생략합니다.

코드 8.1.7 커넥트 포 플레이 구현 | 00_ConnectFour.cpp |

```
01: int main()
02: {
03:     playGame();
04:
05:     return 0;
06: }
```

```
> wsl
$ cd sample_code/08_Actual/
$ g++ -O3 -std=c++17 -o 00_ConnectFour 00_ConnectFour.cpp
$ ./00_ConnectFour
```

실행 결과는 [그림 8.1.1]처럼 출력됩니다.

그림 8.1.1 무작위 행동으로 플레이 결과

```
is_first:       1
.......
.......
.......
.......
.......
.......

1p ------------------------------------
action 4
is_first:       0
.......
.......
.......
.......
.......
....x..

2p ------------------------------------
action 3
is_first:       1
.......
.......
.......
.......
.......
...ox..

중략

2p ------------------------------------
action 3
is_first:       1
..o....
..o.x..
..xox..
..xxo.x
oxooxoo
```

```
xxooxox

winner: 2p
```

커넥트 포에 MCTS 적용하기

여기까지 동작하는 것을 확인했으니 3장에서 사용한 MCTS 코드를 그대로 적용할 수 있습니다(코드 8.1.8, 터미널 8.1.2). 얼마나 강한지 확인해 봅시다.

코드 8.1.8 커넥트 포의 MCTS 능력 측정　　　　　　　　　　　　　　　　　| 01_MCTS.cpp |

```
01: int main()
02: {
03:     auto ais = std::array<StringAIPair, 2>{
04:         StringAIPair("mctsActionWithTimeThreshold 1ms", [](const State &state)
05:                     { return mctsActionWithTimeThreshold(state, 1); }),
06:         StringAIPair("randomAction", [](const State &state)
07:                     { return randomAction(state); }),
08:     };
09:     testFirstPlayerWinRate(ais, 100);
10:
11:     return 0;
12: }
```

터미널 8.1.2 MCTS와 무작위 행동의 대결 실행

```
> wsl
$ cd sample_code/08_Actual/
$ g++ -O3 -std=c++17 -o 01_MCTS 01_MCTS.cpp
$ ./01_MCTS
```

실행 결과는 [그림 8.1.2]처럼 됩니다. 3장과 같은 구조의 클래스를 구현했을 뿐인데 탐색 부분은 아무런 추가 구현 없이 MCTS를 적용할 수 있었습니다.

그림 8.1.2 MCTS 대 무작위 행동의 플레이 결과

```
Winning rate of mctsActionWithTimeThreshold 1ms to randomAction:    0.985
```

8.1.3 게임판 비트보드를 이용해서 고속화하기

7장에서 더 좋은 탐색을 하는 몇 가지 방법을 소개했습니다. 그중에서 고속화는 어떤 탐색 알고리즘에서도 효과가 있는 범용적인 기법입니다. 이번에는 커넥트 포의 게임판에 비트보드를 적용해서 고속화해 봅시다.

비트보드 준비하기

커넥트 포 게임판은 높이 6×너비 7 크기이지만 계산 편의를 위해 높이, 너비 양방향에 여분의 비트를 둬서 다음과 같은 비트보드를 만듭니다.

▼ 비트보드의 비트와 게임판 관계

6	13	20	27	34	41	48	55
5	12	19	26	33	40	47	54	── 여분의 비트
4	11	18	25	32	39	46	53
3	10	17	24	31	38	45	52
2	9	16	23	30	37	44	51
1	8	15	22	29	36	43	50	── 게임판용 비트
0	7	14	21	28	35	42	49

게임판은 자신의 돌 위치를 표시하는 비트보드와 누구의 돌인지 관계없이 돌이 존재하는지 표시하는 비트보드, 이렇게 두 종류의 비트보드로 모든 정보를 나타낼 수 있습니다.

▼ 자신의 돌 표시용과 모든 돌 표시용의 비트보드

0	0	0	0	0	0	0	0
0	0	0	1	0	0	0	0
0	0	0	0	0	0	0	0
0	0	0	1	0	0	0	0
0	0	0	0	0	0	0	0
0	1	1	1	0	0	0	0
0	0	1	0	0	0	0	0

자신의 돌

0	0	0	0	0	0	0	0
0	0	0	1	0	0	0	0
0	0	0	1	0	0	0	0
0	0	0	1	0	0	0	0
0	0	0	1	0	0	0	0
1	1	1	1	0	0	0	0
1	1	1	1	1	0	0	0

모든 돌

경우의 수 확인하기

경우의 수를 확인합시다.

게임판 제일 아래쪽에 있는 비트가 모두 1로 설정된 비트보드를 만들어서 모든 돌을 표시하는 비트보드와 열별로 더하면, 각 열에서 기존의 제일 위에 있던 비트의 한 자리 위의 비트가 1이 되고 나머지 비트는 모두 0인 상태가 됩니다. 여기서 설정된 비트는 각 열의 다음에 돌을 놓을 수 있는 장소와 같습니다. 3열[2](제로 기준 인덱스 3)처럼 게임판 범위를 벗어난 경우는 해당하는 열에는 돌을 놓을 수 없다는 뜻입니다.

▼ 각 열에서 다음에 돌을 놓을 수 있는 위치 찾기

0	0	0	0	0	0	0	0
0	0	0	1	0	0	0	0
0	0	0	1	0	0	0	0
0	0	0	1	0	0	0	0
0	0	0	1	0	0	0	0
1	1	1	0	0	0	0	0
1	1	1	1	0	0	0	0

모든 돌

+

0	0	0	0	0	0	0	0
0	0	0	0	0	0	0	0
0	0	0	0	0	0	0	0
0	0	0	0	0	0	0	0
0	0	0	0	0	0	0	0
0	0	0	0	0	0	0	0
1	1	1	1	1	1	1	0

게임판 제일 아래쪽 바닥 비트를
1로 설정한 비트보드

=

0	0	0	1	0	0	0	0
0	0	0	0	0	0	0	0
0	0	0	0	0	0	0	0
0	0	0	0	0	0	0	0
1	1	1	0	0	0	0	0
0	0	0	0	1	0	0	0
0	0	0	0	0	1	1	0

각 열에서 다음에 돌을 놓을 수 있는 위치

게임에서 사용하는 범위를 전부 1로 채운 비트보드와 AND(논리곱) 연산을 하면, 경우의 수에 들어가는 열의 어딘가에는 1인 비트가 존재하고 경우의 수 안에 들어가지 않는 열이라면 모두 0이 됩니다. 0열이 경우의 수에 포함되는지 확인하려면 0열을 1로 채운 비트보드와 AND 연산을 합니다. 예제에서는 비트가 남아 있으므로 0열은 경우의 수에 포함됩니다.

같은 방법으로 3열을 확인하기 위해서 3열을 1로 채운 비트보드와 AND 연산을 해보면 1로 설정된 비트가 남아 있지 않으므로 3열에는 돌을 놓을 수 없다는 것을 알 수 있습니다. 이런 처리를 0열~6열에 전부 적용해서 모든 경우의 수를 찾습니다.

---

2 **역자주_** 비트보드 표시 설명에서는 프로그램 구현 방식에 맞춰서 열 번호에 0으로 시작하는 인덱스를 사용해서 몇 번째 열인지 표시합니다. 예를 들면 3열이라고 표시했으면 그림의 왼쪽에서 네 번째에 있는 열에 해당합니다.

▼ 경우의 수 확인하기(0열)

0	0	0	1	0	0	0	0
0	0	0	0	0	0	0	0
0	0	0	0	0	0	0	0
0	0	0	0	0	0	0	0
1	1	1	0	0	0	0	0
0	0	0	0	1	0	0	0
0	0	0	0	0	1	1	0

각 열에서 다음에 돌을 놓을 수 있는 위치

AND

0	0	0	0	0	0	0	0
1	0	0	0	0	0	0	0
1	0	0	0	0	0	0	0
1	0	0	0	0	0	0	0
1	0	0	0	0	0	0	0
1	0	0	0	0	0	0	0
1	0	0	0	0	0	0	0

확인하고 싶은 열(0열)을 1로 채운 비트보드

=

0	0	0	0	0	0	0	0
0	0	0	0	0	0	0	0
0	0	0	0	0	0	0	0
0	0	0	0	0	0	0	0
1	0	0	0	0	0	0	0
0	0	0	0	0	0	0	0
0	0	0	0	0	0	0	0

0이 아니므로 경우의 수에 포함

▼ 경우의 수 확인하기(3열)

0	0	0	1	0	0	0	0
0	0	0	0	0	0	0	0
0	0	0	0	0	0	0	0
0	0	0	0	0	0	0	0
1	1	1	0	0	0	0	0
0	0	0	0	1	0	0	0
0	0	0	0	0	1	1	0

각 열에서 다음에 돌을 놓을 수 있는 위치

AND

0	0	0	0	0	0	0	0
0	0	0	1	0	0	0	0
0	0	0	1	0	0	0	0
0	0	0	1	0	0	0	0
0	0	0	1	0	0	0	0
0	0	0	1	0	0	0	0
0	0	0	1	0	0	0	0

확인하고 싶은 열(3열)을 1로 채운 비트보드

=

0	0	0	0	0	0	0	0
0	0	0	0	0	0	0	0
0	0	0	0	0	0	0	0
0	0	0	0	0	0	0	0
0	0	0	0	0	0	0	0
0	0	0	0	0	0	0	0
0	0	0	0	0	0	0	0

0이 되어서 경우의 수에 포함되지 않음

상대방 돌 확인하기

커넥트 포 게임판은 자신의 돌을 표시하는 비트보드와 모든 돌을 표시하는 비트보드, 이렇게 두 종류의 비트보드로 나타낼 수 있다고 했습니다. 상대방의 돌 위치는 자신의 돌과 모든 돌의 비트보드를 XOR(배타적 논리합)하면 계산할 수 있습니다.

▼ 상대방의 돌 위치

0	0	0	0	0	0	0	0
0	0	0	1	0	0	0	0
0	0	0	0	0	0	0	0
0	0	0	1	0	0	0	0
0	0	0	0	0	0	0	0
0	1	1	1	0	0	0	0
0	0	1	0	0	0	0	0

자신의 돌   XOR

0	0	0	0	0	0	0	0
0	0	0	1	0	0	0	0
0	0	0	1	0	0	0	0
0	0	0	1	0	0	0	0
0	0	0	1	0	0	0	0
1	1	1	1	0	0	0	0
1	1	1	1	1	0	0	0

모든 돌

=

0	0	0	0	0	0	0	0
0	0	0	0	0	0	0	0
0	0	0	1	0	0	0	0
0	0	0	0	0	0	0	0
0	0	0	1	0	0	0	0
1	0	0	0	0	0	0	0
1	1	0	1	1	0	0	0

상대방의 돌

돌을 놓을 때 비트보드 갱신하기

돌을 놓았을 때 비트보드를 갱신하는 방법을 생각해 봅시다.

예를 들어 x열(0부터 시작)에 자신이 돌을 놓았다고 합시다. 이때 모든 돌의 비트보드와 $1<<(x*7)$을 더하면 x열에는 새로 놓은 돌 위치의 비트만 설정된 상태가 됩니다. 이 상태의 비트보드와 기존의 모든 돌의 비트보드를 OR(논리합) 계산하면 x열에 돌이 놓인 상태를 반영한 모든 돌의 비트보드를 얻을 수 있습니다.

다음 그림은 4열에 돌을 놓았을 때 비트보드의 갱신 흐름을 나타냅니다.

▼ 4열의 새로운 돌 위치를 계산하기

0	0	0	0	0	0	0	0
0	0	0	1	0	0	0	0
0	0	0	1	0	0	0	0
0	0	0	1	0	0	0	0
0	0	0	1	0	0	0	0
1	1	1	1	0	0	0	0
1	1	1	1	1	0	0	0

모든 돌

\+

0	0	0	0	0	0	0	0
0	0	0	0	0	0	0	0
0	0	0	0	0	0	0	0
0	0	0	0	0	0	0	0
0	0	0	0	0	0	0	0
0	0	0	0	0	0	0	0
0	0	0	0	1	0	0	0

1≪(4*7)

=

0	0	0	0	0	0	0	0
0	0	0	1	0	0	0	0
0	0	0	1	0	0	0	0
0	0	0	1	0	0	0	0
0	0	0	1	0	0	0	0
1	1	1	1	1	0	0	0
1	1	1	1	0	0	0	0

4열은 새로 놓은 돌 위치만 비트가 설정됨

▼ 4열의 새로운 돌 위치를 반영하기

0	0	0	0	0	0	0	0
0	0	0	1	0	0	0	0
0	0	0	1	0	0	0	0
0	0	0	1	0	0	0	0
0	0	0	1	0	0	0	0
1	1	1	1	1	0	0	0
1	1	1	1	1	0	0	0

4열은 새로 놓은 돌 위치만 비트가 설정됨

OR

0	0	0	0	0	0	0	0
0	0	0	1	0	0	0	0
0	0	0	1	0	0	0	0
0	0	0	1	0	0	0	0
0	0	0	1	0	0	0	0
1	1	1	1	0	0	0	0
1	1	1	1	1	0	0	0

모든 돌

=

0	0	0	0	0	0	0	0
0	0	0	1	0	0	0	0
0	0	0	1	0	0	0	0
0	0	0	1	0	0	0	0
0	0	0	1	0	0	0	0
1	1	1	1	1	0	0	0
1	1	1	1	1	0	0	0

갱신 후의 모든 돌

모든 돌의 비트보드를 갱신했으면 미리 계산해둔 상대방의 돌 비트보드와 다시 한 번 XOR해서 갱신 후의 자신의 돌 비트보드를 계산할 수 있습니다.

▼ 갱신 후의 자신의 돌

0	0	0	0	0	0	0	0
0	0	0	0	0	0	0	0
0	0	0	1	0	0	0	0
0	0	0	0	0	0	0	0
0	0	0	1	0	0	0	0
1	0	0	0	0	0	0	0
1	1	0	1	1	0	0	0

상대방의 돌

XOR

0	0	0	0	0	0	0	0
0	0	0	1	0	0	0	0
0	0	0	1	0	0	0	0
0	0	0	1	0	0	0	0
0	0	0	1	0	0	0	0
1	1	1	1	1	0	0	0
1	1	1	1	1	0	0	0

갱신 후의 모든 돌

=

0	0	0	0	0	0	0	0
0	0	0	1	0	0	0	0
0	0	0	0	0	0	0	0
0	0	0	1	0	0	0	0
0	0	0	0	0	0	0	0
0	1	1	1	1	0	0	0
0	0	1	0	0	0	0	0

갱신 후의 자신의 돌

승패 판정하기

돌을 놓으면 승패 판정을 합니다. 돌이 4개 연속으로 이어지는지 판정하려면 일단 2개의 돌이 연속인지부터 판정합니다.

자신의 돌 비트보드를 7번 오른쪽 시프트하면 게임판에서는 왼쪽으로 한 번 이동한 셈이 됩니다. 이것과 기존의 자신의 돌 비트보드를 AND 연산하면 자신을 포함해서 오른쪽 방향으로 2개가 이어진 돌의 위치를 알 수 있습니다(다음 가로로 2개 이어진 돌 그림 참조).

▼ 가로로 2개 이어진 돌

0	0	0	0	0	0	0	0
0	0	0	1	0	0	0	0
0	0	0	0	0	0	0	0
0	0	0	1	0	0	0	0
0	0	0	0	0	0	0	0
0	1	1	1	1	0	0	0
0	0	1	0	0	0	0	0

자신의 돌

AND

0	0	0	0	0	0	0	0
0	0	1	0	0	0	0	0
0	0	0	0	0	0	0	0
0	0	1	0	0	0	0	0
0	0	0	0	0	0	0	0
1	1	1	1	0	0	0	0
0	1	0	0	0	0	0	0

자신의 돌>>7

=

0	0	0	0	0	0	0	0
0	0	0	0	0	0	0	0
0	0	0	0	0	0	0	0
0	0	0	0	0	0	0	0
0	0	0	0	0	0	0	0
0	1	1	1	0	0	0	0
0	0	0	0	0	0	0	0

가로로 2개 이어진 돌

가로 방향으로 2개가 이어진 돌의 비트보드에서 각 비트가 가진 정보는 다음과 같습니다.
각 비트는 해당 비트와 오른쪽의 비트가 1이라는 것을 뜻합니다.

▼ 각 비트가 가진 정보

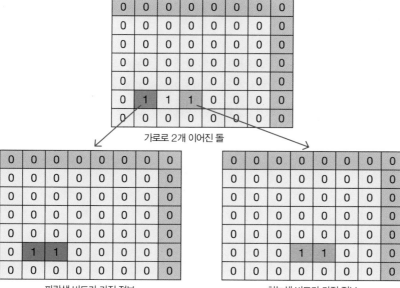

가로로 2개 이어진 돌

파란색 비트가 가진 정보

하늘색 비트가 가진 정보

앞의 그림에서 파란색으로 칠해진 비트와 하늘색으로 칠해진 비트가 동시에 존재하면 4개의 돌이 가로로 연속한다는 것을 알 수 있습니다.

즉, 가로 방향으로 2개가 이어진 돌의 비트보드에서 비트가 설정된 위치에서 오른쪽 방향으로 한 칸 건너뛴 위치(거리 2)에 비트가 설정되어 있는지 확인하면 돌이 4개 연속인지 여부를 알 수 있습니다. 비트보드를 14번 오른쪽 시프트하면 게임판은 왼쪽으로 두 번 이동합니다. 이것과 원래의 비트보드를 AND 연산하면 자신의 2칸 오른쪽에 비트가 설정되어 있는 비트 위치를 알 수 있습니다.

이렇게 해서 얻은 비트보드에 하나라도 설정된 비트가 있으면 돌은 가로로 연속해서 4개 존재하므로 자신의 승리입니다.

▼ 가로로 4개 이어진 돌

0	0	0	0	0	0	0	0
0	0	0	0	0	0	0	0
0	0	0	0	0	0	0	0
0	0	0	0	0	0	0	0
0	0	0	0	0	0	0	0
0	1	1	1	0	0	0	0
0	0	0	0	0	0	0	0

가로로 2개 이어진 돌

AND

0	0	0	0	0	0	0	0
0	0	0	0	0	0	0	0
0	0	0	0	0	0	0	0
0	0	0	0	0	0	0	0
0	0	0	0	0	0	0	0
1	1	0	0	0	0	0	0
0	0	0	0	0	0	0	0

가로로 2개 이어진 돌 〉〉14

=

0	0	0	0	0	0	0	0
0	0	0	0	0	0	0	0
0	0	0	0	0	0	0	0
0	0	0	0	0	0	0	0
0	0	0	0	0	0	0	0
0	1	0	0	0	0	0	0
0	0	0	0	0	0	0	0

가로로 4개 이어진 돌

오른쪽 아래 방향으로 연속 판정도 같은 방식입니다. 2개가 이어졌는지 여부는 게임판을 왼쪽 위로 한 번 이동하면 되므로 6번 오른쪽 시프트합니다(다음 오른쪽 아래 방향으로 2개 이어진 돌 그림 참조).

▼ 오른쪽 아래 방향으로 2개 이어진 돌

자신의 돌

0	0	0	0	0	0	0	0
0	0	0	0	0	0	0	0
1	0	0	0	0	0	0	0
0	1	0	0	1	0	0	0
0	0	1	0	1	0	0	0
0	1	1	1	0	0	0	0
0	0	1	0	0	0	0	0

AND

자신의 돌>>6

0	0	0	0	0	0	0	0
0	0	0	0	0	0	0	0
1	0	0	1	0	0	0	0
0	1	0	1	0	0	0	0
1	1	1	0	0	0	0	0
0	1	0	0	0	0	0	0
0	0	0	0	0	0	0	0

=

0	0	0	0	0	0	0	0
0	0	0	0	0	0	0	0
1	0	0	0	0	0	0	0
0	1	0	0	0	0	0	0
0	0	1	0	0	0	0	0
0	1	0	0	0	0	0	0
0	0	0	0	0	0	0	0

오른쪽 아래로 2개 이어진 돌

오른쪽 아래 방향으로 거리 2의 위치에 비트가 설정되어 있는지 여부는 왼쪽 위로 두 번 이동하면 되므로 12번 오른쪽 시프트합니다.

▼ 오른쪽 아래 방향으로 4개 이어진 돌

오른쪽 아래로 2개 이어진 돌

0	0	0	0	0	0	0	0
0	0	0	0	0	0	0	0
1	0	0	0	0	0	0	0
0	1	0	0	0	0	0	0
0	0	1	0	0	0	0	0
0	1	0	0	0	0	0	0
0	0	0	0	0	0	0	0

AND

오른쪽 아래로 2개 이어진 돌>>12

0	0	0	0	0	0	0	0
0	0	0	0	0	0	0	0
1	0	0	0	0	0	0	0
0	0	0	0	0	0	0	0
0	0	0	0	0	0	0	0
0	0	0	0	0	0	0	0
0	0	0	0	0	0	0	0

=

0	0	0	0	0	0	0	0
0	0	0	0	0	0	0	0
1	0	0	0	0	0	0	0
0	0	0	0	0	0	0	0
0	0	0	0	0	0	0	0
0	0	0	0	0	0	0	0
0	0	0	0	0	0	0	0

오른쪽 아래로 4개 이어진 돌

오른쪽 위 방향으로 2개가 이어졌는지 여부는 왼쪽 아래로 한 번 이동하면 알 수 있으므로 8번 오른쪽 시프트합니다.

▼ 오른쪽 위 방향으로 2개 이어진 돌

0	0	0	0	0	0	0	0
0	0	0	1	0	0	0	0
0	0	0	0	1	0	0	0
0	0	0	1	0	0	0	0
0	0	1	0	1	0	0	0
0	1	1	1	0	0	0	0
0	0	1	0	0	0	0	0

자신의 돌

AND

1	0	0	0	0	0	0	0
0	0	0	0	0	0	0	0
0	0	1	0	0	0	0	0
0	0	0	1	0	0	0	0
0	0	1	0	0	0	0	0
0	1	0	1	0	0	0	0
1	1	1	0	0	0	0	0

자신의 돌》8

=

0	0	0	0	0	0	0	0
0	0	0	0	0	0	0	0
0	0	0	0	0	0	0	0
0	0	0	1	0	0	0	0
0	0	1	0	0	0	0	0
0	1	0	1	0	0	0	0
0	0	1	0	0	0	0	0

오른쪽 위로 2개 이어진 돌

오른쪽 위 방향으로 거리 2의 위치에 비트가 설정되어 있는지 여부는 왼쪽 아래로 두 번 이동하면 되므로 16번 오른쪽 시프트합니다.

▼ 오른쪽 위 방향으로 4개 이어진 돌

0	0	0	0	0	0	0	0
0	0	0	0	0	0	0	0
0	0	0	0	0	0	0	0
0	0	0	1	0	0	0	0
0	0	1	0	0	0	0	0
0	1	0	1	0	0	0	0
0	0	1	0	0	0	0	0

오른쪽 위로 2개 이어진 돌

AND

1	0	0	0	0	0	0	0
0	0	0	0	0	0	0	0
0	0	0	0	0	0	0	0
0	0	0	0	0	0	0	0
0	0	0	0	0	0	0	0
0	1	0	0	0	0	0	0
1	0	0	0	0	0	0	0

오른쪽 위로 2개 이어진 돌》16

=

0	0	0	0	0	0	0	0
0	0	0	0	0	0	0	0
0	0	0	0	0	0	0	0
0	0	0	0	0	0	0	0
0	0	0	0	0	0	0	0
0	1	0	0	0	0	0	0
0	0	0	0	0	0	0	0

오른쪽 위로 4개 이어진 돌

세로 방향으로 2개가 이어졌는지는 여부는 비트보드를 아래로 한 번 이동하면 되므로 1번 오른쪽 시프트합니다.

▼ 세로로 2개 이어진 돌

0	0	0	0	0	0	0	0
0	0	0	1	0	0	0	0
0	0	0	0	0	0	0	0
0	0	1	1	0	0	0	0
0	0	1	0	0	0	0	0
0	1	1	1	0	0	0	0
0	0	1	0	0	0	0	0

자신의 돌

AND

0	1	0	0	0	0	0	0
0	0	0	0	0	0	0	0
0	0	0	1	0	0	0	0
0	0	0	0	0	0	0	0
0	0	1	1	0	0	0	0
0	0	1	0	0	0	0	0
0	1	1	1	0	0	0	0

자신의 돌>>1

=

0	0	0	0	0	0	0	0
0	0	0	0	0	0	0	0
0	0	0	0	0	0	0	0
0	0	0	0	0	0	0	0
0	0	1	0	0	0	0	0
0	0	1	0	0	0	0	0
0	0	1	0	0	0	0	0

세로로 2개 이어진 돌

세로 방향으로 거리 2의 위치에 비트가 설정되어 있는지 여부는 아래로 두 번 이동하면 되므로 2번 오른쪽 시프트합니다.

▼ 세로로 4개 이어진 돌

0	0	0	0	0	0	0	0
0	0	0	0	0	0	0	0
0	0	0	0	0	0	0	0
0	0	0	0	0	0	0	0
0	0	1	0	0	0	0	0
0	0	1	0	0	0	0	0
0	0	1	0	0	0	0	0

세로로 2개 이어진 돌

AND

0	1	0	0	0	0	0	0
0	1	0	0	0	0	0	0
0	0	0	0	0	0	0	0
0	0	0	0	0	0	0	0
0	0	0	0	0	0	0	0
0	0	0	0	0	0	0	0
0	0	1	0	0	0	0	0

세로로 2개 이어진 돌>>2

=

0	0	0	0	0	0	0	0
0	0	0	0	0	0	0	0
0	0	0	0	0	0	0	0
0	0	0	0	0	0	0	0
0	0	0	0	0	0	0	0
0	0	0	0	0	0	0	0
0	0	1	0	0	0	0	0

세로로 4개 이어진 돌

승리 판정이 끝났으니 이번에는 무승부 판정을 합니다. 커넥트 포에서 승부가 나지 않은 채 게임이 끝난 상태의 게임판은 전부 돌로 채워진 상태 하나밖에 없으므로 이런 상태와 일치하는지 확인하면 끝입니다.

▼ 게임판을 전부 채운 비트보드

0	0	0	0	0	0	0	0
1	1	1	1	1	1	1	0
1	1	1	1	1	1	1	0
1	1	1	1	1	1	1	0
1	1	1	1	1	1	1	0
1	1	1	1	1	1	1	0
1	1	1	1	1	1	1	0

8.1.4 커넥트 포에 비트 연산을 적용해서 구현하기

비트보드용 클래스 생성자 구현하기

우선 커넥트 포 클래스 ConnectFourState를 인수로 하는 비트보드용 클래스 생성자를 구현합시다(코드 8.1.9).

보드의 index번째 비트를 설정하려면 1ULL << index와 OR 연산을 하면 됩니다. y 방향에 여분의 비트가 있으므로 게임판에서 (y, x)는 비트보드에서는 x * (H+1) + y번째 비트에 해당합니다.

코드 8.1.9 비트보드로 변환하는 생성자 구현 | 02_BitBoard.cpp |

```
01: class ConnectFourStateByBitSet
02: {
03: private:
04:     uint64_t my_board_ = 0ULL;
05:     uint64_t all_board_ = 0uLL;
06:     bool is_first_ = true; // 선공 여부
07:     WinningStatus winning_status_ = WinningStatus::NONE;
08: public:
09:     ConnectFourStateByBitSet(const ConnectFourState &state) : is_first_(state.is_
        first_)
```

```
10:    {
11:
12:        my_board_ = 0ULL;
13:        all_board_ = 0uLL;
14:        for (int y = 0; y < H; y++)
15:        {
16:            for (int x = 0; x < W; x++)
17:            {
18:                int index = x * (H + 1) + y;
19:                if (state.my_board_[y][x] == 1)
20:                {
21:                    this->my_board_ |= 1ULL << index;
22:                }
23:                if (state.my_board_[y][x] == 1 || state.enemy_board_[y][x] == 1)
24:                {
25:                    this->all_board_ |= 1ULL << index;
26:                }
27:            }
28:        }
29:    }
30: };
```

비트 연산으로 경우의 수 획득하기

비트 연산으로 경우의 수를 찾도록 구현해 봅시다(코드 8.1.10).

7~9번째 줄의 0b0000001000000100000010000001000000100000010000001ULL은 모든 열의 바닥(제일 아래쪽)에 비트가 설정된 비트열입니다. 이것과 all_board_를 더하면 모든 열의 다음에 돌을 둘 수 있는 위치에만 비트가 설정된 상태가 됩니다.

10번째 줄의 0b0111111을 반복해서 7번 왼쪽 시프트(17번째 줄)하면 각 열의 경우의 수만 필터링할 수 있습니다. filter와 possible을 AND한 값에 하나라도 1인 비트가 있으면 해당하는 열은 경우의 수에 포함됩니다. 비트가 설정되어 있다는 뜻은 0이 아니라는 말이므로 !=0으로 판정합니다.

코드 8.1.10 비트 연산으로 경우의 수를 획득하는 구현　　　　　　　　　| 02_BitBoard.cpp |

```
01: class ConnectFourStateByBitSet
02: {
```

```
03: public:
04:     std::vector<int> legalActions() const
05:     {
06:         std::vector<int> actions;
07:         uint64_t possible =
08:           this->all_board_
09:             + 0b0000001000000100000010000001000000100000010000001ULL;
10:         uint64_t filter = 0b0111111;
11:         for (int x = 0; x < W; x++)
12:         {
13:             if ((filter & possible) != 0)
14:             {
15:                 actions.emplace_back(x);
16:             }
17:             filter <<= 7;
18:         }
19:         return actions;
20:     }
21: };
```

비트 연산으로 게임 갱신하기

비트 연산으로 게임을 갱신하는 방법을 구현합시다(코드 8.1.11).

6번째 줄에서 시점을 전환하고, 8~10번째 줄에서 전체 보드 갱신, 13번째 줄은 시점을 다시 반대로 되돌려서 보드의 승패 판정을 합니다. 승패 판정을 하면서 시점을 두 번 전환하는데 설명한 순서대로 처리를 하면 전체 보드와 자신의 보드를 동시에 갱신할 수 있는 장점이 있습니다.

17번째 줄에서 무승부 판정을 합니다. 게임판이 전부 채워졌는지 여부는 filled와 비교하면 되지만, 게임판이 전부 채워진 순간에 승패가 갈렸을 경우와 구별하기 위해서 else 분기로 승패가 나지 않았을 때에만 무승부 판정을 합니다.

코드 8.1.11 비트 연산으로 게임 갱신 구현 | 02_BitBoard.cpp |

```
01: class ConnectFourStateByBitSet
02: {
03: public:
04:     void advance(const int action)
```

```
05:     {
06:         this->my_board_ ^= this->all_board_; // 상대방의 시점으로 바뀐다.
07:         is_first_ = !is_first_;
08:         uint64_t new_all_board =
09:           this->all_board_ | (this->all_board_ + (1ULL << (action * 7)));
10:         this->all_board_ = new_all_board;
11:         uint64_t filled = 0b0111111011111101111110111111011111101111110111111ULL;
12:
13:         if (isWinner(this->my_board_ ^ this->all_board_))
14:         {
15:             this->winning_status_ = WinningStatus::LOSE;
16:         }
17:         else if (this->all_board_ == filled)
18:         {
19:             this->winning_status_ = WinningStatus::DRAW;
20:         }
21:     }
22: };
```

MCTS 탐색 부분은 따로 전용의 이름 공간 montecarlo_bit를 사용해서 State를 Connect FourStateByBitSet으로 치환해서 구현합니다. 세세한 부분 수정이 필요하지만 이름 공간 montecarlo에서 구현한 MCTS와 큰 차이가 없으므로 설명은 생략합니다.

비트 연산 유무에 따른 강함 비교하기

그러면 비트 연산으로 고속화한 것과 비트 연산을 사용하지 않은 AI를 서로 비교해 봅시다(코드 8.1.12, 터미널 8.1.3).

코드 8.1.12 비트 연산 MCTS 대 일반 MCTS 플레이 호출 | 02_BitBoard.cpp |

```
01: int main()
02: {
03:     using std::cout;
04:     using std::endl;
05:     auto ais = std::array<StringAIPair, 2>{
06:         StringAIPair("mctsActionBitWithTimeThreshold 1ms", [](const State &state)
07:                     { return mctsActionBitWithTimeThreshold(state, 1); }),
08:         StringAIPair("mctsActionWithTimeThreshold 1ms", [](const State &state)
09:                     { return mctsActionWithTimeThreshold(state, 1); }),
```

```
10:     };
11:     testFirstPlayerWinRate(ais, 100);
12:
13:     return 0;
14: }
```

터미널 8.1.3 비트 연산 MCTS와 일반 MCTS 대결

```
> wsl
$ cd sample_code/08_Actual/
$ g++ -O3 -std=c++17 -o 02_BitBoard 02_BitBoard.cpp
$ ./02_BitBoard
```

실행 결과는 [그림 8.1.3]과 같습니다. 비트 연산으로 고속화한 MCTS는 비트 연산을 사용하지 않은 MCTS를 90.5% 승률로 이깁니다.

그림 8.1.3 비트 연산 MCTS 대 일반 MCTS 플레이 결과

```
Winning rate of mctsActionBitWithTimeThreshold 1ms
             to mctsActionWithTimeThreshold 1ms:   0.905
```

끝까지 이 책을 읽어주셔서 정말 감사합니다. 처음으로 집필한 책이라 부족한 점이 많겠지만 독자 여러분이 조금이나마 탐색 알고리즘의 재미를 느끼실 수 있었다면 좋겠습니다. 이 책은 필자가 Quiita에 투고한 '세계 4연패 AI 엔지니어가 제로부터 알려주는 게임 트리 탐색 입문' 글을 바탕으로 내용을 추가 및 수정한 글입니다.

필자는 학창 시절부터 수많은 게임 AI 경진 대회에 참가했습니다. 처음 이 길에 들어섰을 때는 탐색 알고리즘을 체계적으로 다룬 책이나 글이 별로 없었습니다. 당시에도 바둑 AI에서 MCTS, 장기나 체스 AI에서 미니맥스 알고리즘을 배우는 건 가능했을지도 모릅니다. 하지만, 배움 이전에 이런 방법이 존재한다는 것과 어떻게 활용해야 하는지 알지 못했다면 MCTS를 배우려고 장기 AI 책을 공부한다 같은 발상은 하지 못했을 겁니다.

그 당시 아무것도 모르는 상태였던 필자는 경진 대회 상위권 참가자의 해법을 탐구하면서 조금씩 탐색 알고리즘을 배우기 시작했습니다. 필자가 처음으로 참가한 경진 대회가 2013년에 개최된 대회였으므로 지금 실력을 쌓기까지 약 10년의 세월이 걸린 셈입니다. 이 책에는 필자가 10년간 해왔던 시행착오와 열정을 모두 담았습니다. 학창 시절의 필자처럼 무엇부터 공부해야 좋을지 모르겠다고 고민하시는 분에게 이 책이 도움이 되길 바랍니다.

찾아보기